Zu diesem Buch

«In diesem Land hat der Krieg wahrscheinlich nie aufgehört», schrieb Heinar Kipphardt 1978 in eines seiner Hefte mit Arbeitsnotaten. Die Erzählungen des vorliegenden Bandes blenden zurück zu dem mörderischen Leben in den Feldlagern und Front-Stellungen des Zweiten Weltkrieges. Kipphardt hatte diese Wirklichkeit selbst als Soldat der Nazi-Wehrmacht erlebt. Seine Erzählungen durchzieht wie ein Leitthema das Verhältnis von Befehl und Gehorsam, Ordnung und Unterordnung, Loyalität und Gewissen. In den Band aufgenommen wurde auch das im Nachlaß erhaltene Fragment der letzten großen Prosaarbeit Kipphardts, das den Arbeitstitel trug: «Rapp, Heinrich. Zergliederung einer Verstörung». Es erzählt die Geschichte eines deutschen Kommunisten, der als Alkoholiker endet, verzweifelt über die «ekelhafte Verkehrung», welche die revolutionäre Idee in diesem Jahrhundert durch den Stalinismus erlebte.

Heinar Kipphardt, geboren am 8. März 1922 in Heidersdorf (Schlesien), gestorben am 18. November 1982 in München, Dr. med. mit der Fachrichtung Psychiatrie, übersiedelte 1949 von Krefeld nach Ost-Berlin, wurde Arzt an der Charité und später Chefdramaturg am Deutschen Theater. Seit 1961 lebte er in der Nähe von München. 1970/71 war er Chefdramaturg der Münchner Kammerspiele. Sein Stück «In der Sache J. Robert Oppenheimer» (rororo Nr. 12111) gehört zu den Klassikern des modernen Theaters. Auch sein letztes Stück «Bruder Eichmann» (rororo Nr. 5716) erregte Aufsehen. Weitere Stücke sind in den Bänden «Shakespeare dringend gesucht» (rororo Nr. 12193) und «Joel Brand» (rororo Nr. 12194) zusammengefaßt. Überdies verfaßte Kipphardt Erzählungen, Gedichte («Angelsbrucker Notizen», rororo Nr. 5605), «Traumprotokolle» (rororo Nr. 5818), zahlreiche Fernsehspiele und den Roman «März» (rororo Nr. 5877). Eine Sammlung seiner Essays, Briefe und literarischen Entwürfe wurde in den Bänden «Schreibt die Wahrheit» (rororo Nr. 12571) und «Ruckediguh – Blut ist im Schuh» (rororo Nr. 12572) veröffentlicht.

Heinar Kipphardts gesammelte literarische Arbeiten erscheinen in einer Werkausgabe im Rowohlt Taschenbuch Verlag.

Heinar Kipphardt

Die Tugend der Kannibalen

Gesammelte Prosa

Rowohlt

Gesammelte Werke in Einzelausgaben
Herausgegeben von Uwe Naumann
Unter Mitarbeit von Pia Kipphardt

Originalausgabe
Veröffentlicht im Rowohlt Taschenbuch Verlag GmbH,
Reinbek bei Hamburg, April 1990
Copyright © 1990 by Pia-Maria Kipphardt
Umschlaggestaltung Klaus Detjen
(Foto aus dem Fernsehfilm «Der Hund des Generals»,
Bavaria Atelier Gesellschaft mbH)
Gesetzt aus der Garamond (Linotronic 500)
Gesamtherstellung Clausen & Bosse, Leck
Printed in Germany
1280-ISBN 3 499 12702 4

Inhalt

Späte Erkenntnis
7

Fremd stirbt ein junger Bruder
21

Wir sind nicht geboren, um einander totzuschlagen
23

Der Hund des Generals
31

Der Mann des Tages
73

Der Deserteur
158

Rapp, Heinrich
Fragment eines Romans
205

Editorische Bemerkungen
238

Nachwort des Herausgebers
239

Späte Erkenntnis

Der Angriff auf die Universität war zum dritten Male abgewiesen worden. Verbraucht lagen die Reste der Kompanien in den Kellern und Hinterhöfen der verbrannten Stadt. Ausgehülste Menschenschalen in einer toten Stadt. In einer besiegten Stadt. Ein Kommuniqué in Deutschland würdigte ihren Sieg.

Die meisten von ihnen schliefen an Mauerresten und unter Fahrzeugtrümmern. Andere aßen, rauchten, warteten, dachten. Wenige dachten. Sie warteten auf Stukas und neue Panzerverbände. Von ihrer Gruppe waren drei Mann übrig, der Bergmann Bartel, der Gerichtsdiener Sommer, der Theologiestudent Fischer. Bartel trank und reichte Fischer die Flasche.

«Ich möchte nicht», sagte Fischer. Er dachte nach.

Sommer trank aus und begann zu zoten. Er war ehrgeizig und beschränkt. Seine Weltanschauung war der Wille, voranzukommen. Das prädisponierte ihn für die Armee. Er entblößte sein vorstehendes Gebiß und grinste Bartel an, der eine Rindfleischbüchse zu öffnen versuchte.

«So 'ne Beichte muß prima sein, was, Fischer?»

Fischer antwortete nicht.

«Du hörst, wie sie sich's besorgen lassen, und hast die Auswahl. Ich denke, das ist der ganze Grund, warum du Pfaffe werden willst, was, Fischer?»

Fischer sah auf die Rückwand des Hofes. Ein etwa sechzehn Jahre alter Junge hockte mit angezogenen Knien neben einer Pyramide leerer Benzinkanister. Der Einschuß saß drei Zentimeter über dem ersten Halswirbel. Er war gut zu sehen. Er hatte die Form und Größe einer schwarzen Kirsche.

«Wenn ich mir denke, daß da so 'ne junge Witwe zu dir kommt...»

«Halt die Schnauze!» sagte Fischer gereizt.

«... und beklagt sich, daß sie seit 'nem halben Jahr...»

Fischer sprang unvermittelt auf und schlug Sommer die Faust ins Gesicht. Zwei, drei Sekunden standen sie voreinander. Sommer schlug nicht zurück. Er spuckte etwas Blut auf den Boden, feixte und ging.

«Was ist mit dir los, Fischer?» fragte Bartel ruhig.

«Ich bin fertig. Ich kann die Nazifresse nicht mehr sehen!» Er warf die Maschinenpistole auf das Pflaster und versuchte ein Streichholz anzubekommen.

«Mach jetzt keinen Unsinn!» sagte Bartel. «Nimm dir Zeit.»

Auf dem Hof lagen das Skelett eines abgebrannten Ledersofas, die Trümmer eines Medikamentenschranks, ein Blutdruckmesser, ein Einlaufgerät, ein vernickelter Beckenmeßzirkel, ein anatomisches Modell mit herausnehmbaren, verschieden gefärbten Organen. In einem der Stockwerke mußte eine ärztliche Praxis gewesen sein.

In die Stille aus Asche, Hitze und Sinnlosigkeit hämmerte plötzlich ein MG aus der Universität.

«Was veranlaßt diese roten Narren, wie die Teufel zu kämpfen?»

Bartel anwortete nicht. Es war noch nicht lange her, daß er sich dieselbe Frage gestellt hatte. Er rollte sich eine Zigarette.

«Sie haben nichts, wissen nichts, glauben nichts – was um alles in der Welt veranlaßt sie, in einer erledigten, eingeschlossenen Stadt eine Universität zu verteidigen? Bücher, die sie nicht lesen können, Geist, den sie hassen.»

«Woher weißt du das alles?» fragte Bartel ruhig. «Ich denke, du studierst Theologie. Lernt man das dort?»

«Seit wann bist du ein Roter?»

«Seit wann redest du wie ein Nazi?»

«Herrgott, ich habe doch gesehen, daß sie aus Kirchen Theater gemacht haben.»

«Ist Geschmackssache. Wir entschädigen sie durch unsere Feldgottesdienste.»

Sie hörten das dumpfe Rollen anfliegender Stukaverbände und standen auf. Die heiße, vom Sterben verbrauchte Luft lastete auf ihnen wie Quecksilber.

Sommer kam und rief: «Bereitschaft! Herüberkommen! Neue Zugeinteilung!»

«Ich war noch nie so fertig wie heute», sagte Fischer, als sie durch den Keller auf einen der nächsten Höfe krochen, wo sich der Zug sammelte.

«Mal herhören, Leute!» sagte Unteroffizier Häberlein. «Der zweite Zug hört auf mein Kommando! Die erste Gruppe übernimmt Sommer. Bartel? Fischer? Dickmann? Probst? Zimmer? Zimmer? Alles da, Sommer? – Die zweite Gruppe übernimmt...»

Halb rechts über ihren Köpfen setzte die erste Stukakette zum Sturze an. Etwa fünf Minuten lang erbrach sich ihr Kreischen in dumpfen Explosionswolken. Bücher, Leiber, Steine, Hirne wurden in die Sonne gespien, die glatt und fischbäuchig über violetten Rauchbündeln vibrierte.

«Junge, Junge, Junge, Junge!» schrie der Gerichtsdiener Sommer aus Bischofswerda. «Junge, Junge, Junge, Junge!»

Fischer war aus der Reihe getreten und erbrach sich an der Ziegelmauer.

Bartel ging zu Häberlein. «Laß Fischer heute zurück», sagte er. «Er ist fix und fertig.»

Häberlein schüttelte den Kopf und feixte. «Ist bei mir nicht drin. Wir sind kein Jungfrauenverein.»

«'n Arschkriecherklub sind wir.»

«Was soll das heißen?»

«Das sollte 'n Witz sein», sagte Bartel, grau im Gesicht. «Du dachtest wohl, ich meine Sommer?»

«Du solltest dich nicht übernehmen, Bartel!» sagte Häberlein leise und haßerfüllt. Bartel und er waren Rivalen. Er haßte ihn, weil Bartel überlegen und ohne Ehrgeiz war.

Als Fischer den Kopf hob, sah er auf ein gelbes Plakat, das an der Ziegelmauer pappte:

Bekanntmachung.

Wir kommen nicht als Feinde, sondern um euch vom bolschewistischen Joch zu befreien. Habt Vertrauen zu uns! Wir bringen euch Ordnung, Gerechtigkeit und Religions-

freiheit! Dafür verlangen wir unbedingten Gehorsam und Unterstützung gegen unsere gemeinsamen Feinde.
Gegen Juden und Bolschewisten!
Wer Soldaten, Juden oder verdächtige Personen beherbergt, begünstigt oder Verstecke verheimlicht, wird mit dem Tode bestraft!
Wer Waffen, Radioapparate, Nachrichtenmittel, Photoapparate... Wer Nachrichten, die das Ansehen des Reiches zu schädigen geeignet sind... Wer außerhalb der Ausgangszeiten...
Wer ohne Registrierschein...
Wer... Wer... Wer......... wird mit dem Tode bestraft!

Für einen Augenblick war Fischer allein auf dem Hof. Auf der Straße fuhren Panzer und Sturmgeschütze in die Bereitschaftsstellung. Mahlten Steine, Steine, Dreck und Überdruß. Er beeilte sich, den anderen nachzukommen.
«Wir laufen in der ersten Panzerwelle», sagte Bartel. «Du mußt aufpassen, daß du nicht zurückbleibst. Halt dich am Heck fest und wirf dich nicht hin, solange das Ding fährt. Du mußt auf die rechte Seite aufpassen, wo sie die Pak und die SMG haben.»
«Gehabt haben!» schaltete sich Sommer ein. «Wette, daß keine hundert Figuren übrig sind, wette, daß die 'n anständiger Pionierzug fertigmachen könnte.»
«Du bist nicht gefragt worden!» sagte Bartel. «Oder wolltest du einen Appell an deine Leute richten?»
Die Umstehenden lachten. Sommer suchte nach einer witzigen Entgegnung und bekam rote Ohren. Schließlich wandte er sich an Dickmann, der offenbar betrunken abseits saß und Muster in den Staub zu spucken versuchte.
«Ich hab gehört, beim Troß soll heute ein Posten Gummihosen angekommen sein.» Es lachte niemand.
Die Artillerie war nach den vergeblichen Angriffen gut eingeschossen, so daß ihre Feuerwalze aus etwa hundert Rohren genau auf der Universität lag. Sie belegten vorwiegend das philosophische und das germanistische Seminar im Seitenflügel, den das Bombardement relativ intakt gelassen hatte. Einzelne Wand-

defekte sowie die ziemlich hohen Fenster waren mit Büchern ausgeglichen. Der Vorzug dickleibiger Enzyklopädien wurde dabei augenfällig.

Der Universitätsvorplatz war mit grauen und rötlichen Steinplatten belegt. Fahrzeugtrümmer und Tote beeinträchtigten die gegliederte Ordnung. Ohne jeden Beschuß kamen die Panzer auf der glatten Fläche gut voran. Sie waren so nahe daran, daß die Artillerie ihren Beschuß einstellen mußte. Die Besatzungen der Panzer und die Männer, die hinter den Panzern liefen, wurden nervös.

«Was ist los?» sagte Fischer. «Was haben sie vor?»

Da zerfetzte ein tausendgaumiger, metallberstender Schrei die angstkondensierte Luft. Zerquirlte, zerbiß Räder, Leiber, Schädel, Steine. Besprühte metallene Gischt tausenddüsig den Steinplatz. Aus der Universität, aus dem germanistischen Seminar, aus Trümmern, Brand, Luken, Büchern.

Fischer fühlte sich von Bartel hoch und nach vorn gerissen.

Sie versuchten, an die linke Seite des Panzers zu kommen, der bei einsetzendem Beschuß aus der Kette nach vorn ausgebrochen war und in schneller Fahrt den völlig eingestürzten Mittelteil der Universität zu erreichen suchte. Von der breiten Sandsteintreppe geschützt, sprangen Fischer und Bartel in eine flache, geröllgefüllte Kellerluke. Fischer fühlte einen Augenblick einen brennenden Schmerz im Gesäß und streifte die Hose herunter.

«Sie sind wahnsinnig», sagte Fischer, «nur fanatisierte Wahnsinnige können so blödsinnig kämpfen!»

Bartel sah sich die Wunde an.

«Es reicht nicht», sagte er, «sitzt keinen Zentimeter im Fleisch.»

Sie lauschten. In der Springflut der keuchenden Zerstörungsarbeit hörten sich die trockenen Abschüsse der Panzer wie Taktschläge an. Nach einer schweren Explosion hörten sie begeistertes Schreien. Wie auf einem Fußballplatz. Eine Sekunde lang vibrierte ein Gesangfetzen zwischen Einschlägen.

«Ich glaube, sie singen», sagte Fischer. «In einer Stunde werden sie wie Hammel abgeschlachtet sein, und jetzt singen sie. Verrückt!»

Bartel räumte Steine zur Seite und legte ein Loch frei, durch das sie in einen spitzkegeligen Raum zwischen niedergestürzten Dekken und Wänden kriechen konnten.

«Ich denke, daß wir entbehrlich sind», sagte er.

«Gehen kaputt und singen. So weit kann man Menschen dressieren! Oder ist das keine Dressur?»

Bartel lag auf dem Rücken und rauchte.

«Sag mal, Fischer, meinst du, daß wir uns in deren Lage so verhalten würden?»

«Nein!»

«Wir sind aber doch dressiert – oder nicht?»

«Nicht lange genug wahrscheinlich.»

«Als ich ein Junge war, da hatten wir Biblische Geschichte. Deine Sache, nicht wahr? Da kamen welche vor, die gesungen haben, als sie verheizt wurden. Waren die dressiert?»

«Aber das ist doch ganz was anderes!»

«Hast du verstanden, warum die damals gesungen haben?»

«Ja.»

«Ich nicht. Aber ich verstehe die.»

«Ich habe kein Organ für Helden. Ich finde, daß sie eine Sache für Bilderbücher sind.»

An die Dunkelheit gewöhnt, sah Fischer erst jetzt den jungen Soldaten, der mit weitentblößten Zähnen und aufgerissenen Augen gestorben war. Die Betondecken waren von Bomben wie ein Leinentuch zusammengefaltet worden und hatten ihn zerquetscht. Der Hitze zufolge summten die Fliegen auf seinem Gesicht wie auf Fleischbänken.

«Das ist die Wirklichkeit», sagte Fischer. «Herrgott, zu was leben wir noch?»

«Vielleicht kämpfen sie, weil sie es wissen.»

«Die Gewalt hat noch nie etwas gewußt.»

Bartel versuchte, einen Betonblock zu bewegen, damit der Tote nach unten abrutschen konnte. Es gelang ihm nicht.

Die regelmäßigen Taktschläge der Panzer, die von zwei Seiten an die Universität herangekommen waren, verstummten.

«Sie sind jetzt drin», sagte Bartel, «es kann nicht mehr lange dauern.»

Das Schießen im Innern der Universität, auf Treppen, Gängen, in Hörsälen und Bibliotheken empfanden sie wie eine Stille. Wie ein nutzloses Gespräch hinter einer Doppeltür. Sie standen draußen.

Nach etwa einer Stunde waren nur noch vereinzelte Schüsse zu hören. Meistens kurze Maschinenpistolenserien, die in langen Abständen aufeinander folgten.

«Es ist vorbei», sagte Bartel, «wir müssen jetzt sehen, daß wir Anschluß kriegen.»

Sie krochen hinaus und schlichen sich durch die aufgefahrenen Panzer auf das Seminar zu. Mehrere Soldaten belustigten sich damit, ihre frisch erbeuteten Pistolen an Gipsbüsten zu erproben, die sie triumphierend aus halbverschütteten Eingängen schleppten. Wegen der geringen Haltbarkeit des Materials waren sie nach kurzer Zeit auf Bilder verwiesen. Sie bevorzugten große Gruppenporträts. Ein Krankenträgerzug war bemüht, die breite Fahrbahn über den Platz von Toten zu säubern.

An Bekannten sahen sie vorerst nur Dickmann.

«Schade», sagte Bartel, «war 'n Kerl. Hat ihm nichts genützt, sich zu besaufen. Ist eine schlechte Taktik.»

Sie gingen in die Universität. Trümmer von Säulen und Planken, Sandsäcke, Kanister, Treppengeländer, Sitze, Sockel rankten über zerstürzte Steintreppen wie groteske Gewächse. Sie achteten darauf, nicht auf Tote zu treten, zumindest nicht auf Gesichter.

Pflichteifrige Gruppen und tüchtige Einzelgänger durchstöberten Verstecke nach letzten Gefangenen. Es lohnte nicht mehr recht. In einer Art von festlichem Vorraum knieten etwa fünfzehn sowjetische Soldaten mit Schüssen im Genick oder Hinterkopf.

Auf dem mittleren Gang bemerkten sie Sommer mit einem fremden Feldwebel. Zwischen Wandbrocken war er tapfer bemüht, einen Verwundeten unter einem umgestülpten Pult hervorzuziehen.

«Komm raus, Mistvogel! Mistvieh, blödes!» Als sein Zuspruch vergeblich blieb, hatte der Feldwebel den Einfall, in das Podium zu schießen. Ein junger Kirgise mit kahlgeschorenem Schädel kam hervorgekrochen und hob die Hände. Als Sommer mit vorgehaltener Pistole auf ihn zukam, hatte der Gefangene die Augenbrauen weit hochgezogen, als strenge er sich an, etwas Bestimmtes zu denken. Er betonte noch einmal seine erhobenen Arme.

«Das glaub ich dir», grinste Sommer, «am Ende die Hände hochheben, das will ich dir glauben!»

Der Kirgise machte ein paar Zeichen, begann zu sprechen.

«Bellen kannst du auch?» lachte Sommer und schoß ihn in den Bauch.

Ehe er sich zusammenkrümmte, sah sein Gesicht einen Augenblick ungläubig aus. Sommer schoß zweimal in seinen Kopf.

«Du glaubst nicht, wie zäh diese Hunde sind. Junge, Junge, Junge!»

Als er Bartel und Fischer sah, wurde sein Gesicht rot und heimtückisch. Er schleuderte den Toten mit einem Fußtritt beiseite, um die Unsicherheit zu vertuschen, die er Bartel gegenüber empfand.

«Ich sehe, daß du das Zeug zu einem Kapo hast!» sagte Bartel zynisch und ging so hart an Sommer vorbei, daß dieser zurücktreten mußte.

«He, Sie komischer Vogel!» rief der fremde Feldwebel. «Kommen Sie mal her! – He, ihr beiden!»

Sie gingen weiter, ohne von ihm Notiz zu nehmen.

«Und so was ist Soldat!» sagte Sommer. «Und so was läuft noch frei rum!»

Der Feldwebel notierte sich ihre Namen. «Das sind die Leute, die sich bloß in 'ner Strafkompanie wohlfühlen», kommentierte er.

Zufällig trafen sie noch Unteroffizier Häberlein, dem Sommer sorgfältig Bericht erstattete.

«Man sollte sich mehr für die beiden interessieren», sagte Häberlein.

Sommer verstand. Er bedauerte, Häberleins Vorzüge so spät entdeckt zu haben. Leider hatte er ihn bisher für einen unzugänglichen, kaltschnäuzigen Streber gehalten.

Fischer und Bartel hatten den völlig zerstörten Lesesaal des philosophischen Seminars erreicht. Sie kletterten über eine Barrikade dicker Nachschlagwerke. Ein alter Mann in Zivilkleidern kam durch sie ins Rutschen und kollerte die Treppe hinunter. Er war barfuß. Seine Füße waren schmutzig. Die Seitenwand war von Paktreffern aufgerissen, so daß sie den ganzen Platz übersehen konnten. Das Inventar bestand aus Büchern und Toten. Tische, Regale und Sessel waren zu Barrikaden verarbeitet.

«Was sollen wir hier? Ich schätze, daß wir zu einer Lesestunde nicht aufgelegt sind», sagte Bartel.

«Ich war seit vier Jahren in keiner Universität.»

«Gib mir eine Zigarette.»

«Ich weiß nicht, ob du mich verstehst, Bartel, ich will nicht klugreden, aber was du hier siehst, die Bücher meine ich, das ist kein Papier – das ist alles, wofür ein Mensch leben kann.»

«Ich verstehe nichts von Büchern», sagte Bartel, «ich sehe bloß, daß hier 'ne Menge dafür gestorben sind. Ihr redet zuviel. Komm jetzt.»

An einem verhältnismäßig sauber gestapelten Bücherblock las Fischer die Titel der Buchrücken: Hume, Descartes, Kant, Aristoteles, Schelling, Feuerbach... Ziemlich weit unten lag Hegels Phänomenologie, die er herauszuziehen suchte. Die mannshohe Bücherwand stürzte dadurch ein. Sie gab einen Soldaten frei, der marionettenhaft gleichgültig die Arme hob. Sein Gesicht war blutig und verschmutzt. Er blutete aus der geschwollenen Augenbraue. Der Lappen, den er darauf gepreßt hatte, war zu Boden gefallen. Eine Hasenscharte machte das kleine Gesicht häßlich. Es wirkte weibisch, obwohl es weder Angst noch Ungeduld verriet, eher Interesse.

«Was sollen wir machen?» fragte Fischer. «Er hat keine Chance. Sie werden ihn umlegen.»

«Warum erzählst du *mir* das?»

«So sag doch, was wir machen sollen!» Fischer bemerkte, daß er das Buch noch in der Hand hatte. Er ließ es fallen.

«Wenn wir warten, werden ihn die Bullen erwischen. Gib ihm deine Pistole, wenn du nichts riskieren willst. Soll er es selber machen.»

Der Gefangene hatte ihnen ruhig, fast unbeteiligt zugehört. Plötzlich nahm er die Arme herunter und führte den Lauf einer Pistole, die er augenscheinlich im Ärmel verborgen hatte, in den Mund. Fischer sprang herzu und riß ihm die Waffe aus der Hand.

Dabei fiel die Mütze herunter. An der Stirn und dem Haaransatz sahen sie, daß sie eine Frau vor sich hatten.

«Warum machen Sie das?» fragte sie. «Ich glaube, es ist richtig für mich.» Sie sprach deutsch.

«Ich wußte nicht, daß Sie deutsch sprechen», sagte Fischer, «ich dachte, Sie verstehen uns nicht.»

«Was ändert das? Ich habe Ihre Sprache nicht für den heutigen Tag gelernt.»

Fischer wollte sie nach ihrem Beruf fragen, aber Bartel schnitt ihm das Wort ab.

«Komm», sagte Bartel zu ihr, «such dir ein besseres Versteck. Ich bringe dir deutsche Klamotten. Wir haben keine Zeit!»

Er gab ihr ein großes Verbandspäckchen, Keks und eine Büchse Fleisch. Ihr verschwollenes Gesicht war plötzlich offen und ausdrucksvoll. Es war schön. Sie ergriff die Sachen und ergriff dabei seine Hand. Fischer suchte nach etwas Passendem. Er gab ihr ein angebrochenes Zigarettenpäckchen.

«Los jetzt», sagte Bartel, «es sei denn, ihr erwartet noch 'n paar Kameraden! Hast du Durst?»

«Nein, ich danke euch.»

Während sie ihren Unterschlupf unkenntlich machten, verschwand das Gesicht Sommers hinter einer Bücherbarrikade. Es hatte einen frohen, gutgelaunten Ausdruck. Er fand, daß er einen glücklichen Tag hatte. ‹Junge, Junge, Junge.›

«Ich hab mich schlecht benommen», sagte Fischer.

«Du redest zuviel. Komm!»

«Ich habe dummes Zeug gesagt.»

«Ach was! Wirf ihre Pistole weg.»

«Ich verstehe dich jetzt besser, Bartel.»

Fischer bückte sich nach dem Hegelband und wollte ihn mitnehmen.

«Laß den Schmöker liegen», sagte Bartel. «Wir müssen weg.»

Auf der Treppe stießen sie auf einen jungen Leutnant in Begleitung von Sommer und Häberlein.

«Was gibt's», fragte Häberlein, «irgend was Besonderes hier oben?»

«Bücher zum Arschwischen», antwortete Bartel.

«Wir suchen eine Kommissarin», sagte der Leutnant, «ein Gefangener hat ausgesagt, daß im Seminar ein bolschewistisches Weibsstück versteckt ist. Haben Sie irgend etwas Verdächtiges bemerkt?»

Er sah Fischer an. Fischer überlegte eine Sekunde.

«Nein», sagte er, «nichts, was mir aufgefallen wäre.»

«Kommen Sie mit.»

Bartel sah Sommer an, suchte einen Anhaltspunkt in der blonden Leere seiner Gerichtsdienerphysiognomie. Sommer vermied seinen Blick. Sein Gesicht sah dienstlich aus. Bartel machte Fischer ein Zeichen, die Pistole wegzuwerfen. Fischer verstand nicht.

«Es gibt Gefangene, und es gibt Anscheißer», sagte Bartel.

«Ich frage Sie nochmals, ob Sie etwas Verdächtiges bemerkt haben!» blitzte der Leutnant.

«Ich sage doch, daß ich die Sache für eine Ente halte», antwortete Bartel.

«Geben Sie Ihre Waffen ab!»

Bartel zuckte mit den Schultern. Er zweifelte nicht daran, daß sie gesehen worden waren.

«Woher haben Sie die Pistole, Fischer?» fragte Häberlein.

«Ich habe sie einem toten Russen abgenommen.»

«Wahrhaftig?» Häberlein nahm lächelnd die Waffe an sich.

Auf Geheiß des Leutnants stöberte Sommer die Russin aus ihrem Versteck. Er glich dabei einem gutdressierten Jagdhund, dem die Arbeit Freude macht.

«Da staunst du alte Vettel? Du kannst bloß staunen, was? Daß du deine Freunde so schnell wiedersiehst, was? Nimm die Hände hoch, sag ich, Hände hoch!»

«Nicht umlegen!» rief der Leutnant. «Wir müssen sie noch vernehmen.»

Sie stand mit verschränkten Armen vor dem geifernden, schmächtigen Gerichtsdiener. Sie sah Bartel, und sie sah Fischer. Sie begriff. Sie wußte, was jetzt für sie zu tun war. Ohne der Warnrufe Sommers zu achten, lief sie auf ihn zu und ließ sich niederschießen. Sie glitt auf einem Buch aus, so daß sich ihre Beine im Fall spreizten.

«So ein Aas, so ein niederträchtiges Hurenstück.»

Bartel sah, daß auch ihr anderes Auge blutete. Über das Gesicht, über das Hemd, über die Bücher. Aristoteles, Kant, Hegel. Bartel dachte daran, daß er keine Ahnung hatte, was in einem der Bücher stand. Er sah den Platz, den Himmel, die Wolken, die wie dünnes Zigarettenpapier aussahen. Er sah Sommer, er sah Häberlein, dessen Gesicht nicht mehr als die Gefühle eines guttrainierten Sportlers ausdrückte, der sich als taktisch überlegen erwiesen hat. Häberlein hatte keine Nerven, er war stolz darauf. Bartel sah Fischer an. Fischer nickte ihm zu. Sie sahen auf die Tote. Gut.

«Wie konnten Sie sich dazu hinreißen lassen?» fragte der Leutnant.

«Wozu?»

«Wollen Sie auch jetzt noch leugnen?»

«Häberlein und ich sind Feinde», sagte Bartel ruhig, «und Sommer ist heute morgen von Fischer geohrfeigt worden. Es handelt sich um eine vorbereitete Gemeinheit.»

«Aber das ist doch Unsinn, Mann! Sommer hat Sie doch die ganze Zeit beobachtet und hat Meldung gemacht!»

«Sommer hat eine falsche Meldung gemacht!» sagte Bartel. Seine Augen suchten Sommer, der ihre Nähe mied und mit dem Umstoßen von Bücherbarrikaden beschäftigt war.

Der Leutnant wurde unsicher.

Häberlein lächelte leicht und wiegte Fischers Pistole spielerisch in der offenen Hand.

«Du hast gute Nerven, Bartel», sagte er, «aber es gibt einen Beweis.»

Bartel erfaßte, daß Häberlein die Pistole meinte, deren Nummer im Soldbuch der Toten eingetragen sein konnte. Mit der Kraft seines massigen Körpers sprang er unvermittelt Häberlein an, umschlang ihn, hob ihn hoch und stürzte mit ihm durch die aufgerissene Seitenwand auf den Steinplatz.

Der Leutnant war weiß geworden. Die Pistole auf Fischer gerichtet, schrie er nervös nach Sommer, der angespannt mit unverhohlener Neugier auf den Platz sah. Sein dürrer Hals war weit vorgestreckt, die Zähne kaninchenhaft entblößt.

Sowohl Bartel als Häberlein waren tot.

Fischers Hirn arbeitete. In seine Netzhaut schnitt sich das Gesicht Sommers, aber sein Hirn arbeitete. Er sah zum erstenmal sicher und überlegen aus.

«Wollen Sie noch immer leugnen, Sie Scheißkerl!» schrie der Leutnant. Fischer betrachtete ihn nachdenklich.

«Ob Sie noch immer leugnen wollen!» schrie er abermals.

«Nein», sagte Fischer. «Ich habe zu spät *richtig* gehandelt.» Er sprach so zwanglos, als schließe er eine unergiebige Unterhaltung ab.

«Abführen!» schrie der Leutnant. «Abführen!»

Sommer lief herbei und stieß ihm die Maschinenpistole in den Rücken. Er war sich der Größe des Augenblicks und des entscheidenden Durchbruchs, den er erzielt hatte, voll bewußt. Während sie die Treppen der Universität hinuntergingen, entwarf er einen Feldpostbrief an seinen Amtsgerichtsrat, der einen Urlaubsbesuch als Chargierter durchblicken lassen könnte. Dabei wurde sein Gesicht feierlich. Er bedauerte, keinen Stahlhelm bei sich zu haben. Er preßte die Maschinenpistole an sich und heftete den Blick starr auf Fischers Nacken. Auf der von Toten gesäuberten Bahn überquerten sie den Universitätsvorplatz und erreichten die neueingerichtete Kommandantur in weniger als zehn Minuten.

Im Ticken der Fernschreiber formulierte der Leutnant seine unterwegs einstudierte Meldung sauber und schlackenlos. Seine ungeteilte Aufmerksamkeit und Bewunderung galt der nüchternen Sicherheit des Kommandanten, eines angesehenen Weinreisenden aus Elberfeld, der sofort und vollkommen aus dem Stegreif ein wunderbar komponiertes Fernschreiben an das Feldgericht diktierte. Es war wohltuend, den präzisen Rhythmus der blinkenden Hebel in sich aufzunehmen, die ein immerhin befremdliches Ereignis in die Kategorien eines abgeschlossenen militärgerichtlichen Vorgangs verwandelten. Als er von der Apparatur aufblickte, wunderte er sich fast, daß Fischer noch lebte. Die nachdenkliche Überlegenheit Fischers machte ihn nervös. Er konnte seinen Blick nicht aushalten und sah an ihm vorbei auf Sommer, der sich beunruhigt aufrichtete und die Lippen anfeuchtete.

Fischer lächelte spöttisch. Das Gesicht des Leutnants überzog sich rot. Ehe er sich selbst begriff, sprang er auf Fischer zu, schüttelte ihn und schrie wie ein hysterisches Weib: «Was wollen Sie noch hier? Sie Schlappscheißer! Sie Narr! Sie...»

Er erinnerte sich plötzlich, daß der Kommandant noch im Raum war, und ließ die Arme sinken. Sein ausdrucksarmes Gesicht war schweißüberströmt. Fischer betrachtete ihn verächtlich.

«Seltsam», sagte er, «ich habe soeben dasselbe gedacht: Was wollt ihr noch? Was habt ihr bei uns noch zu suchen?»

«Wissen Sie, daß ich Sie erschießen lassen kann!» schrie der Leutnant. «Ich kann... ich kann...» Er erinnerte sich abermals des Kommandanten.

«Was könnt ihr außerdem?» fragte Fischer. «Was könnt ihr wirklich? Du kannst mich nicht einmal ansehen!»

«So lassen Sie doch endlich diesen Schweinigel abführen, Leutnant! Abführen!» rief der Kommandant unbeherrscht.

Der Leutnant zerrte an seiner Pistole und fuchtelte vor Fischer herum.

Sommer trat zurück und leckte sich aufgeregt die Lippen.

Fischer schob den Leutnant beiseite und ging langsam auf den Kommandanten zu.

«Können Sie etwas, was Ihr Leben rechtfertigt?» fragte Fischer kalt.

Der Kommandant verlor alle Beherrschung und brüllte: «Werden Sie es endlich fertigbringen, diesen Verrückten abzuführen!»

Er verließ den Raum unbegründet eilig. In seinem Zimmer schaltete er das Radio ein und suchte nach einem Musikprogramm, das seine verdrossene Stimmung auszugleichen geeignet schien. Er ließ den Apparat brüllen, so daß er den Wagen überhörte, der Fischer dem Schnellgericht ‹zuführte›. Dieser Idiot, dachte er, dieser dämliche Pinsel!

Fremd stirbt
ein junger Bruder

George Lincoln Hagood, Soldat, Neger, Beifahrer. Er stand im Korridor der Offiziersmesse und sah auf die Straße. Er kannte sie. Alle Straßen von nennenswerter Bedeutung kannte er. Er hatte sie befahren. Carson City, Frisco, Portland, Denver, Milwaukee, Chicago, Boston, Italien, Frankreich, Deutschland. Nichts Neues. Aus der Perspektive der Hotelküchen, Hinterhöfe, Lieferanteneingänge glichen sie sich. Steinerne Konservenbüchsen, Asphalt, Müll. Über die obere Luke war ein grauer oder blauer Fetzen Himmel gespannt. Je nach der Wettervorhersage. Nicht zu verwechseln mit der Vorderseite. Die Hinterseiten waren Brüder. Aus einem Leib gekrochen: aus der Arbeit für andere. Jede Vorderseite hat ihre Rückseite, jeder Tritt einen Hintern. Capito? Jeder Tritt ein Schritt auf die Vorderseite zu. Capito? Auch in Deutschland, gerade hier in Deutschland.

Er stand im Dunst des Küchenkorridors, hörte die Spülmaschinen sirren, die Schwingtüren klacken, die Küchenmädchen lachen: «Geh mir mit Eiskrem los! Daß du mit deinem Seichkrem verduftest! Warum müßt ihr jeden Tag Milch bringen? Milch, Milch, Milch! Niemand im ganzen Haus, der Milch und Eiskrem nicht zum Kotzen fände!»

Er hörte die Mädchen kreischen. Ein himbeerfarbener Klacks Eiskrem klatschte über den Flur an die Schwingtür.

George Lincoln Hagood warf einen Zigarettenrest in die herunterfließende Eiskremlache. Rauchte, dachte, wartete auf Brown. John Robert Brown, Soldat, Yankee, Verpflegungsfahrer aus Charleston. ‹Anständig von ihm. Findest in der ganzen Armee kein Dutzend, die mit Negern fahren. Dirty nigger, dirty nigger, dirty bastardface.› Er sah hinaus. Der Asphalt warf Blasen. Er konnte die Rückfront des Chevrolets sehen. Er sah Kinderfüße über den Asphalt rennen. Er dachte an weiße, braune, gelbe, schwarze Kinderfüße. Cleveland, Neapel, Reims, Brüssel, Frankfurt.

Er sah Kinderhände den Wagenverschlag hinauflangen. Die mageren Körper hinaufziehen. Er sah die saubere Reihe der Milchflaschen in den polierten Kästen. Appetitlich, kühl, keimfrei. Die Hinterseite der Vorderseite in Verehrung zugeeignet!

«Daß ihr uns mit der verfluchten Milch verschonen wolltet. Niemand im ganzen Haus, der für 'nen Silberdollar Milch anrührt!»

Er dachte an weiße, braune, gelbe, schwarze Kinderhände. Kansas, Richmond, Mailand, Marseille, Augsburg.

Er dachte an sich. Er erinnerte sich an einen zitronengelben Milchwagen vor MacCauleighs drugstore.

‹Dirty nigger, dirty nigger, dirty bastardface.›

Er sah den Kindern zu. Er brauchte für den Verlust nicht einzustehen. ‹Sie sind geschickter als die Italiener, jedenfalls überlegen sie besser.›

Der schieläugige, aufgeschossene Junge, der die Flaschen über die Seitenwand durch das Verdeck schob, begegnete ihm zum tausendsten Male. In allen Städten.

Hagood hörte Brown kommen.

«Was gibt's zu sehen? Was ist los draußen?» fragte Brown. Hagood zögerte eine Sekunde, dann sprang er an die Tür, klopfte, rüttelte, damit der Junge Zeit gewann, herunterzuspringen.

Um sich vor Brown zu rechtfertigen, murmelte er:

«Verfluchte Lausejungen! Verfluchtes deutsches Gesindel!»

«Sind die Bankerte auf dem Wagen?»

«Na klar!»

Hagood riß die Tür auf und stürmte auf die Straße. In etwa fünfzig Meter Entfernung sah er die Jungens die Straße überqueren. Er war fröhlich, als er johlend über die Straße schrie:

«Verfluchtes Hurenpack! Criminal dirty Krauts! Sie haben Milch gestohlen, unsere Milch!» Seine mächtige Gestalt schüttelte sich vor Lachen. Übermütig riß er die Pistole aus dem Halfter und schoß mehrfach in die Luft über den Mietskasernen. «Hey boys! Hey boys! Hey boys!» Sein breiter fetter Brustkorb wurde von immer neuen Lachstürzen erschüttert. Noch als er sich in den Wagen warf und den Motor aufheulen ließ, lachte er. «Du bist der verrückteste Hund, der mir jemals begegnet ist! Der idiotischste Neger der ganzen Armee!» sagte Brown.

Vergnügt zündeten sie sich Zigaretten an und balgten sich. Als Hagood durchkuppelte um anzufahren, sah er auf die Straße. Er erschrak. Sein Gesicht verzog sich und wurde grau. Die Füße glitten von Gas und Kupplung, so daß der Wagen nach vorn bockte und stand. Dabei entfiel ihm die Zigarette.

«Was ist, Alter?» fragte Brown.

Hagood war bereits auf der Straße. Er lief auf das graue Bündel zu, das fünfzig Meter vor ihm auf der Straße lag. Aus Haustüren, Kellern, Toreinfahrten liefen Männer, Frauen, Kinder herbei. Graue Männer, graue Frauen, graue Kinder. Harlem, Eastend, Wedding. Sie machten ihm Platz.

Es war der Junge, dem er zum tausendsten Male begegnet war. Der Entfernung nach mußte er gestolpert sein, als Hagood in die Luft schoß.

Unmittelbar über dem Nasenbein hatte sich eine Milchglasscherbe in seinen Schädel gerammt. Der Boden der Flasche haftete auf seinem Gesicht wie ein großes Einglas. Hagood beugte sich über ihn und versuchte ihn aufzuheben. Er war so aufgeregt, daß er in der klebrigen Lache aus Blut und Milch ausglitt.

«Laß ihn in Ruhe! Es hat keinen Zweck mehr», sagte ein unscheinbarer Mann.

Hagood versuchte ihn abermals aufzuheben.

Eine Frau riß an seinem Arm: «So laß ihn doch – verdammt!» Hagood richtete sich auf. Er spürte die Feindseligkeit. Sein Gehirn arbeitete langsam. Mahlte. ‹Dirty nigger, dirty nigger, dirty bastardface.› Die Lache aus Blut, Milch und Schmutz erinnerte ihn an die Eiskrempfütze unter der Schwingtür.

«Komm weg, Alter!» sagte Brown. Hagood bemerkte ihn erst jetzt.

«Was ich schon immer gesagt habe, immer sag ich zu meinem, bleib redlich, sage ich, ehrlich währt am längsten, wegen 'm Troppen Milch... lohnt sich das? sag ich, den Tod zu riskieren wegen 'm Troppen Milch...» Hagood verstand die Frau nicht. Er sah, daß sie schwanger war.

Ein Ambulanzwagen trieb sie auseinander. Kaum daß der Arzt, ein schmächtiger, rothaariger Ire, ausgestiegen war, stoppte ein zweiter Wagen, von dessen Trittbrett ein vollwangiger Mann geschäftig auf die Straße sprang.

«Hallo, Benett!» rief der Ire. «Das nenne ich prompte Zusammenarbeit. Ich denke, das ist *Ihr* Job. Ich fürchte, daß *Sie* dafür zuständig sind.»

Er fühlte den Puls des Jungen und trat ein paar Schritte zurück. Der andere warf seinen Papphelm auf die Straße, kniete nieder, zog ein Ölfläschchen, ein zusammenklappbares Kruzifix und genügend Watte aus dem Etui, schlug ein Kreuz und begann die Stirne des Jungen mit Öl zu netzen. Dabei murmelten seine vollen Lippen und verliehen dem vollgeschnittenen Gesicht einen törichten Ausdruck.

Hagood und Brown standen immer noch da. Nahezu allein. Brown zog ihn leise am Ärmel. Hagood wandte ihm das Gesicht zu. Leer, ausdruckslos wie nach einer durchsoffenen Nacht. Er riß sich unvermittelt los und rannte auf ihren Wagen zu. Er warf sich in das Polster, trat den Anlasser und ließ den Motor aufbrüllen. Er nahm das Gas weg und stierte auf die Hände, die auf dem Steuerrad lagen. Brown beobachtete ihn kopfschüttelnd. ‹Soll einer aus einem Nigger schlau werden.›

«Weißt du, daß ich ihn erschossen habe?» sagte Hagood.

«Du bist verrückt. Hab doch gesehen, wie du in die Luft geballert hast. Erschossen? Mensch, Alter! Du und erschossen, hast du das gehört? Wo ich doch genau gesehen habe...»

«Ein Mann schießt in die Luft, ein Junge stürzt. Ein Mann kotzt Eiskrem und ein Junge stirbt für Milch.»

«Versteh nicht, was du redest, Hagood, versteh das geschwollene Zeug nicht.»

«Verstehst manches nicht.»

«Wer hat Eiskrem gekotzt?»

Hagood kuppelte durch. Er trat den Gashebel und ließ pedantisch sorgfältig den Gang einschnappen.

«Du bist der verrückteste Neger der ganzen verrückten Armee!»

Wir sind nicht geboren,
um einander totzuschlagen

Als es zu regnen anfing, verstummte der Gesang der Vögel in den Kronen der halbverbrannten Kastanien. Ihr Schweigen klärte Dr. Amsel auf, daß sie gesungen hatten. Er trat an das Fenster seiner Praxis, die im ersten Stock eines zur Hälfte aufgebauten Geschäftshauses gelegen war. Er mußte sich auf die Zehen stellen, um über das Milchglas der unteren Fensterhälfte auf die Straße zu sehen. In den Fensterhöhlen der gegenüberliegenden Hausfassaden wuchs Gras und eine lilablühende Blumenart, deren Samen im Herbst weißfädig durch die Straßen flagellierten. Wenn man sich entschlossen hätte, perspektivische Dächer über die erhaltenen Vorderwände zu malen, wären die Polster der leeren Fensterluken zu Blumenkästen geworden.

Dr. Amsel war dick. Auf dem weißen Fett seiner Haut war sein Haar farblos. Die Augenbrauen waren nicht zu sehen. Er las den «Rheinischen Merkur», «Westermanns Monatshefte» und mit gewisser Regelmäßigkeit die Fachzeitschrift für Polizeiärzte. Die mittlere Dummheit der Zeitungen (die er durchschaute) gab Amsel das Wohlgefühl, ein aufgeklärter Kopf zu sein.

Seine Freundin nannte ihn bisweilen einen Skeptiker. In diesen Momenten erneuerte sich seine Liebe.

Auf dem Asphalt standen kleine Pfützen. Es regnete kaum. Wenn das Verkehrslicht der Straßenkreuzung wechselte, flog ein Stoß hocherhobener Schirme über den Fahrdamm.

Auf seinem Terminkalender war der Geburtstag seiner Freundin eingetragen. Er hätte ein Geschenk besorgen müssen. Er sah auf die Uhr. Sie war stehengeblieben. Mechanisch wählte er die Nummer der Zeitansage. «Achtzehnuhrfünfundzwanzig, achtzehnuhrfünfundzwanzig, achtzehnuhrfünfundzwanzig.» Er saß einige Minuten und lauschte der Sprechkonserve. Antriebslos wie er war, hatten seine Gedanken etwa folgende Tendenz: «Ich hätte nicht Amtsarzt werden dürfen, zumindest hätte ich den Polizeidienst vermeiden sollen, ich bin kein Beamter, es ödet mich an, ich bin eine schöpferische Natur und hätte jetzt das Alter für einen gediegenen kleinen Lehrstuhl. Für wen arbeite ich und wozu lebe ich? Es macht keinen Spaß. Ich müßte mir mehr körperliche Bewegung machen. Vielleicht sollte ich heiraten oder Tennis spielen. Man muß etwas vor sich haben. Wenn ich jetzt einen Schlaganfall bekäme, würde mich niemand vermissen.»

Er bemitleidete sich gern. Wenn er von sich sprach, konnte er zu Tränen gerührt sein. Seine liebste Illusion war, daß er ein illusionsloser Aristokrat des Geistes sei. Wenn er die Lüge durchschaute, trank er schwere Weine, von denen er Sodbrennen bekam. «Wozu lebe ich?!»

Er zog den Mantel an und setzte den Hut auf. Stehend trank er eine halbe Tasse kalten Tees. Er sah abermals auf die Uhr. Sie stand noch immer. Als er den Hörer abnehmen wollte, um sich abermals der genauen Zeit zu versichern, läutete das Telephon, so daß er erschrak. Es war der Polizeipräsident. «Hören Sie, lieber Amsel, ich wollte Sie bitten, noch eine Zeit in Ihrer Praxis zu bleiben, geht das? Geburtstagsfeier, jaja, verstehe, ist nur wegen dieser Demonstration, ja, immer unnütze Arbeit. Wir lassen den Zug in ihrer Gegend auflösen. Nur daß Sie für alle Fälle eine halbe Stunde warten.»

Er stülpte den Hut auf eine Blumenvase und wählte neuerlich die Zeitansage. Sorgfältig stellte er seine Taschenuhr auf 19.02.

Die Vögel in den schütteren Kastanien der gegenüberliegenden Straßenseite sangen wieder. Ein Hund bellte mit übergeschnappter Stimme. Die Straße unter seinem Fenster war fast menschenleer. Die Rolladen des ebenerdigen Sarg-Geschäftes wurden schnarrend heruntergelassen. Einige Polizeiwagen fuhren an die Kreuzung und formierten sich zu einem schwarzen Kordon. Ein Kind lief mit einem Sommerhut über die Straße in eine Toreinfahrt, als wäre Leere und Schweigen angeordnet. Amsel beugte sich aus dem Fenster. Die Luft roch nach feuchten Blättern und Leder. Unbehaglich. Auf dem nassen Asphalt hockte die Angst. Er sah den Zug. In den vorderen Reihen gingen Frauen mit Kinderwagen und junge Menschen in sommerlichen Kleidern, die naß geworden waren. Sie trugen Transparente und sangen.

Er las: «Wir sind nicht geboren, um einander totzuschlagen.»
«Wir sind nicht geboren, um einander totzuschlagen.»
«Wie lächerlich das alles ist.»
Sie sangen.
«Wie lächerlich das alles ist.»
Hinter dem schwarzen Schweigen der Uniformen stauten sich Autos. Amsel fand, daß ihre Karosserien den Flügeldecken von Käfern glichen. Er machte das Fenster zu, ging an das Waschbecken und wusch sich die Hände. Lauschte. Die Geräusche der Straße schlugen an seine Mauern wie kleine Steine oder wie Geschosse. Sie störten ihn. Kommandos schnitten die Luft in Scheiben. Auf seiner Zunge verbreitete sich ein Geschmack von Messerschärfe. Kommandos. Singen. Motoren sprangen an. Pfiffe. Schweigen, von einer Mädchenstimme halbiert, die einer stürzenden Mine glich. Tritte, Rufe, Tritte, Rufe, Tritte, Rufe, die in das gleichmäßige Geräusch von Schlägen übergingen, die auf Gesichter und Leiber fielen. Wie Regen. Er ertappte sich dabei, daß er sich erneut die Hände wusch. Er setzte sich so, daß er dem Fenster den Rücken zuwandte. Tritte, Rufe, Tritte, Rufe, Tritte, Rufe. Er sah Stiefel, die sich mechanisch bewegten. Das böse Gesicht von Stiefeln, die mechanisch Geranien zertraten, rot wie geronnenes Blut, rot wie ein Transparent. «Wie sinnlos das alles ist. Wir sind nicht geboren, um einander totzuschlagen. Wozu sind wir geboren? Wozu?»

Der Stille zu entrinnen, stellte er das Radio an. Eine sympathische gepflegte Stimme überzeugte ihn freundlich von der dringenden Notwendigkeit, die Hakenkreuze der Ordens- und Ehrenzeichen durch den Bundesadler zu ersetzen, damit sie allerorten und ohne Anstoß getragen werden könnten. Es schellte. Er stellte das Radio ab. «Soldatenbünde, Wehrzeitung.» Er erinnerte sich an einen staubigen Aschenbecher aus Granatsplittern neben einem schwarzumflorten Photo, das einen Kalbskopf mit Pickelhaube darstellte. Es schellte noch einmal, und er öffnete die Tür.

Ein junger Arbeiter trug ein Mädchen herein, das ein nasses Tanzkleid anhatte. Er trug es wie ein Tablett mit Gläsern. Über seine Hände tropfte Blut auf das Linoleum des Ordinationszimmers.

Sternförmige klebrige Flecken. Über die Stirn des Mädchens lief ein klaffender Riß bis in die Augenbraue. Das Nasenbein war gebrochen. Sie hatte Sommersprossen, das runde Gesicht mußte lustig ausgesehen haben. Amsel wusch sich die Hände zum drittenmal, ehe er die Gummihandschuhe anzog. Er mußte ein Stück des Haaransatzes wegrasieren. Er dachte. Wegen der starken Blutung machte er einige kleine Umstechungen, ehe er zu nähen begann. Sie war besinnungslos. «Sie wollte nicht mitkommen», sagte der Junge. «Wir wollten heute abend tanzen gehen. Da erfuhren wir von der Demonstration. Ich habe sie überredet. – Wird sie die Narbe verunstalten?»

Amsel sah über das geblümte Tanzkleidchen. Naß und blutig war es über den schmalen Körper eher gespannt als gezogen. «Es ist nicht wahrscheinlich», antwortete er, «wenngleich man eine Narbenbildung nicht voraussehen kann. Sie muß schön gewesen sein.»

«Ich frage nicht wegen mir, ich frage, weil es sie traurig machen würde. Sie arbeitet in der Fabrik, aber sie wollte Tänzerin werden, eines Tages, wenn das alles vorbei ist.»

«Was?» fragte Amsel.

«Entschuldigen Sie (es fiel ihm ein, daß er bei einem Polizeiarzt war), entschuldigen Sie, aber ich denke, daß es doch einmal vorbei sein wird, daß Menschen Menschen erschlagen.»

Amsel bemerkte erst jetzt, daß der Unterarm des Sprechenden von einer Bißwunde verletzt war.

«Es wäre mit ihr nicht passiert, wenn sie nicht die Hunde gehetzt hätten. Ich hätte es nicht zugelassen.»

Die Stimme des Jungen war dunkel und genau. Sie erinnerte Amsel an andere Stimmen, die er vor 18 Jahren gehört hatte. 1933. Gehört und vergessen. Die Stimmen von Arbeitern, die aus den Sturmlokalen der SA in ihr Krankenhaus gebracht wurden. Verkehrsunfälle. Wochenlang Verkehrsunfälle. Damals war er ein junger chirurgischer Assistent gewesen. Gehört und vergessen. Damals.

Pedantisch genau jodierte er die Wunde des jungen Arbeiters, glättete den Wundrand und tamponierte mit Jodoformstreifen.

«Ich habe gehört, daß man fast jede Narbe wegschminken kann.»

«Ja», sagte Amsel. «Unbedingt.»

«Vielleicht sollte man sie doch zu einem Spezialisten bringen. Entschuldigen Sie, nicht, daß ich Ihnen mißtraute, nur wegen dieser Tanzsache meine ich, vielleicht, daß Sie nicht oft mit derartigen Unfällen zu tun haben.»

«Doch», sagte Amsel, «doch. – Ich behandele dergleichen Unfälle seit etwa 20 Jahren. Vielleicht habe ich schon das Gesicht Ihres Vaters genäht.»

Seine Stimme hatte einen Mantel angezogen. Schwarz und naß und kalt. Die dunklen Gesichter der Ereignisse starrten ihn an. Buchenwald, Auschwitz, Stalingrad, Dresden. Zum erstenmal bedachte er, daß etwa achtzig Prozent aller von ihm Behandelten ohne Not und durch Gewalt behandlungsbedürftig geworden waren. Er dachte. Er versuchte, bis zu den Ursachen zu denken. Über Fäuste, Stiefel, Gewehre, Schreie bis zu den Ursachen. Es gelang ihm nicht. Aber er begriff, daß seine Hände geholfen hatten. Seine gummibehandschuhten Hände, die nicht gefragt hatten, als sie nähten. Im Frieden, im Krieg, im Frieden. Damals nicht – heute nicht. «Wir sind nicht geboren, um einander totzuschlagen. Tritte, Rufe, Tritte, Rufe, Tritte, Rufe, Tritte.»

Auf der Straße war es still geworden, Autos und kleine Rudel von Hüten flogen seltener über die Kreuzung. Ein paar Polizisten standen beschäftigungslos, die schwarzen Gummiknüppel in den Schlaufen.

Die Folgen ihrer Tätigkeit hatte er soeben genäht.

Zum ersten Mal, daß er Schuld und Scham empfand.

«Ja», sagte Amsel, «so ist das.» Er überlegte, wie er sich dem Jungen verständlich machen sollte, der ihn ansah, als habe er einen Motor zu prüfen. «Es muß nicht so bleiben», sagte der junge Arbeiter. «Es ist nie zu spät.»

«Nein.»

Es schellte. Amsel zog die Handschuhe aus.

«Es hat geschellt.»

«Ja», sagte Amsel. Er ging langsam hinaus, um die Tür zu öffnen.

Es war ein junger Polizeileutnant, der seiner Order gemäß die beiden Demonstranten zu verhaften wünschte. Amsel sah ihn lange mit leeren Augen an. Eine Kette von Überlegungen verknäulte sich mit Erinnerungen, Bildern, Folgerungen, die sich ergaben. Ein innerer Film, dessen Zwangsläufigkeit ihn bestürzte, den er denkend zu klären suchte.

Der blonde Polizeileutnant wiederholte verwirrt sein Begehren. Pedantisch genau überlegte Amsel alle Folgen, die sich aus seinem Verhalten ergeben würden. Dann schüttelte er langsam den Kopf.

«Ich beziehe mich auf eine ausdrückliche Anordnung des Polizeipräsidenten», sagte der Leutnant.

«Es ist gut. Ich beziehe mich seit einer Viertelstunde auf die Anordnungen meines Gehirns. Gehen Sie.»

Der Polizeileutnant stand Sekunden verständnislos. Da er an der Richtigkeit von Befehlen zu zweifeln außerstande war, zweifelte er an dem Verstand des Polizeiarztes.

«Gehen Sie», sagte Amsel und schloß die Tür. Seit langer Zeit war er zum erstenmal mit sich zufrieden. Er würde aus dem Polizeidienst herausfliegen und war zufrieden.

In dem Ordinationszimmer war das Mädchen aufgewacht. Der junge Arbeiter hatte ihr einen Spiegel gegeben, und sie machte ihn auf Einzelheiten der Naht aufmerksam, die ihr Gesicht auf komische Art verunstaltete. Es amüsierte sie, daß man Fleisch nähen konnte. Sie versuchte, die Stirn zu runzeln, und lachte über die ungewohnte Verzerrung. Sie sahen einander im Spiegel an und umarmten sich.

Was sind das für Menschen, dachte Amsel, was für großartige junge Menschen.

«Ich werde Sie jetzt in ein Krankenhaus fahren.»

«Warum? Ich kann doch nach Hause gehen! Es ist doch alles in Ordnung», sagte das Mädchen.

«Nein, noch nicht. Aber wenn Sie wollen, kann ich Sie auch nach Hause fahren. Sie müssen liegen, und ich werde Sie oft besuchen.»

Amsel sagte dies einfach und schön. Sein Gesicht hatte das feierliche Aussehen eines frischgebackenen Kuchens.

Er öffnete das Fenster und hörte die Vögel in den verstaubten Kastanien. Als sie zusammen hinausgingen, läutete das Telephon. Er ging nicht zurück.

Der Hund des Generals

Der Himmel über dem Dnepr war grau wie Rauch. Es regnete seit vierzehn Tagen, aber die Luft schmeckte noch immer nach der kalten Asche der Felder, der Dörfer, der Menschen.

Ein niedergebranntes Sonnenblumenfeld sieht wie ein großer, verdorrter Blumengarten aus, nur schwarz. Ein verbrannter Apfelbaum hat Bratäpfel so klein wie Schneebeeren, nur schwarz. Auch ein Mensch, in einem Lastwagen oder Panzer verbrannt, ist kleiner.

Es war Herbst. Der Krieg ging ins fünfte Jahr. Aus den Heeresberichten war zu entnehmen, daß die deutschen Armeen erfolgreiche Frontverkürzungen vornahmen. In weniger als zwei Monaten war die Ukraine fast ganz geräumt, der Dnepr von den Resten der zurückflutenden Armeen erreicht, nördlich Kiew und südlich Rostow sogar überschritten.

Bei diesem Tempo war es für den einzelnen Soldaten schwer, die für den Rückzug ausgegebenen Armeebefehle durchzuführen. Es gab Städte, die aus Zeitmangel nicht, oder nur unvollkommen zerstört wurden. Es gab Schächte von Bergwerken, die niemand rechtzeitig zum Absaufen gebracht hatte. Es gab Dörfer, die Häuser behalten hatten, es gab Schulen und Krankenhäuser, die unzerstört dem nachfolgenden Feind als Quartier dienen konnten, ja es gab ganze Kreise, wo nicht einmal der Weizen auf den Feldern verbrannt worden war. Auch konnten nicht alle männlichen Zivilpersonen abtransportiert werden.

Natürlich wurde eine Reihe von Offizieren für diese befehlswidrigen Versäumnisse zur Rechenschaft gezogen. Einige von ihnen wurden standrechtlich erschossen. Zu Unrecht. Sie hatten ihr möglichstes getan. Die fehlende Zeit war der Befehlsverweigerer. Es gab Einheiten, die entgegen allen Gepflogenheiten des Sommerrückzugs 1943 nicht einmal mehr die Zeit gefunden hatten, ihre Gefangenen zu erschießen, ehe sie selbst gefangen wurden. Freilich gab es auch einfache Soldaten (von der Natur mit weniger Ehrgefühl ausgestattet), die, vor die Frage gestellt, ob sie ihr Maschinengewehr oder ihre Haut retten sollten, das Maschinengewehr wegwarfen, um schneller laufen zu können.

Die Beobachtung dieser Symptome moralischen Verfalls, die Meldung ferner, daß die Russen in ihren Brückenköpfen schwere Angriffswaffen massierten, um die Dneprfront aufzurollen, sowie schließlich der schmerzliche Verlust seines Gepäckwagens nebst Fahrer, veranlaßte den General Rampf, Kommandeur der xten Division, zu der lakonischen Bemerkung:

«Der Krieg, meine Herren, ist in sein finales Stadium getreten. Es geht nicht mehr darum, ihn zu gewinnen, es geht jetzt um mehr, es geht um die Ehre.»

Er sagte dieses bedeutungsvolle Wort auf der Feier seines sechzigsten Geburtstages im Kreise seiner Adjutanten und nächsten Freunde. Sein treuer Schäferhund, der ihn auf allen Feldzügen dieses Krieges begleitet hatte und nun an chronischer Gicht litt, fiel dabei eine Ordonnanz an, die den Kaffee servierte. Er war auf das Wort «Ehre» dressiert. Die Adjutanten lachten wie immer verblüfft. Immerhin blieb man auch im unterhaltsamen Teil der Feier nachdenklich.

Ein Musikzug, der den General mit einem Musikprogramm erfreuen wollte, mußte Waffen fassen und wurde auf Lastwagen über knietief verschlammte Wege an die Front des nördlichen Brückenkopfes zwischen Kiew und Karosten gefahren. In diesen bedrohten Abschnitt beorderte der General ferner eine Magenkompanie, die Mannschaften eines Hauptverpflegungsamtes, einer Entlausungsanstalt, einer Feldbäckerei, die Sanierungsdienste der Heeresbordelle und alle Kriegsberichterstatter. Andere Reserven waren nicht da.

Als das Gespräch nicht wieder in Gang kommen wollte, weil niemand den General zu fragen wagte, was aus seiner Bemerkung zu folgern sei, schnitt der Divisionsgeistliche, ein durch und durch philosophischer Kopf, leider an einer Stinknase leidend, sein Lieblingsthema an. Eine umfangreiche theologische Untersuchung nämlich, in der er bewiesen hatte, daß die Schrift unter der Erbsünde keineswegs die Erkenntnis oder den Beischlaf an sich, sondern vielmehr die Zweifel und die Empfängnisverhütung verstanden wissen will. Er halte es für falsch, in der Armee Präservative auszugeben.

Der 1. Adjutant, ein ehemaliger Mittelschullehrer, widersprach. Es war bemerkenswert, wie er es fertigbrachte, bei Erörterung dieses Gegenstandes immer von neuem leidenschaftlich zu werden. Er führte als Gegenthese aus, daß die sexuellen Ausschweifungen der modernen Menschheit lediglich sekundäre Folgeerscheinungen der Versklavung durch das internationale Finanzjudentum wären. «Marx, Heine, Roosevelt, Kaganovitsch, alles Juden. Kulturbolschewismus.»

«Warum nennen Sie nicht gleich Jesus Christus!» sagte der Divisionsgeistliche sarkastisch, da er einen scharfen Unterschied zwischen getauften und ungetauften Juden zu machen pflegte. Er blies seinem Gegner eine scharfe Brise seines Nasenleidens ins Gesicht.

«Was streiten Sie sich, meine Herren», sagte der General, «Schweinereien sind Folge von Phantasie, Muße, Ausschweifung. Fehlende soldatische Erziehung. Es gibt wichtigere Dinge, die jetzt zu tun sind.»

Er stand auf und ging austreten. Der Divisionsgeistliche und der 1. Adjutant folgten ihm auf dem Fuße. Der Divisionsgeistliche, weil er ein vertrauliches Gespräch herbeizuführen hoffte, der 1. Adjutant, weil er eine Neigung zur Harnverhaltung hatte. Sie standen unter einer schönen Birkengruppe und verrichteten ihre Notdurft.

«Der Regen reißt das Laub von den Bäumen», brach der Divisionsgeistliche das konzentrierte Schweigen. «Der Herbst ist die Zeit der Besinnung, er läßt uns an den Tod denken. – Glauben Sie, daß die Dneprlinie zu halten ist?»

«Wenn Hitler Panzer gebaut hätte, wie ich ihm geraten habe, statt Unterseeboote, dann ja», brummte der General. «Der Mann ist kein Militär.»

«Und er versteht nichts von Antibolschewismus», sagte der 1. Adjutant, mit gesenkter Stimme. «Wir hätten die Russen geistig gewinnen müssen. Ich habe vor Jahren eine entsprechende Eingabe gemacht, aber man hat sie nicht beachtet. Wozu gibt es Fachleute, wenn ihre Eingaben nicht beachtet werden.»

Bei diesem Gespräch, das in solcher Offenheit niemals vorher zwischen ihnen geführt wurde, waren die drei, ihrer schwierigen Verrichtung ungeachtet, näher zusammengerückt wie Verschwörer. «Was meinten Sie übrigens mit der Bemerkung, daß es nunmehr um die Ehre gehe, Herr General?» flüsterte der Divisionsgeistliche konspirativ.

«Teufel», sagte der General, «ich habe vergessen durchzugeben, daß alle Panzerwaffen als Reserve bei uns zu konzentrieren sind! Die Brüder stoßen mit ihren Panzerkeilen glatt bis zu uns durch.»

Er knöpfte hastig seinen Hosenlatz zu und lief in die Funkstelle, ohne auf den Divisionsgeistlichen und den 1. Adjutanten zu warten.

Der Obergefreite Czymek, Schaubudenbesitzer und Fahrer eines der drei Panzerwagen, die der Kompanie geblieben waren (nebst 22 Mann von 200), saß auf dem Rand einer Kartoffelluke und schnitt Machorka in seine Gasmaskenbüchse. Mit seinen blauen Schweinsäuglein in dem stachligen Gestrüpp eines fingerlangen roten Bartes, den kurzen Gliedern, dem untersetzten, verfressenen Körper, der, von einem Offizierskoppel umgürtet, in eine Damenpelzjacke russischer Herkunft gezwängt war, schien er das Ergebnis eines wohlüberlegten Kreuzungsversuches zwischen einem Igel und dem dänischen Stummfilmkomiker Patachon. Ihm gegenüber benutzte der aufgeschossene, kurzsichtige Abiturient Pfeiffer die zweistündige Postenzeit, seinen zarten, leider völlig zerkratzten Oberkörper mit dem Krätzemittel Mitigal einzureiben, das einem unerklärlichen Gerücht zufolge gut gegen Läuse sein sollte, das aber vordringlich nur stank.

Der Soldat Pfeiffer war der Sohn des Buchhalters Pfeiffer, der davon träumte, daß sein Sohn eines Tages Oberbuchhalter werden würde. Zu seinem tiefen Kummer wollte der ängstliche, häßliche Junge mit den langen Abstehohren und dem bepickelten Gesicht Schauspieler werden. Vermutlich weil es für ihn die einzige Möglichkeit war, in die Lage eines Helden zu kommen.

Pfeiffer war das Gaudi aller Unteroffiziere und Feldwebel, das dankbarste und geduldigste Objekt der ergiebigen Geschichte des Kasernenhofsadismus. Er war unfähig, ein Bett zu bauen, ein Koppel zu wichsen, ein Maschinengewehr auseinanderzunehmen, eine Kragenbinde sauberzuhalten, einen Palisadenzaun zu überklettern, einen Pappkameraden zu treffen, einen Puff zu besuchen. Er war der unwiderlegbare Beweis der verheerenden Auswirkungen geistiger Beschäftigung auf jede Art soldatischer Tugend. Es gab keinen Gesundheitsappell (die hygienische Einrichtung, Rekruten reihenweise mit zurückgezogener Vorhaut an einem Unterarzt vorbeimarschieren zu lassen, um Tripper und Syphilis rechtzeitig zu erkennen), ohne daß Pfeiffer zurückgeschickt werden mußte, sein Genitale zu waschen.

«Ein Abenturient fällt sogar bei der Schwanzparade auf», sagte sein Unteroffizier mit pommerschem Sarkasmus und gab ihm den verantwortungsvollen Auftrag, allabendlich die Pißrinne mit Filterpapier zu trocknen.

Da Pfeiffer auch bei dieser Verrichtung wenig Geschick zeigte, wurde seiner Stube aus Erziehungsgründen der Ausgang gesperrt. In begreiflichem Unmut warfen ihm die Kameraden in der Nacht die Bettdecke über den Kopf, verprügelten ihn und beschmierten ihm das Gesäß mit Stiefelwichse. Wenige Tage darauf begann Pfeiffer zur allgemeinen Belustigung nachts das Bett zu nässen.

Der Stabsarzt behandelte ihn mit einer konservativen, aber durchaus erfolgreichen Methode. Während der Nachtruhe hatte sich Pfeiffer stündlich beim Unteroffizier vom Dienst zu melden.

«Bettnässer Pfeiffer meldet sich ab zur Latrine. Bisher keine besonderen Vorkommnisse.»

Nach vierzehn Tagen bekam er einen hysterischen Krampfanfall und wurde als Simulant vorzeitig zur Feldtruppe abgestellt. «In vierzehn Tagen Rußland hast du dich vor Angst totgeschissen», sagte der pommersche Unteroffizier zum Abschied. Und Pfeiffer sagte: «Jawohl!»

«Was heißt jawohl?»

«Jawohl, Herr Unteroffizier!»

Die erste Belehrung an der Front bekam Pfeiffer von Czymek. Als Pfeiffer bei dem ersten Angriff, den er mitfuhr, die Luke aufreißen wollte, um hinauszuspringen, weil er das Hämmern des MG-Beschusses gegen die Panzerplatten nicht aushielt, rettete ihm Czymek das Leben, indem er ihm zwei Vorderzähne ausschlug. Am Abend kam Czymek zu dem vor sich hin brütenden Jungen und sagte in seinem harten Oberschlesisch:

«Hör zu. Du bist Nichtraucher und ich kann mir vorstellen, daß du mir deine Zigarettenzuteilung überlassen kannst regelmäßig, so daß wir Freunde werden können. – Die Sache hier ist so: Ein feiger Mensch fällt am ersten Tag fürs Vaterland. Warum? Er geht als erster aus seinem Loch, wenn seine Stellung angegriffen wird. Ein tapferer Mensch fällt am zweiten Tag fürs Vaterland. Warum? Er geht als erster aus seinem Loch, wenn wir eine Stellung angreifen. – Alle beide sind sich insofern ähnlich, als sie sich von Gefühlen hinreißen lassen. Ein Soldat mit einem Gefühl aber ist ein toter Soldat, wie ein Soldat mit einem Gedanken notwendigerweise zu einem verrückten Soldaten wird. Gefühle und Gedanken sind mehr für Zivil geeignet. Übrigens kann man sich Kaffee in den Stiefel schütten, wenn man eine Erfrierung erzeugen will. Gib deine Zigaretten her.»

Pfeiffer holte seinen Zigarettenvorrat aus seiner Segeltuchtasche, wischte sich die Tränen ab, und Czymek ließ ihn zum Erstaunen der übrigen Wagenbesatzung neben sich unter seiner geklauten Steppdecke schlafen. Sie wurden eine Interessengemeinschaft, sie wurden Freunde, und Czymek gewöhnte Pfeiffer an den Krieg, wie man einen jungen Hund an den Straßenverkehr gewöhnt.

Seitdem waren zwei Jahre vergangen und Pfeiffer gehörte zu den zweiundzwanzig Mann, die von der Aufklärungskompanie seit dem ersten Winterrückzug übriggeblieben waren.

Er hatte zwei erfrorene Zehen, einen Oberschenkeldurchschuß, einen Gefrierfleischorden, ein Panzersturmabzeichen, eine Nahkampfspange, ein Eisernes Kreuz zweiter Klasse. Letzteres war ihm verliehen worden, als die Kompanie nicht mehr soviel Soldaten hatte wie sie Eiserne Kreuze zugewiesen bekam. «Für Tapferkeit vor dem Feind.» Pfeiffer war nicht tapfer. Er war gleichgültig, stumpf, apathisch. Zwei Jahre Rußlandfront hatten aus einem sensitiven, neurotischen Jungen ein System von Nerven, Muskeln, Knochen und Selbsterhaltungstrieb gemacht, das funktionierte. Zwei Jahre Rußlandfront hatten ihn mit der Speckschicht eines durchschnittlichen Landsers versehen.

Sie verbarg den empfindlichen, melancholischen Jungen, der noch immer vor den Mädchen, dem Lachen, dem Schweineschlachten Angst hatte und davon träumte, im Rampenlicht seiner Heimatbühne als Lord Byron in Missolunghi einzuziehen, schön und tatenkühn und todessehnsüchtig. Die Ängste waren da, die Träume, die Gedanken waren da, aber er benutzte sie nicht. Er war ein Soldat, der überleben wollte und sich infolgedessen weder Gedanken noch Gefühle leisten konnte. Er schlief, er aß, er lief, er schoß.

Ein Band Byronscher Gedichte hatte ihm und Czymek gute Dienste getan, als sie auf dem Rückmarsch von Woronesch an blutiger Ruhr litten. Er hatte tausend Kilometer Vormarsch und zweitausend Kilometer Rückmarsch hinter sich. Im Winter, im Sommer, im Winter, im Sommer.

Wenn er sich Mühe gab, erinnerte er sich einiger Bilder: eine Nachschubkolonne, die von Panzern in den Schnee gewalzt war. Ein Bataillon Frauen, denen man die Augen und den Schoß ausgestochen hatte. Kosaken, trinkend und tanzend unter einem verbrannten Baum, in den sie nackte Partisanen gehängt hatten. Eine Nachrichtenhelferin gefangengenommen, vergewaltigt, entkommen, die für ein deutsches Weißbuch fotografiert wurde. Ein kniender, magerer Junge, der eine aufgetriebene Kuh an einem Strick hielt, erschossen, weil er sie nicht hergeben wollte. Tote Rotarmisten, auf den Schneewall der Rollbahn geworfen. Einer hat noch Filzstiefel an. Pfeiffer springt zu ihm hin, zerrt einen Stiefel herunter. Er paßt. Er greift nach dem zweiten Stiefel, der Russe streckt ihm das Bein entgegen. Pfeiffer läuft dem Panzerwagen nach, zweierlei Stiefel an den Füßen. – Blasse, gewöhnliche Bilder der Mechanik des Krieges in Rußland.

Pfeiffer war mit Czymek auf Posten. Pfeiffer war ein überlebender Soldat einer Aufklärungskompanie in der Division des Generals Rampf.

Sie lagen an dem Rand des Sumpfgeländes, das den nördlichen russischen Dneprbrückenkopf von den spärlich besetzten deutschen Stellungen trennte. Die überholungsbedürftigen Panzerwagen, mit MGs und 2-cm-Flakgeschützen bestückt, waren längs der Brandmauern abgerissener Häuser am Rande des ehemaligen Dorfes Demidowo eingegraben. Sie konnten die 200 Meter weiter vorn gelegenen Infanteriestellungen überschießen, solange die Landser in den Löchern blieben.

Der Sumpfgürtel zwischen den Kampflinien war etwa drei Kilometer breit, in der Mitte von einem schwarzen, träge fließenden Fluß durchschnitten. Ein morastiger Feldweg, obwohl aufgeschüttet und von Knüppeldämmen gehalten, führte über eine Holzbrücke, die von keiner Seite besetzt wurde, weil sie bei dem derzeitigen Frontverlauf nicht zu halten war.

Die Stellung, tagsüber ruhig, wurde etwa in jeder zweiten Nacht von russischen Stoßtrupps eingenommen und gegen Morgen ohne wesentlichen Widerstand zurückerobert. Die Stoßtrupps um den Brückenkopf hatten offenbar die Aufgabe, von den Truppen- und Panzerbewegungen im Brückenkopf abzulenken und die deutschen Abwehrkräfte einzuschätzen.

Gegenwärtig befehligte in ihrem Abschnitt ein nervöser österreichischer Infanteriehauptmann achtzig Pioniere und die drei Panzerwagen. Hundert schlecht genährte, schlecht ausgerüstete Soldaten, die seit drei Monaten nicht aus den Kleidern gekommen waren. Hundert zermürbte, schlammüberkrustete Soldaten, die von Orel bis Kiew um ihr Leben gelaufen waren. Hundert verbrauchte, ausgelaugte Landser, die davongekommen waren. Hundert Landser, die wußten, daß sie nicht davonkommen, wenn der Angriff der russischen Panzerbrigaden aus dem Brückenkopf losbricht. Der Himmel über dem Dnepr war grau wie das Gesicht eines Toten.

Während Czymek Machorka schnitt und Pfeiffer gegen die Läuse kämpfte, überlegte jeder von ihnen, wie er rechtzeitig vierzig bis fünfzig Kilometer Hinterland zwischen sich und die Russen bekommen könnte.

Als sich Czymek gerade, in dem Arsenal seiner Erfahrungen aus Militärgefängnissen schmerzlich wühlend, für eine tiefe Brustmuskelphlegmone entschieden hatte (sie ist zu erzeugen, indem ein Bindfaden mit einer Stopfnadel unter dem Brustmuskel durchgezogen und an den Enden abgeschnitten wird), sah er nicht ohne Rührung einen Zug von etwa vierzig kurios als Soldaten verkleideten, älteren Männern mit langen Infanteriegewehren verschiedenen Modells an seiner Kartoffelluke vorbei in die unbesetzten Schlammlöcher einrücken. Sie hatten taillierte Offiziersmäntel, Ausgehhosen, Halbschuhe an und waren mit Schanzzeug, Handgranaten, Gepäck, Panzerfäusten und Gasmasken wie zu einer Manöverübung für Reserveoffiziere behängt. Über den frisch rasierten Gesichtern wackelten breitrandige Stahlhelme aus dem ersten Weltkrieg, in deren Tarnnetze sie nach Vorschrift Gras und Zweige gesteckt hatten. Um die Schlammlöcher, die man ihnen als Infanteriestellung bezeichnet hatte, standen sie ratlos wie eine wohlausgerüstete Ärztekommission vor einer zu leerenden Scheißgrube.

Die sonderbaren Soldaten gehörten dem Musikzug an, der tags zuvor den Geburtstag des Generals mit Schuberts ‹Unvollendeter› zu verschönen gesucht hatte. Bisher hatten sie nur einmal auf einem Schießstand geschossen. Sie lösten die Aufklärungskompanie ab, die dringend als Divisionsreserve gebraucht wurde.

Als Czymek die Nachricht erreichte, daß sie bei einbrechender Dunkelheit zurückverlegt würden, richtete er, seine Rührung unterdrückend, an Pfeiffer die nachfolgende Ansprache:

«Diese Nachricht, Komiker, scheint unseren Namen für die nächsten vierzehn Tage die Möglichkeit zu nehmen, auf einem ehrlichen Kriegerdenkmal oder auf einem anständigen Heldenfriedhof zu stehen. Ich begreife nicht, wie du bei diesem Gedanken gleichgültig bleiben kannst und dich, wie ich wohl spüre, sogar der Überlegung hingibst, daß du als Feuerwehr bei der Division die Möglichkeit haben wirst, in einem Bett zu schlafen, zu baden, läusefreie Wäsche anzuziehen, einen Brief an deine Mutter zu schreiben und die Gelegenheit zu einem ordentlichen Beischlaf auszuspähen. – Was aber wird dein Vater, der Buchhalter, am Stammtisch sagen, wenn der Krieg vorübergegangen ist, ohne daß dein Name im Radio genannt wurde? – Wie wird deine Mutter im Luftschutzkeller der Nachbarin ins Auge sehen können, deren vier Söhne bereits unsterblich gefallen sind? Was kannst du hierauf entgegnen? Nichts. Du kannst den Schnaps herausrücken, mit dem du dir heute nacht Mut ansaufen wolltest, um dir durch den Oberschenkel zu schießen, was eine einigermaßen überzeugende Verwundung nur einem Volltrottel vortäuscht. – Der Schnaps verdient einem höheren Zweck zugeführt zu werden, denn es geht zurück. Der General Rampf, der uns einhundertundelfmal angeschissen hat, hat eine Idee gehabt.»

Er schüttete den frisch geschnittenen Machorka in die Kartoffelluke, tauschte seine Damenpelzjacke und ein paar Reserverstiefel bei den Musikern gegen Zigaretten ein und trank mit Pfeiffer zwei Feldflaschen Fusel, der aus Kartoffelschalen und Lumpen gewonnen schien.

Bei Anbruch der Dunkelheit, während die Magenkranken, die Feldbäcker, die Badediener und eine Gruppe desorientierter Kriegsberichterstatter in die Sumpfstellungen einrückten, fuhren drei Panzerwagen und 22 Mann zurück zum Divisionsstab des Generals Rampf. Ihre Zuversicht auszudrücken, saßen sie, des Regens ungeachtet, auf den Panzerplatten und sangen das ergreifende Soldatenlied: ‹Trinkt nicht den gift'gen Samachonka.›

Der General Rampf, gegen zwei Uhr nachts von einer Lagebesprechung bei der Armee zurückgekehrt, schickte den Fahrer schlafen und gab dem 1. Adjutanten Befehl, ihn in den nächsten Stunden ungestört zu lassen.

Er hatte einen Anspruch, einsam, verzweifelt und schicksalumwittert zu sein. Zum einen war die militärische Lage verzweifelt, zum anderen sah er sich in seiner Berufsehre gekränkt. Er war der unerschütterlichen Meinung, daß er im Winter 41 nicht wegen einer das Denken beeinträchtigenden Hirngefäßverkalkung, sondern wegen strategischer Differenzen in der Landkriegsführung vom Generalstab zu einer Felddivision kommandiert worden war: ‹Alles ist gekommen, wie es kommen mußte. Alles ist gekommen, wie ich vorausgesagt habe. Aber man erwähnt mich nicht einmal, man denkt nicht daran, mich in den Generalstab zurückzuholen. Sie haben nichts gelernt. Nichts!›

Von seinem mit einem Gichtanfall geplagten Schäferhund

gefolgt, durchquerte er mehrfach den kargen Arbeitsraum und blieb vor den Bildern der großen Generalstäbler Moltke, Schlieffen und Ludendorff stehen, die über seinem englischen Feldbett neben Jagdtrophäen und einem schlichten Holzkreuz hingen.

«Halten, halten, halten!» schrie er. «Die Dneprlinie halten. Mit was? Kleckern, kleckern, kleckern. Gefreitenstrategie. Erste-Weltkriegs-Strategie. – Nicht kleckern, sondern klotzen! Panzerkorps aus Frankreich her! Zusammenballen! Über den Dnepr vorgehen! Klotzen! – Sie haben nichts gelernt!» Er wischte ein wenig Speichel von der Backe Ludendorffs.

Im Spiegel seines zusammenklappbaren Toilettentisches sah er sich als einen vergeistigten, verinnerlichten, alt gewordenen Mann, den man gehindert hatte, den Krieg zu gewinnen. ‹Ich bin einsam. Ein Hund und die Fotos großer Vorbilder, das ist die Welt, von der ich heute verstanden werde.› Er nahm seine liebe Frau aus, die auf ihrem Gut, unweit Preußisch-Eylau, fühlen mochte, wie es um ihn stand. Er legte seine Mauserpistole vor sich auf den Tisch und aß einen Karton Datteln, seine Lieblingsnahrung im Felde. Der Hund leckte ihm verstehend die Hand.

«Wir sind miteinander alt geworden», sagte der General gerührt, «ich kenne Menschen, denen ich deine Einfühlungsgabe wünsche.»

Er bot ihm Butterkekse an. Der Hund aß sie nicht.

Der General steckte die Mauserpistole ein, nahm einen Meldeblock zur Hand und begann für die Nachwelt seine Memoiren niederzulegen, eine glänzende Rechtfertigung der Traditionen des deutschen Generalstabs. Da ihm das Schreiben kolossal leichtfiel, kam er tüchtig voran.

Als er gegen Morgen zu Bett gehen wollte, rief der Ia des Armeekorps bei ihm an und fragte, ob er, Rampf, es nicht für ratsam halte, mit seinen vorderen Linien bei Demidowo über den Fluß näher an den Brückenkopf heranzugehen oder wenigstens die Holzbrücke zu besetzen.

«Ich halte es nicht nur für nicht ratsam, sondern für schwachsinnig», sagte Rampf. «Die Brücke ist für Panzer absolut wertlos und außerdem nur von Selbstmordkandidaten einzunehmen, da sie von Höhe 508 und 604 unter Artillerie- und Pakbeschuß genommen werden kann. Ich habe meine motorisierten Truppen nicht zurückgenommen, um sie zu verkleckern, sondern um zu klotzen, wenn ich sehe, wo angegriffen wird.»

Er war entschlossen, seinen Stab nach Shitomir zurückzuverlegen, sobald der Schlamassel anfing.

Er zog ein Regencape über und inspizierte die Sturmgeschützabteilung und die Reste der Aufklärungskompanie, die er zum Schutz dieser Operation zurückbeordert hatte. Das Cape machte ihn unkenntlich. Der Regen, der Herbst, die Einsamkeit, die Verzweiflung und die Hirngefäßverkalkung ließen ihn an Friedrich den Großen nach der verlorengegangenen Schlacht bei Kolin denken. An den mit Planen abgedeckten Sturmgeschützen vorbeigehend, legte er die linke Hand auf den Rücken und empfand Geschichte.

Der einzige Posten, ein blonder Bauernjunge, war trotz des Regens eingeschlafen, einen nassen Zigarettenstummel im Mund. Der General ging an ihm vorüber, ohne ihn zur Rede zu stellen. Er fühlte Leutseligkeit.

Die Soldaten der herausgezogenen Panzerwagen lagen auf dem Boden der überheizten Quartiere wie Mehlsäcke, von einem fahrenden Lkw geworfen. Sie schliefen wie Tote, sie schliefen ohne Angst.

Pfeiffer träumte von einer üppigen Frau, die ihn zwischen ihre mächtigen, weichen Brüste drückte und mit ihrem Kuß sein ganzes Gesicht wie mit einem Schwamm anfeuchtete. Der Traum wurde von dem Speichel erzeugt, der ihm im Schlaf über das Kinn lief. Oder von einem Gefühl der Geborgenheit. Als ihn Czymek nach langem Rütteln endlich wach bekam, fühlte er, daß seine Hose von einem Samenerguß naß war. Er konnte keinen Gedanken fassen bis er die Gasmaskenbrille aufgesetzt hatte. Die mächtige Frau war eine Opernsängerin gewesen. Er hatte sie in der Schulzeit als Isolde gesehen.

Czymek hatte noch nicht geschlafen. Er hatte die Nachtstunden benutzt, einen Hammel aus dem Stall der Feldgendarmerie zu stehlen und ein Quartier für sich und Pfeiffer zu organisieren, das üblicherweise von Offizieren belegt war, da es Betten hatte. Der

Hammel war geschlachtet, abgezogen, ausgenommen und zerlegt, als er Pfeiffer weckte.

«Was unterscheidet einen Menschen von einem gewöhnlichen Vieh?» fragte Czymek. «Daß er seine Bedürfnisse mit Überlegung befriedigt. Daß er nicht eine stumpfsinnige Rindfleischkonserve in sich hineinschlingt, wenn er Hunger hat, wozu du bereit wärst ohne weiteres, sondern Verfeinerungen anstrebt, wozu ich einen Hammel besorgt habe. Daß er sich ferner nicht auf dem ersten besten Strohsack herumwälzt, wenn er müde ist, sondern einen Sinn hat für Wohnkultur, wozu ich ein Quartier besorgt habe, das unseren Qualitäten entgegenkommt. Bei einer halben Witwe mit heranwachsenden Töchtern, Großvater und Babuschka, die einen Sinn für Kochkunst hat. – Umsteigen, Komiker, denn du wirst für mich den ersten Posten stehen müssen, während ich uns zum Frühstück eine gespickte Hammelkeule brate.»

Pfeiffer nahm seine beiden Packtaschen, und sie gingen über die breite, regenerweichte Dorfstraße. Weißgetünchte Bauernhäuser, die nicht zerschossen und nicht verbrannt waren. Zäune, Vorgärten mit Astern, ein kleiner Pflaumenbaum. Er sah einen Streifen braun gewordenes Unkraut, eine Art wilder Kresse, deren linsenähnliche Samen sie als Kinder ‹Butternäppel› genannt hatten. Er hatte nie mehr daran gedacht. Der Regen hatte nachgelassen und er roch den Herbst wie zu Hause. Er roch den kommenden Schnee.

«Können Sie nicht grüßen!» schrie sie ein Hauptmann an und kam von der anderen Straßenseite her auf sie zu.

Es war der 1. Adjutant, der antisemitische Mittelschullehrer, in Begleitung des Divisionsgeistlichen, der jedoch auf der anderen Straßenseite blieb.

«Sind Sie Hottentotten!»

«Das nein, Herr Hauptmann», sagte Czymek gemütlich, «gewöhnliche Landser.»

«Und warum können Sie nicht grüßen!»

«Es ist weniger das Können, als vielmehr die fehlende Übung in Schlammlöchern an der Front seit drei Jahren, Herr Stabshauptmann.»

«Ich werde Sie einsperren lassen! Ich werde –»

«Jawohl, Herr Hauptmann!» schrie Czymek mit der Stimmgewalt einer mittleren Fabriksirene und riß die Hacken zusammen.

Er stand in einer Pfütze und der Dreck spritzte auf des Hauptmanns hellgraue Reithose.

«Name?» krähte der Mittelschullehrer, «Name!»

«Obergefreiter Czymek, Divisionsreserve der 6. Aufklärungsabteilung!» schrie Czymek und spritzte Dreck auf das andere Hosenbein. Er machte eine stramme Kehrtwendung, furzte und ging. Der 1. Adjutant starrte ihm mit offenem Munde nach, ohne einen Laut herauszubringen. Die Harnverhaltung schien sich auf seine Stimme gelegt zu haben, denn er stotterte, als er den blaß gewordenen Pfeiffer nach seinem Namen fragte.

«Soldat Pfeiffer. Ich habe Sie nicht gesehen. Ich bin kurzsichtig, Herr Hauptmann.»

«Hinlegen! Auf! Hinlegen! Auf! Hinlegen! Auf!» kommandierte der Adjutant.

Er sah sein verletztes Ehrgefühl wiederhergestellt, als Pfeiffer einem Kanalreiniger glich. Sogar seine Brillengläser waren mit Dreck bespritzt. Er sah, daß Pfeiffer rote Ohren hatte und daß seine Lippen zitterten. Er sah die Angst und die Wut seiner Schüler in Pfeiffers Gesicht. Er fühlte, daß er eine starke Persönlichkeit war. Er steckte sich eine Zigarette an und ließ Pfeiffer stehen.

«Ich verstehe nicht, wie ein gebildeter Mensch eine Straße überqueren kann, nur weil er von zwei Dummköpfen nicht gegrüßt wird», sagte der Divisionsgeistliche. «Christus ließ sich anspeien, ohne seine Würde zu verlieren.»

Der Adjutant, der bereits formuliert hatte, daß er diese Würde für Masochismus und bei einem Offizier für Vernachlässigung der Aufsichtspflicht halte, unterdrückte seine Antwort, da er einerseits den eifernden Atem seines nasenleidenden Partners fürchtete und da er andererseits herauszubringen wünschte, was der fremde Oberst gewollt habe, der heute morgen ein einstündiges vertrauliches Gespräch mit dem Divisionsgeistlichen geführt hatte. Eine entsprechende Anspielung wurde von dem Divisionsgeistlichen jedoch überhört. Er war sich des Vertrauens bewußt, das man höheren Ortes in ihn gesetzt hatte. Und der Gefahr.

Pfeiffer hatte den Geruch der Latrine in der Nase, die er mit Filterpapier getrocknet hatte. Er überlegte, ob er imstande wäre, den Hauptmann oder den pommerschen Unteroffizier abzuschießen, wenn er mit ihnen im Einsatz wäre. ‹Czymek natürlich, Czymek könnte das ohne weiteres›, dachte er, ‹er würde nicht einmal auf den Tabak verzichten in des Toten Tasche. Ich glaube, ich komme nicht nach Hause. Es ist natürlich blödsinnig, daß ich jemals Schauspieler werden kann, mit meinen Abstehohren, mit meiner bepickelten Fresse. Ich werde ein Buchhalter, Walt Whitman kann kein Buchhalter gewesen sein, ich könnte nicht einmal einen Hund abschießen, der mich ins Bein beißt, viel weniger ein Gedicht machen oder ein Kind. Ich bin so kaputt, weil ich seit gestern nichts gefressen habe. – Ich muß die Läuse erst mal loswerden!›

Er putzte seine Brille mit einem Fußlappen, der ihm als Taschentuch diente, er wischte sich die Hose ab, er nahm die beiden Segeltuchtaschen und ging.

In der dunklen Küche des Quartiers waren zwei Frauen mit der Zubereitung großer Fleischstücke beschäftigt. Sie rieben sie mit Zwiebel ein und spickten sie mit Knoblauch. Bratende Hammelnieren hatten einen leichten Uringeruch. Eine verdorrte alte Frau, mit dünnen Kinderzöpfen rechts und links, kreuzte die Hände über der Brust und verneigte sich vor Pfeiffer. Ein halbwüchsiges Mädchen sah ihn mit Augen an, die gut und ausdauernd zu hassen versprachen.

Er sah weg.

Die alte Frau hatte sich aufgerichtet und lächelte ihn freundlich an. Sie hatte Angst. Sie lächelte aus Angst. Sie wischte sich an der Schürze die Hände ab, die von den Fleischstücken feucht waren und segnete ihn auf altrussische Weise. Sie segnete ihn aus Angst. Pfeiffer stand unschlüssig, die beiden Packtaschen in der Hand und überlegte, was ‹Guten Morgen› auf russisch heißt. Es fiel ihm nicht ein. Sie wollte ihm sein Gepäck abnehmen, aber Pfeiffer ließ die Packtaschen nicht los. Er schüttelte den Kopf und sagte: «Carascho.» Ein anderes russisches Wort hatte er nicht zur Hand.

Sie öffnete ihm die Tür zu dem geräumigen Wohnzimmer, dessen Dielen mit weißem Sand bestreut waren. Zwischen den Doppelfenstern waren Moospolster, in denen rote Papierblumen steckten. Czymek saß behaglich auf einem der weißbezogenen Betten und spaltete mit dem Seitengewehr einen Stapel alter Holztafeln, Ikonen Nowgoroder Schule, die Pfeiffer auf dem Rückzug aus einer zerstörten Kirche mitgenommen und in der Bodenwanne des Panzerwagens verstaut hatte.

«Warum läßt du dich von einem Etappengammel in den Dreck legen?» sagte Czymek. «Du bist doch ein gelehriger Mensch, warum bleibst du wie ein Schuljunge stehen, wenn ich ihm einen Anschauungsunterricht vollkommener Subordination erteile. Es ist einem Menschen nicht verboten zu furzen, wenn er einen Befehl ausführt. Ich habe gleich Wäsche für dich mitbesorgt und ein Schaff, wo wir baden können, wenn du vom Posten zurückkommst.»

«Aber das sind doch Bilder, die du da zerhackst, das sind doch alte Bilder», sagte Pfeiffer.

«Alte Bilder und altes, gut abgelagertes Lindenholz, womit ich uns eine Hammelkeule braten werde am Spieß und was eine feinere Zunge zu schmecken in der Lage ist. Fang mir nicht mit solchen Blödigkeiten an, denn ich habe den Krieg nicht angefangen. – Büstra, babuschka, büstra mjasso! Sol, iluk, tschessnok jest?» Die alte Frau kam mit den Fleischstücken herein, versicherte, daß Salz, Zwiebel und Knoblauch daran seien und betrachtete sachverständig, wie Czymek eine Hammelkeule zerlegte und kunstgerecht auf einen Bratspieß zog. Sie kommentierte genießerisch seine Kenntnisse, verschwand und kam mit einem Reibeisen und einer Muskatnuß zurück, die Czymek in eine lyrische Stimmung versetzte.

«Job vrä matj!» schrie er vergnügt und warf die Muskatnuß in die Höhe, «job vrä matj!»* Er umarmte die Frau und schenkte ihr die beiden Vorderkeulen des Hammels.

Pfeiffer füllte das Magazin seiner Armeepistole, nahm eine Zeltplane und löste den Posten an den drei Panzerwagen ab.

Aus der Art, wie der General zum Frühstück ein kaltes Rebhuhn aß (obwohl übernächtigt und von der ethischen Krise ergriffen, die jeden echten Generalstabsoffizier packt, wenn ein Krieg verlo-

---

* russischer Mutterfluch

rengeht), war ein ungestümer und unerbittlicher Charakter zu lesen, ein Willensmensch, ein Tatmensch.

Er lehnte es ab, im Felde mit Messer und Gabel zu frühstücken. Er tranchierte das Rebhuhn mit dem Jagdmesser, riß es an den Beinen auseinander, schälte mit wenigen Schnitten Brust- und Beinfleisch vom Knochen und warf alles übrige dem Hunde zu.

Der Hund hatte seinen tückischen Tag. Die Reste des Rebhuhns vor sich, fixierte er die Tür und bleckte die Zähne nach einem imaginären Feind. Der General dachte darüber nach, wie es komme, daß sich sein eigener Seelenzustand so beständig auf den Hund übertrage. Und umgekehrt. Er konnte Menschen nicht leiden, die von Hassan gebissen wurden. Es hatte sich mehrfach herausgestellt, daß sie ungute Nachrichten bringen wollten.

Er war deshalb mißtrauisch, als Hassan den Divisionsgeistlichen anfiel, der unangemeldet zu einem Besuch bei ihm auftauchte. Zum Feldbett zurückweichend, rief der kurzatmige Mann mehrfach beschwörend «Pfui!», ein Kommando, das Hassans Wut erfahrungsgemäß zu steigern geeignet war.

«Schreien Sie nicht ‹Pfui›, und haben Sie keine Angst!» befahl der General. «Ein Hund beißt nur, wenn er Angst riecht.»

Doch ehe der Divisionsgeistliche seine Angst bezähmen konnte, hatte ihn der Hund auf das Feldbett geworfen und stand knurrend über seiner Gurgel. Der Geistliche, von Angstschweiß naß, sah starr in die Augen des Hundes und wagte nicht auszuatmen. Er fürchtete, daß der Hund sein Nasenleiden übelnehmen könnte.

«Garstig, Hassan, garstig», sagte der General, «tob dich draußen aus.» Er zog den Hund am Halsband von dem Divisionsgeistlichen herunter und ließ ihn auf die Straße.

«Danke, vielen Dank», sagte der Divisionsgeistliche, «darf ich Sie um ein großes Glas Wasser bitten? – Ich glaube, ich würde niemals einen Hund in meiner Nähe dulden können.»

«Unsinn», sagte der General, «kein besserer Freund als ein Hund, den Herrgott ausgenommen. Vom Wolf zum deutschen Schäferhund, zweihunderttausend Jahre menschlicher Kulturgeschichte. Ich wette, Sie bringen mißliche Nachrichten. Ein Hund hat Witterung für Verdrießlichkeiten. Schießen Sie los.»

«Mit was?» fragte der Divisionsgeistliche tastend.

«Mit Ihrer Hiobsbotschaft!»

«Ich würde es nicht Hiobsbotschaft nennen. Eher Gewissensentscheidung.»

«Was, Mann?»

«Sie sagten anläßlich unserer letzten, leider abgebrochenen Unterredung, daß es nunmehr um die Ehre gehe, Herr General.»

«Na und?»

«Ich hatte heute morgen einen Besuch, der dieses Wort in eine unvermutete politische Bedeutung rückte. Es gibt wesentliche Kräfte, die ähnlich empfinden. Ich wurde ersucht, ein privates, natürlich vertrauliches Gespräch mit Ihnen zu vermitteln.»

Der General stand auf, drehte dem Geistlichen den Rücken und betrachtete die Bilder der großen Generalstabsoffiziere über seinem Feldbett. Auch von hinten sah man seiner Gestalt an, daß er mit prinzipiellen Entscheidungen rang. Sogar die Falten seiner Reithose (der General verfügte nicht eigentlich über ein Gesäß) drückten Tragik aus. Er überlegte, ob es tunlich sei, das Gespräch einfach auszuschlagen, ohne den Umfang der möglichen Verbindungen und das reale Kräfteverhältnis zu kennen. Er rechnete das Risiko für sich und er rechnete den möglichen Nutzen aus. In der Stille war ihm, als hörte er entfernt das Bellen seines Hundes Hassan.

Er drehte sich dem Feldgeistlichen zu, sah ihn durchdringend an und fragte:

«Wann?»

Er hörte einen entfernten Pistolenschuß und kurz danach einen zweiten.

«Morgen früh, Herr General», sagte der Divisionsgeistliche. «Oberst Fahlzogen. Sie müßten Ort und Zeit bestimmen.»

Der General rang noch einmal mit sich, und er fand noch einmal, daß er sich zumindest anonym sympathisierend verhalten müßte, ohne sich untreu zu werden.

«Ich werde mich morgen früh über die Frontlage am Brückenkopf informieren. Ich kann mit Oberst Fahlzogen um acht im Ort Demidowo zusammentreffen», sagte der General bedeutungsvoll karg. Er suchte nach historischen Analogien. Es fiel ihm Tauroggen ein, obwohl es nicht recht paßte.

Er nahm zwei Karlsbader Pastillen, die er mit Wasser heruntertrank. Die Aufregung und die Datteln ließen ihn für seine alte Neigung zu spastischer Obstipation fürchten.

Der Divisionsgeistliche war von der Größe des Augenblicks so hingerissen, daß er sein Nasenleiden vergaß und sich der Diskretion des Generals ohne jede Distanz zu versichern suchte.

Der General öffnete das Fenster. Er hörte das Jaulen eines Hundes auf der Straße, er hörte einen Posten schreien, er hörte ein Röcheln vor der Tür: der General sah seinen Schäferhund Hassan auf der Schwelle seines Zimmers verscheiden.

Aus einer Lache schaumigen Blutes hob der Hund zum letztenmal seinen Kopf zu seinem Herrn empor, fletschte die Zähne und verschied. Wie ein Soldat. Er hatte einen kleinen Einschuß am Hals und einen talergroßen Ausschuß im Oberbauch. Das graue Fell war blutig und schmutzig. Es war als ein echter Willensakt zu werten, daß er sich im Tode bis auf die Schwelle seines Herrn geschleppt hatte. Es war Größe darin.

Ungeachtet des Blutes, das über des Generals Uniform rann (er war außerstande materielle Überlegungen anzustellen, mochten seine Ordonnanzen zusehen, wie sie wieder sauber wurde), zog er den Hund an seine Brust, trug ihn auf sein frisch bezogenes Feldbett und bedeckte sein Gesicht mit beiden Händen. Mehrere Adjutanten und eine Streife Feldgendarmerie schwärmten durch das Dorf und suchten den Schuldigen.

Es war Pfeiffer.

Der 1. Adjutant, mit seinem Instinkt für Widersetzlichkeiten aus Schul- und Kasernenhoferfahrung, hatte sofort Verdacht gefaßt, als er Pfeiffer betont arglos bei den Panzerspähwagen Posten stehen sah. Sein Instinkt wurde durch die Tatsache begünstigt, daß Pfeiffers Hose aufgerissen war, und daß sich Pfeiffer ein großes Verbandspäckchen um den Oberschenkel wickelte, ehe er den Hauptmann sah und die offenkundig falsche Meldung abgab:

«Soldat Pfeiffer auf Posten, keine besonderen Vorkommnisse!»

Der 1. Adjutant griff wortlos in Pfeiffers Pistolentasche und stellte fest, daß dem Magazin zwei Patronen fehlten, und daß der Pistolenlauf frisch durchschossen war. Er sah zufrieden aus.

Als Pfeiffer (er vermutete, daß ihn der Hauptmann mangelhafter Waffenpflege überführen wolle) die Sache mit dem Hund zu seiner Entschuldigung vorzubringen begann, schnitt ihm der 1. Adjutant das Wort ab und befahl, vor ihm her zum Divisionsstab zu gehen.

Der General, in einem Sessel sitzend, nachgrübelnd, wie so viel Gefühllosigkeit in einem Menschen Platz findet, betrachtete den strammstehenden Pfeiffer lange Zeit schweigend. Er sah eine verdreckte, gewöhnliche, verquollene Physiognomie ohne Ideale. Er sah eine verdreckte, verwahrloste Uniform um einen untrainierten, haltungslosen Körper. Er sah durch die Uniform hindurch verlauste Wäsche, ungewaschene Haut und niedere, unsoldatische Gedanken. Er sah eine jämmerliche, ratlose Gestalt, die nach Angst und Sperma und Knecht roch. Er sah in Pfeiffer den deutschen Soldaten, der ihm den Krieg verlor. Er vermißte Größe.

«Was haben Sie zu Ihrer Rechtfertigung zu sagen?» sagte der General.

Pfeiffer, der nicht begriff, um was es ging, der den Rapport vor dem General allenfalls auf eine Meldung des Hauptmanns über die versäumte Grußpflicht zurückzuführen vermochte, machte in strammer Haltung geltend, daß er den Hauptmann tatsächlich übersehen habe, da er kurzsichtig sei, daß er erst heute nacht aus der Front gekommen sei, daß er übermüdet wäre, daß er mit den Nerven herunter wäre, daß er...

«Hören Sie mit dem Gesabber auf!» schrie der 1. Adjutant, der in seinem Rücken stand. «Haben Sie den Hund erschossen oder nicht?»

Pfeiffer bemerkte, daß er das gerade habe sagen wollen, daß sich dadurch erkläre, daß seine Waffe dreckig gewesen wäre, daß er kein Putzzeug bei sich gehabt habe, daß...

«Sie wollten also vertuschen, daß Sie den Hund erschossen haben!» unterbrach ihn der 1. Adjutant.

«Wieso vertuschen, Herr Hauptmann?» sagte Pfeiffer, der noch immer nicht begriff und abwechselnd in strammer Haltung vor dem General und dem Hauptmann Front machte. Warum solle er vertuschen wollen, daß er einen Hund erschossen habe, da der Hund ihn ja doch angefallen habe, da er ihn nicht abschütteln konnte, da der Hund nur immer wütiger geworden wäre, wenn er

‹Pfui› gerufen habe, da der Hund ihn schließlich mehrfach in den Oberschenkel gebissen und auch nicht abgelassen habe, als er, Pfeiffer, um das Tier zu schrecken, einen Warnschuß abgegeben habe, da...

Der General, von den lendenlahmen Ausflüchten und dem offenbaren Fehlen moralischer Einsicht angewidert, stand auf und befahl, daß sich Pfeiffer und sein Gruppenführer in einer halben Stunde in vorschriftsmäßigem Anzug bei ihm zu melden haben, um sich je einundzwanzig Tage geschärften Arrest bei ihm abzuholen. «Abtreten!»

«Jawohl, Herr General!» Pfeiffer machte eine stramme Kehrtwendung und sah den toten Hund auf dem Feldbett liegen. Erst jetzt wurde ihm klar, daß er den Hund des Generals erschossen hatte. Er machte noch einmal kehrt und sagte:

«Ich habe nicht gewußt, daß der Hund der Hund von Herrn General waren, Herr General!»

«Treten Sie ab, Sie Miesmuschel. Abtreten!»

Als Pfeiffer Czymek berichtete, was vorgefallen war, aß dieser die frich gebratene Hammelkeule mit mildem, verklärtem Gesicht. Er konnte einem Heiligenbildmaler als Modell dienen. Er glich dem Apostel Paulus während der Erscheinung des Heiligen Geistes. Er aß die Hammelkeule wie ein Liebender liebt. Er vereinigte sich mit der Hammelkeule, er war ein anderer Mensch während er die Hammelkeule nachdenklich und geräuschvoll in sich hineinfraß. Er war dem Genuß so ausschließlich hingegeben, daß Pfeiffer zweifelte, ob ihm Czymek überhaupt zuhörte. Als Czymek gegen fünf Pfund Fleisch in sich hineingebracht hatte, machte er eine Pause, rülpste andächtig und wischte sich das Fett ab, das sein ganzes Gesicht glänzend gemacht hatte wie eine Speckschwarte.

«Iß, Mensch», sagte er, «denn es ist eine Sünde, Hammelfleisch kalt werden zu lassen wegen einem Kacker von General. Ich werde mit dir bei ihm antreten als dein Gruppenführer, weil ja ein Gruppenführer bei uns nicht mehr vorhanden ist einerseits, und weil ich andererseits eine Inspiration habe von einem alten Divisionsbefehl, Hunde betreffend, der uns nützlich sein kann und den ich mir besorgen werde in einer Schreibstube für deine Zigarettenration. Iß Mensch.»

Pfeiffer saß vor der Hammelkeule und aß nicht. Er sah das Fett herunterlaufen, auf den Tisch tropfen und zu Talg erstarren. Er konnte nicht essen. Er litt an einem seiner nervösen Zustände: Aus allen Speicheldrüsen floß Speichel in seinem Mund zusammen, füllte die Mundhöhle, rann über die Lippen, tropfte auf die Hammelkeule. Dünnflüssiger, fadenziehender Speichel. Er konnte nicht schlucken, nicht sprechen, nicht rufen. Er sah fünf russische Soldaten mit erhobenen Armen aus einer bereits überrollten Stellung in einem Sonnenblumenfeld kriechen, er hörte ein MG rattern, er sah fünf russische Soldaten in das Loch zurückfallen, er sah einen grauen Schäferhund, der um den Hals ein kleines Schild ‹Hund des Generals› hatte. Das Schild sah wie das Etikett seines Schönschreibheftes aus, das sein Vater verwahrte.

Der bedeutungslose Anfall klang schnell ab. Er spuckte auf den Boden, wischte sich das Gesicht ab und versuchte den trocken gewordenen Dreck von seiner Uniform zu bürsten, als ihn der ausnehmend gut gelaunte Czymek zum Rapport beim General abholte.

«Ich bin so kaputt wie eine Talerhure», sagte Pfeiffer, als er sich den Stahlhelm aufsetzte. Und Czymek sagte: «Ich nicht.»

Sie hatten eine Stunde im Flur zu warten, da der General damit beschäftigt war, seinen Stabsoffizieren am Sandkasten klarzumachen, daß der Ia vom Korps ein geistloser Routinefritze sei. Er zeigte ihnen, wie ein ganzes Panzerregiment zur Sau gemacht würde, wenn er es, wie vom Ia vorgeschlagen, über die Brücke bei Demidowo an den feindlichen Brückenkopf ziehen würde.

«Abgesehen davon, daß ich kein Panzerregiment mehr habe.»

Der General hatte den komfortabelsten Sandkasten der ganzen Armee. Er hatte sich von einem Kunsttischler wirklich hübsche kleine Modelle aller Waffengattungen und aller landschaftlichen Formationen anfertigen lassen. Mit allen Schikanen. Kleine Kunstwerke. Er legte Wert darauf. Es war sein Handwerkszeug. In einer knappen Viertelstunde spielte er ihnen abschließend den vermutlichen Ablauf des russischen Angriffs aus dem Brückenkopf durch. Es blieb von seiner Division nicht viel übrig, und er brauchte alle Panzer und eine Werferabteilung, um wenigstens noch den Stab herauszuhauen.

«Das ist die Lage von morgen, meine Herren», sagte er, «denken Sie an meine Worte.»

Er ging in sein Dienstzimmer und ließ Pfeiffer und Czymek zur Bestrafung hereinrufen.

Er war mit seinen Gefühlen an den Hund immer noch zu beteiligt, um sich mit der Sache lange aufhalten zu können. Er winkte ihre Meldung ab, musterte Czymeks Aufmachung und fragte:

«Sind Sie der Gruppenführer?»

«Durch ein Versehen, Herr General, zu Befehl, da alle anderen geeigneten Persönlichkeiten bereits gefallen sind. Obergefreiter Czymek, Herr General, Schaubudenbesitzer in Zivil.»

«Bemerkungen zur Sache?»

«Melde Herrn General gehorsamst, daß uns der Hund menschlich leid tut, da ich mit meinem Kameraden Pfeiffer sehr tierliebend bin und eine Leidenschaft für Hunde habe, besonders für dressierte. Kein schönerer Zeitvertreib. Aber Pflicht ist Pflicht. Ein Soldat handelt nicht nach einem Gefühl, sondern nach einer Pflicht, sonst ist er nichts. Es soll ja ein sehr schönes und auch ein sehr gut dressiertes Tier gewesen sein, allerdings ohne Kennzeichen.»

«Stillgestanden!» kommandierte der General. «Ich bestrafe den Soldaten Pfeiffer und den Obergefreiten Czymek mit je einundzwanzig Tagen geschärften Arrest wegen unsoldatischen Verhaltens, Wachvergehens und Versäumnis der Aufsichtspflicht. Wegtreten!»

«Erlaube mir die Bemerkung zu bemerken, Herr General, daß dieses nicht sein kann», sagte Czymek gemütlich.

«Wie? Haben Sie einen Furz im Kopf?»

«Nein, Herr General», blinzelte Czymek, «einen Divisionsbefehl. Weil ein Soldat ein Gedächtnis haben muß für Befehle, weil sie für ihn gemacht sind. Ich sage immer: Was ist ein Soldat ohne einen Befehl? Ein Mensch, ein unbrauchbares Individuum. – Hier, bitt schön.» Er knöpfte seine Brusttasche auf und überreichte dem General die Abschrift eines alten Divisionsbefehls, der die Truppe anwies, herumlungernde Hunde und Katzen aus sanitären Gründen zu erschießen.

«Gut», sagte der General beherrscht, «gut, Sie werden an diesen Befehl denken. Sie werden an mich denken.»

«Jederzeit, Herr General. Ein Soldat denkt jederzeit an seine Vorgesetzten.»

«Raus! Raus!»

Sie machten Kehrtwendungen, die in ihrer Exaktheit sogar den Heeresgelehrten Reibert, den Erfinder der Heeresdienstvorschrift, befriedigt hätten.

«Du stirbst nicht auf einmal», sagte Pfeiffer anerkennend, «dir muß man das Maul extra totschlagen.»

«Ich habe das Gefühl, daß bei dem Kantinenbullen hier Schnaps zu bekommen ist gegen anständige Bezahlung deinerseits, Komiker. Ein Mensch ist ein genießendes Wesen. Besonders nach Aufregung.»

Sie gingen in die Kantine und Pfeiffer kaufte eine Flasche erstklassigen polnischen Wodka, die sich Czymek in die Tasche steckte.

In die Straße zu ihrem Quartier einbiegend, sahen sie, daß die Panzerwagen angelassen wurden und die Landser ihre Klamotten in die Wagen schleppten.

«Was ist los?» fragte Pfeiffer den kleinen Schindler, der mit einer Lötlampe unter ihrem Wagen hervorgekrochen kam, weil das Biest nicht anspringen wollte.

«Frag nicht dämlich», sagte Schindler, «wir fahren vor, wegen deiner Scheißgeneralstöle fahren wir vor. Man müßte dir die Fresse polieren.»

«Mir? Wieso mir?» fragte Pfeiffer. «Das muß auf einem Irrtum beruhen.»

«Du bist blöder, als es die Polizei erlaubt», sagte Schindler und stieß ihn zur Seite.

«So», sagte Czymek, «so ist das also.»

Er kroch in den Wagen und ließ die Karre an, daß man besorgt sein mußte, das Getriebe fliege heraus. Dann warf er vier Magazine aus den eisernen Munitionsbehältern, ging in das Quartier und verstaute sein Hammelfleisch darin.

«Büstra, babuschka, büstra», rief er der alten Frau zu, «pack unsere Klamotten zusammen. Wir gehen an die Front und sind begierig, den Arsch zuzukneifen. Es ist nötig, den Hund des Generals an deinen sibirischen Untermenschen zu rächen. Hier hast du einen Kanister Benzin für deinen Benzinkocher.»

Die Alte bedankte sich und packte die Sachen so praktisch zusammen, als ginge ihr Sohn an die Front. Sie legte zwei Piroggen obenauf in jede Packtasche. Pfeiffer lag auf der Plane eines abgekoppelten Munitionsanhängers und kotzte Schleim, da er nichts im Magen hatte. Er kümmerte sich nicht um seine Sachen und er sah niemanden an. Sein zusammengekrümmter Körper lag wie ein Lappen da, den man in den Dreck getreten hat. Er bemühte sich nachzudenken, er bemühte sich einen Zusammenhang herauszufinden, aber er kotzte nur Schleim.

Der Richtschütze, ein kraushaariger Schmied, den sie Partisanenfranz nannten, wollte den Anhänger ankoppeln:

«Komm runter und kotz mir nicht die Plane voll, Mensch. Sauf nicht, wenn du es nicht verträgst.»

Pfeiffer rührte sich nicht. Der Schmied richtete ihn auf und sah, daß Pfeiffer fix und fertig war.

«Meld dich doch krank, Mensch», sagte er, «du hast doch Fieber, du bist doch kaputt wie eine Filzlaus, warum willst du dich nicht krank melden.»

«Nein», sagte Pfeiffer, «ich bin schon wieder ganz in Ordnung, ich muß nur etwas fressen. Ich geh zum General, ich will alleine nach vorn geschickt werden.»

«Blödes Zeug, blödes. Als wenn nicht jeder andere von uns auch die Hundelerge umgelegt hätte. Meld dich krank und fertig.»

«Nein», sagte Pfeiffer, «nein.»

Die Motoren der Panzerwagen liefen, die Anhänger waren angekoppelt und die Landser verstauten ihre Sachen.

Czymek hatte sein Zeug unter den Armen und die alte Frau trug Pfeiffers Gepäck an den Wagen. Neben ihr ging die halbwüchsige Enkelin, aber sie half nicht. Die Alte wollte sich von Czymek verabschieden und Czymek begriff nicht, warum sie ihn dabei von oben bis unten abtasten wollte.

«Sie kann dir sagen, ob du stirbst», sagte die Enkelin deutsch, «sie ist verrückt im Kopf. Wo ihre Hände stehenbleiben, dort wirst du getroffen.»

«In meiner Schaubude haben solche Sachen Geld gekostet, warum soll ich mir nicht ein kostenloses Orakel mitnehmen. Wenn es stimmt, wirst du in meiner Schaubude engagiert gegen freie Verpflegung, babuschka.»

Die Landser kamen von den Wagen herunter und sahen zu, wie die Hände der alten Frau über Czymeks Gesicht und Körper glitten. Sie hatte die Augen geschlossen und murmelte unverständliches Zeug. Die Landser grinsten, aber sie waren nicht sicher, ob die Alte nicht tatsächlich den Tod fühlen konnte. Die Hände der Frau passierten Czymeks Körper ohne jeden Aufenthalt und Czymek sagte:

«Du nimmst mir die letzte Hoffnung. Auf einen anständigen Heimatschuß hatte ich fest gerechnet. Der nächste bitte zur Leichenvorschau.»

Es war der kleine Schindler, und er hörte auf zu grinsen, als die tastenden Finger einen Moment an seinem rechten Schlüsselbein stockten, zurückgingen und erst beim zweitenmal glatt vorbeikamen.

«Du mußt bei mir vor allem auf die edleren Teile weiter unten achten», sagte Schindler, «da lege ich den meisten Wert drauf.»

Einer nach dem andern stellte sich vor die Alte und fühlte sich erleichtert, wenn sie zu murmeln aufhörte und ihr Gesicht freundlich wurde, weil sie nichts gefunden hatte.

Nur Pfeiffer wollte nicht.

«Mensch, Komiker», sagte Czymek, «du wirst doch nicht vor einem alten Weib Angst haben.»

«Ich habe keine Angst, ich weiß ohne sie, was mit mir los ist. Ich glaube nicht an den Quatsch.»

«Na also, dann mach keine Geschichten und laß dir von ihr beweisen, daß du so unverwundbar wie der heilige Michael bist.» Er schob Pfeiffer zu ihr hin. Er meinte, daß die Alte ihren Hokuspokus nur machte, um die Jungens aufzumuntern. Pfeiffer konnte das brauchen.

Die alte Frau schloß die Augen und begann zu murmeln wie bei jedem anderen. Sie fühlte über seinen Kopf, seinen Hals, und ihre Hände blieben auf seiner rechten Brustseite liegen. Sie hörte auf zu murmeln, sie öffnete die Augen und sah Pfeiffer an.

«He, babuschka, schlaf nicht ein, he! Mach weiter!» rief Czymek. Aber die Alte rührte sich nicht.

«Weitermachen!» schrie Czymek. «Mach weiter, du Gespenst!» Er packte sie und rüttelte den kleinen Körper wie eine Puppe. Es sah aus, als ob sie den Kopf schüttelte.

«Laß sie los», sagte Pfeiffer, «laß sie! Ich glaube sowieso nicht an diese Blödheiten.»

Aus der Luke des ersten Wagens rief der Waffenunteroffizier, der gegenwärtig den Rest der Kompanie kommandierte: «Aufsitzen, Czymek, los aufsitzen, wir warten bloß noch auf euch Waldheinis!»

«Du wirst noch früh genug zu einem kalten Arsch kommen, Kapo», sagte Czymek und verstaute sein Hammelfleisch.

Sie fuhren an den Fenstern des General Rampf vorbei. Sie fuhren an die Front. Sie fuhren nach Demidowo.

«Wer hat Ihnen gesagt, daß Sie in die alte Stellung fahren sollen?» fauchte der nervöse Infanteriehauptmann mit den Wickelgamaschen den Waffenunteroffizier an. «Sie fahren vor. Sie gehen jenseits der Brücke in Stellung. Damit der Rabatz aufhört, den uns die Iwans hier jede Nacht machen. Gestern abend haben sie uns zehn Musiker und ein SMG* kassiert. Sie kriegen die dreißig Musiker dazu und besetzen die Brücke. Das ist ein Divisionsbefehl. Verstanden!»

«Jawohl, Herr Hauptmann», sagte der Waffenunteroffizier langsam. «Ich habe genau verstanden.»

«Sie fahren vor, sobald es dunkel wird. Das Kommando übernimmt Leutnant Faber.»

‹Natürlich ist der Befehl ein Unsinn, den sich irgendein Stabshengst aus den Fingern gesaugt hat, und wahrscheinlich werden die Jungens von der Pak zu Hackfleisch gemacht, ehe sie «piep» sagen können›, dachte der Hauptmann und weiter: ‹Ich kann gegen einen Divisionsbefehl nicht anstinken.›

Er hatte das Gefühl, daß er den Soldaten noch etwas sagen mußte, aber es fiel ihm nichts ein.

---

* Schweres Maschinengewehr

«Da haben Sie wieder ein schönes Glück gehabt mit uns, Herr Leutnant», sagte Czymek zu dem jungen Offizier, der noch nie einen Angriff gefahren hatte. «Nichts Schöneres für einen Krieger als ein Auftrag, den ein normaler Mensch für aussichtslos halten möchte. Dabei beginnt erst das wahre Heldentum. Sind Sie schon einmal in einem Wagen gesessen, der abgeschossen wird von Ratschbumm*? Wenn nicht, so steht Ihnen ein originales Erlebnis bevor. Ich hatte einmal einen Leutnant, der sogar über seinem Feldbett den Spruch angebracht hatte, daß es für einen Offizier nicht genügt vorzuleben, sondern auch vorzusterben. Wir haben ihm ein sehr ansprechendes Birkenkreuz gemacht. Wenn Sie wollen, können Sie mit in meinem Wagen fahren, ich fahre als erster.»

Die Landser sahen den Leutnant mit verkniffenen Gesichtern an und grinsten. Sie erwarteten, daß er ihnen jetzt einen schneidigen, starken Mann machen würde.

Der Leutnant, ein volksdeutscher Junglehrer aus dem Sudetenland, war erst vor drei Tagen von der Kriegsschule an die Front gekommen. Er war trotzdem intelligent genug zu spüren, daß es bei diesen hartgekochten Jungens keinen Effekt machen würde, den starken Wilhelm zu markieren. Er hatte sich den Krieg irgendwie heroischer und großartiger vorgestellt. Er hatte einen Haufen Kriegsbücher gelesen, aber er war schlau genug, die Schnauze zu halten. Schließlich war er auf die Leute in den nächsten Stunden angewiesen. Er war entschlossen, zu gegebener Zeit durch sein Beispiel zu wirken. Wie Walter Flex.

Czymek ging mit mehreren Kochgeschirren los, um den Schnaps zu organisieren, der vor Heldentaten verteilt wird.

Es war kälter geworden. Die Erde hatte eine dünne Kruste bekommen. Wenn man vorsichtig auftrat, brach man nicht ein. Die drei Panzerwagen waren in einem nicht einzusehenden Hohlweg in Bereitschaftsstellung gefahren. Sie hatten noch zwanzig Minuten Zeit. Dann sollte die Werferabteilung, die der General für die kommende Nacht zum Divisionsstab zurückbeordert hatte, einen Feuerüberfall auf die beiden Höhen starten, und die drei Wagen

---

* russische Pak

sollten mit den aufgesessenen Musikern zur Brücke vorfahren und sich während der Nacht in der Flußböschung eingraben.

Pfeiffer saß abseits, in Czymeks Steppdecke gehüllt und sinnierte vor sich hin. Wenigstens sah es so aus. Er dachte daran, wie ihn die Alte angesehen hatte. Er glaubte nicht daran. Es war ihm gleichgültig. Czymek würde sich seine beiden Packtaschen nehmen. Er hatte keine Lust mehr. Wenn jemand von den anderen in seine Nähe kam, empfand er so etwas wie Schuld. Wegen des Hundes. Dann dachte er, daß schließlich alles Schicksal ist, daß man nichts dagegen machen kann, daß alles vorübergeht, daß alles Scheiße ist. Er kaute das philosophische Kauderwelsch des deutschen Landsers wieder, die Philosophie des Marschierers, die Philosophie des Durchhalters, des Soldaten ohne Ideologie, der den Kanal voll hatte und schoß, um nicht erschossen zu werden.

Als die Dämmerung stärker wurde, fing es zu schneien an. Die großen Flocken fielen langsam und sahen sehr weiß aus. Er dachte an Weihnachten, an Pfefferkuchen, an seine Mutter und an Lale Andersen: ‹Wenn sich die späten Nebel drehn, wirst du bei der Laterne stehn.› Er hatte das Lied immer kitschig gefunden und ließ sich immer sehr davon rühren. Er dachte daran, daß er nun doch nicht die Wäsche gewechselt hatte, und daß er noch nie ein Mädchen gehabt hat. Er dachte nicht daran zu meutern und er dachte nicht daran überzulaufen.

Es waren noch zehn Minuten Zeit und die Landser tranken Schnaps aus ihren Kochgeschirren, um das dämliche Gefühl im Bauch loszuwerden. Sie erzählten sich Zoten. Der dicke Briefträger Paschke, der seit zwanzig Jahren glücklich verheiratet war und im Kirchenchor als Tenor geschätzt war, bewies ihnen, daß er ein ungeheures Sexualtier wäre. Er erzählte von einer Hure in einem Pariser Puff, die das Geld mit der Scheide vom Tisch geschnappt hätte.

Der kleine Schindler entleerte abseits seinen Darm (er machte das vor jedem Angriff, weil er Angst vor einem Bauchschuß hatte), und der Schmied, den sie Partisanenfranz nannten, fing einen Brief an seine Verlobte an, der er vor anderthalb Jahren ein Kind gemacht hatte. Er wollte sie heiraten, wenn die Urlaubssperre vorbei wäre.

Die dreißig Musiker waren eingetroffen und sahen mit ihren großen Stahlhüten wie Fliegenpilze aus, über die man Jauche gefahren hat. Sie guckten sich die Panzerwagen von allen Seiten an und versuchten aus den Landsern herauszukriegen, wie die ganze Sache vor sich gehen sollte. Ein Stotterer, der viel Gepäck bei sich hatte und ein vorzüglicher Fagottist war, kam an Czymeks Wagen, gab Czymek eine Schachtel Zigaretten und fragte, wo sie denn alle auf den drei Wagen sitzen sollten und Czymek sagte: «Auf dem Arsch.»

Der Leutnant sah auf die Uhr und ließ aufsitzen. Er ging nacheinander zu den Wagenführern und gab die Anweisung:

«Es ist verboten zu sprechen, es ist verboten zu rauchen. Wenn die Werfer loslegen, fahren wir mit abgedrosselten Motoren langsam und auf Tachoabstand vor.»

«Das ist gut», sagte Czymek, «das ist eine gute, sichere Sache für Selbstmörder. Überlassen Sie den Quatsch lieber uns.»

«Das ist ein Befehl! Haben Sie verstanden! Das ist ein Befehl!»

«Natürlich», sagte Czymek, «natürlich ist das ein Befehl, aber ein falscher. Wenn Sie zu der Brücke hinkommen wollen, so halten Sie sich an mich. Wir fahren als erster Wagen wie abgesprochen.»

«Sie machen, was ich befohlen habe!»

«Immer, Herr Leutnant, immer!» Er sah den Leutnant in den dritten Wagen steigen.

Als die Werfer losorgelten, fuhr Czymek aus dem Hohlweg auf den schnurgeraden Weg zur Brücke, den die russische Artillerie jeden Moment mit Pak, Stalinorgeln und jedem gewünschten Kaliber zudecken konnte. Er trat das Gas ganz durch, gab den großen Gang rein und preschte über den zerkarrten Knüppeldamm, als hätte er mit der Karre ein Straßenrennen zu gewinnen. Auf den Panzerplatten hockten links vorn Pfeiffer und rechts vorn Schindler und sie schrien wie die Stiere, wenn Czymek aus der Richtung zu kommen drohte.

Der zweite Wagen kümmerte sich um den Befehl des Leutnant so wenig wie Czymek und schließlich war auch der Wagen mit dem Leutnant gezwungen, das Tempo aufzunehmen und im Karacho bis zur Brücke durchzustoßen, ehe die russische Pak anfing. Da der Leutnant wütend herumschrie, kam der Fahrer an der

Brückenauffahrt vom Weg ab und kippte den Wagen um. Dabei wurden einem Musiker zwei Finger abgequetscht und einem ein Bein gebrochen. Sonst war nichts passiert. Die Landser krochen aus dem Wagen und rannten mit umgeschlagenen Decken über die Brücke.

«Das MG und die 2 cm ausbauen!» schrie der Leutnant, aber es war nur noch der Musiker mit dem gebrochenen Bein bei ihm und der Stotterer, der um sein Gepäck jammerte.

Der Leutnant rannte hinter den Soldaten her und suchte Czymek. Als er auf der Brücke war, legte die russische Artillerie aus zirka zweihundert bis dreihundert Rohren los, haute den Weg kurz und klein und legte auf die deutschen Stellungen bei Demidowo Sperrfeuer. Der Leutnant kroch die Flußböschung hinunter und fand Czymeks Wagen in einer Mulde, die gegen direkten Beschuß von den Höhen deckte. Die Landser gruben sich in der Böschung ein und Czymek saß auf seinen beiden Magazinkästen mit Hammelfleisch. Er rauchte eine Zigarette, die er in der hohlen Hand hielt.

«Das ist Ihr Werk!» schrie der Leutnant. «Sie haben es gewagt, gegen meinen ausdrücklichen Befehl zu handeln!»

«Wieso?» sagte Czymek freundlich. «Gegen welchen Befehl, Herr Leutnant?»

«Stehen Sie auf, Mensch! Aufstehn! Ich habe befohlen, daß mit gedrosselten Motoren langsam vorgefahren wird!»

«Das kann ich mir nicht denken, Herr Leutnant. Das hätte ich bestimmt gehört, denn ich habe einen Sinn für Befehle. Das muß ein Mißverständnis sein. Hast du etwas gehört, Komiker?»

«Nichts», sagte Pfeiffer, «gar nichts.»

«Dabei hat das Mißverständnis noch den Nachteil, daß wir sonst schön ruhig miteinander bei dem alten Herrn da oben auf weichen Wolken säßen», sagte Czymek, «statt hier an einer Scheißbrücke zu liegen bei dieser Kälte. Womöglich wäre dort ich Ihr Vorgesetzter, bei der Verkalkung der Obrigkeit.»

«Machen Sie keine Witze, Mensch! Die Witze werden Ihnen vergehen, wenn ich einen Bericht über Sie mache!»

«Das können Sie, Herr Leutnant, das können Sie. Ich habe darin Erfahrung. Von einem gewissen Standpunkt aus ist es sogar unangebracht, einen Bericht vermeiden zu wollen, sonst säßen wir nämlich jetzt nicht hier, sondern in einer geheizten Stube, mein Kamerad und ich. Es war ein Denkfehler von uns zu denken. Ich würde Ihnen raten, den Bericht sofort zu schreiben, weil wir in ein paar Minuten das Festfeuerwerk hier auf der Brücke haben werden. Ich kann Ihnen empfehlen, die Leute von der Brücke weg weit auseinanderzuziehen und mit sehr abgedrosselten Motoren alles zurückzufahren, was der Zauber übriggelassen hat.»

Die Landser hatten mit dem Schanzen aufgehört und hatten ihr Vergnügen daran, wie Czymek den Leutnant auf die Schippe nahm. Der Leutnant bemühte sich, seine Haltung nicht zu verlieren und suchte nach einem guten Abgang. Er sagte:

«Ich gebe Ihnen allen jetzt einen guten Rat. Ich rate Ihnen, sich daran zu gewöhnen, daß hier einzig und allein ich befehle, und daß ich eine Witterung für Defätismus habe. Ich rate Ihnen, zur Kenntnis zu nehmen, daß die Brücke befehlsgemäß gehalten wird. Die 2-cm-Geschütze und die MGs werden ausgebaut und an dem oberen Böschungsrand mit freiem Schußfeld in Stellung gebracht. Sicht geht vor Deckung. Anfangen.»

«Ich werde Sie daran erinnern in ein paar Minuten», rief Czymek dem Leutnant nach und der kleine Schindler sagte: «Dieser Pflaumenaugust hat uns gerade noch zu unserem Begräbnis gefehlt.»

Sie horchten auf den Artilleriebeschuß, und es schien ihnen, daß die Feuerwalze zur Brücke hin zurückgenommen wurde. Sie hörten ein helles Dudeln, die Abschüsse von Salvengeschützen, und der Schmied sagte: «Das Orgelkonzert beginnt.» Sie krochen in die Erde und zählten: ‹Eins, zwei, drei, vier, fünf...›

Sie hörten das hohe Schellern der Raketengeschosse über ihre Köpfe wegziehen und in ziemlicher Entfernung einschlagen. Die Artillerie hörte auf, und sie erwarteten, daß sie mit dem nächsten Feuerüberfall zugedeckt würden.

Sie warteten fünf Minuten, und es blieb alles ruhig. Sie warteten eine Stunde, und es passierte nichts. Es passierte die ganze Nacht nichts.

Sie hörten das Rumoren von Panzerfahrzeugen, die in den Brückenkopf gebracht wurden, sie hörten hie und da entfernte

Stimmen, die der kalte Ostwind herüberwehte, hie und da ein Grölen, ein Lachen, ein Fluchen, ein Grammophon, ein Stück von einem Lied. Es waren Frauenstimmen dazwischen.

«Die saufen sich voll und stemmen dicke Weiber», sagte der Briefträger Paschke. Er war wie die meisten anderen Landser dabei, die Angst, die Hoffnungslosigkeit, die Wut auf den General, das Frieren, die Läuse und die Entfernung vom Bett der Frau in Haß auf den Feind umzuwandeln.

«Was ist los mit den Iwans?» sagte Pfeiffer beunruhigt. «Was haben sie mit uns vor?»

Und Czymek sagte: «Ich bin kein Hellseher. Aber ich halte es für natürlich, daß wir uns ein bissel den Weg anschauen flußaufwärts.»

Es war eine schöne, kalte Nacht und sie sahen aus einiger Entfernung, daß sich der Leutnant an den Musikern schadlos hielt. Er ließ die Stellungen schanzen, als wollte er sich an der Brücke für den Winter einrichten.

Obwohl es in Demidowo keine Häuser mehr gab, brannte es an einigen Stellen. Czymek sagte: «Ich habe das ganze rohe Hammelfleisch mit und kann es nicht fressen, weil ich kein Feuer habe.»

«Wer weiß, wozu alles gut ist», sagte Pfeiffer, «in Demidowo wären wir jetzt im Arsch. Ich wette, der General schläft jetzt in seinem Bett so ruhig wie eine Laus.»

Pfeiffer hatte unrecht.

Als der General den Bericht über die starken Verluste durch den massierten Feuerüberfall auf Demidowo bekam, rief er seine Stabsoffiziere zusammen und sagte: «Es sieht böse aus, meine Herren. Was ich Ihnen heute morgen am Sandkasten vorexerziert habe, ist eingetreten. Schreibtischstrategie. Wenn es den Russen einfallen sollte, über das Sumpfgelände vorzugehen, müßten sie sich die Landser, auf die sie schießen wollen, mit dem Scherenfernrohr suchen. Was schlagen Sie vor, meine Herren?»

Die Herren zögerten. Einerseits, weil ihr Gepäck schon gepackt war und andererseits, weil der General ihre Meinungen in der Regel nur einholte, um ihnen zu zeigen, daß er ein besserer Stratege sei. Da der 1. Adjutant am dümmsten war, sprang er in die Bresche:

«Es wird uns nur übrigbleiben, die Divisionsreserven vorzuziehen.»

«Das sieht Ihnen ähnlich», sagte der General, «diese Antwort habe ich von Ihnen erwartet. – Na, meine Herren, was soll geschehen?»

Da sich niemand zu Wort meldete, antwortete sich der General selbst:

«Gar nichts, meine Herren, ich werde den Russen nicht den Gefallen tun, meine Reserven in einem Gelände zu verkleckern, wo sie wegen ihrer schweren Waffen sowieso nicht angreifen können. Ich werde morgen früh meine Entscheidungen an Ort und Stelle treffen, denn Strategie wird nicht am Schreibtisch gemacht. Gute Nacht.»

Die Herren gingen hinaus und der 1. Adjutant rief von der Funkstelle den österreichischen Hauptmann an und informierte ihn privat, daß der General morgen früh seinen Abschnitt inspizieren wolle. Der 1. Adjutant wußte aus Erfahrung, daß der General einerseits gerne unangemeldet bei der Feldtruppe aufkreuzte, daß er es aber andererseits nicht ausstehen konnte, wenn die Leute überhaupt nicht vorbereitet waren.

Der Divisionsgeistliche fing den General vor seinem Zimmer ab und teilte ihm flüsternd mit, daß sich Oberst Fahlzogen für morgen früh in Demidowo angesagt habe, um als Beauftragter der Heeresinspektion Ost Erhebungen über Winterbekleidung zu machen. «Ein völlig zufälliges Zusammentreffen.»

«Gut», sagte der General.

Er ging in sein Zimmer und rang mit seinem Gewissen bis er müde war.

Er schrieb in sein Tagebuch: ‹Die Verantwortung wird riesengroß. Hic Rhodus, hic salta. Werden wir vor der Geschichte bestehen? Wird Europa sich besinnen oder untergehen? Die Geschichte hat in Kulturkreisen zu denken begonnen, und unsere Tragödie würde die Tragödie Europas sein. Gibt es eine Rettung? Morgen weiß ich mehr.›

Morgens gegen sechs Uhr wachte Czymek von einem undefinierbaren Geräusch auf. Es fing an hell zu werden. Die Luft war kalt und feucht. Auf dem Fluß und in der Ebene vor ihnen lag dichter Nebel. Nicht einmal die Horchposten im Vorgelände waren zu sehen. Die meisten Landser schliefen.

Dank dem Leutnant hatten sie fast die ganze Nacht hindurch geschanzt. Czymek hörte das Geräusch noch einmal. Es kam von der anderen Seite des Flusses und war wie das Klappern eines Löffels. Er stieß den schlafenden Pfeiffer an.

«He, Komiker», flüsterte er, «hörst du was?»

Pfeiffer schob sich den Kopfschützer von den Ohren, horchte und schüttelte den Kopf. Da fing ein russisches SMG in ihrem Rücken zu schießen an und gleich danach war die Hölle los.

Die Russen waren nachts mit Pontons über den Fluß gegangen und griffen mit Infanterie von beiden Seiten an. Im Nebel war wenig zu sehen. Es mußten gegen zweihundert Mann sein, die mit ‹urrää› die jenseitige Flußböschung besetzten und mit Maschinenpistolen, Teller-MGs und 3,5-Pak in die durcheinanderlaufenden Landser knallten. Sie bestrichen die Brücke, die Böschung, den Fluß. Sie warfen Handgranaten zwischen die Musiker, die rudelweise wie verstörte Kaninchen über die Brücke zu entkommen suchten, zurückfluteten und reihenweise von MGs erledigt wurden.

Man hörte Verwundete schreien, Körper ins Wasser klatschen, das Pfeifen der Leuchtspurgeschosse, das Kreischen der Querschläger, das trockene Bellen der Pak.

Pfeiffer versuchte, an das 2-cm-Geschütz zu kommen, er trat auf etwas Weiches, er trat auf den Briefträger Paschke, dem ein Pakgeschoß die Schädeldecke abgerissen hatte. Er hörte den Leutnant Befehle schreien, er sah den Leutnant und einige Landser die Böschung hinauflaufen und von MG-Garben erfaßt, wieder hinunterpurzeln. Er kam an das Geschütz, er klemmte sich in den Sitz, er versuchte vergeblich, das Geschütz herumzudrehen. Er kletterte wieder aus dem Sitz heraus und suchte nach der Ursache. Er räumte den toten Schmied zur Seite, den sie Partisanenfranz genannt hatten und dessen Beine zwischen Drehkranz und Gestänge geraten waren. Er riß sich von einem Mann los, der ihn von dem Geschütz wegzerren wollte, er kriegte ein paar Ohrfeigen und erkannte Czymek, der ihn mit sich die Böschung hinunterzog und in ein Dränagerohr stopfte, das Sumpfwasser in den Fluß leitete und gute Deckung bot.

Sie lagen nebeneinander in der kalten, schwärzlichen Brühe und der Gefechtslärm hörte sich auf einmal dunkel und entfernt an. Pfeiffer sah, daß Czymek eine Packtasche in der Hand hatte. Er paßte auf, daß sie nicht naß wurde.

Sie hörten die Russen über die Brücke kommen und sahen, daß sich das Feuer auf den Fluß zu konzentrieren begann, um niemand auf die andere Seite zu lassen. Sie kletterten aus dem Rohr und krochen flußaufwärts den Weg, den sie in der Nacht inspiziert hatten.

Nach fünfhundert Metern hörten sie plötzlich russische Soldaten vor sich, die den Pfad flußabwärts auf sie zukamen. Es war zu spät wegzulaufen. Sie robbten bis zu einem Baumstumpf, langten die Pistolen heraus und ließen sich bis zum Hals ins Wasser gleiten. Ein baumlanger, breitgesichtiger Rotarmist zog ein SMG auf Rädern wie ein Puppenwägelchen hinter sich her. Er machte eine komische Nummer aus dem Mißverhältnis zwischen seiner Größe und dem SMG. Er zog es zu sich heran, nahm es unter die Arme und schwenkte das Ding wie eine Spielzeugkanone. Seine beiden Begleiter, untersetzte, halbwüchsige Bauernjungens, konnten vor Lachen kaum weitergehen.

Sie setzten sich auf das SMG, legten ein kleines Frühstück ein und erzählten sich Witze. Sie waren offenbar nicht besonders scharf darauf, an die Brücke zu kommen solange dort noch geschossen wurde.

Sie saßen zehn Schritte von Czymek und Pfeiffer entfernt, fühlten sich wohl und zeigten große Ausdauer. Nach zwanzig Minuten spürte Pfeiffer seine Glieder nicht mehr, und er fürchtete, die Besinnung zu verlieren.

«Was wird?» flüsterte er. «Ich halte nicht mehr lange aus.»

«Ich nehme den Langen», sagte Czymek, «und du den linken mit dem spitzen Kopf.»

Sie hatten Zeit zu zielen, da ihnen die Russen den Rücken zuwandten. Die Armeepistole in Pfeiffers Hand zitterte, daß er einen

Möbelwagen verfehlt hätte. Sie schossen kurz nacheinander und Pfeiffer sah noch, wie der Lange vornüberfiel. Sie stießen sich ab und versuchten durch den Fluß zu schwimmen, auf dem noch immer Nebel lag.

Das MG fing erst zu feuern an, als sie fast drüben waren. Pfeiffer war so erschöpft, daß er zweimal von dem überhängenden Uferrand ins Wasser zurückfiel, er konnte nichts mehr erkennen und er hörte die Geschosse nicht mehr, die rund um ihn einschlugen. Er keuchte wie ein Asthmatiker und meinte, seine eigene Lunge auskotzen zu müssen. Seine Beine schleppten ihn die Böschung hoch, er fiel auf der anderen Seite in eine Wasserlache und verlor für einige Sekunden das Bewußtsein.

Als er aufwachte, merkte er, daß Czymek zurückgeblieben war. Er kroch zurück und sah Czymek, der mit beiden Ellenbogen die Böschung heraufzurobben suchte und offenbar seine Beine nicht mehr gebrauchen konnte. Er lud sich Czymek auf den Rücken und schleppte ihn in eine morastige Mulde, die von Sumpfgewächsen fast zugedeckt war. Er zog seinen nassen Mantel aus und schob ihn unter Czymeks Kopf.

«Hau ab, Komiker», sagte Czymek, «es hat sich ausgeschissen.»

Er spuckte hellrotes Blut. Er hatte einen glatten Lungendurchschuß und eine Doublette mit Sprenggeschossen durch die linke Beckenseite abbekommen. In den Ausschuß an der Innenseite des Oberschenkels konnte man zwei Fäuste hineinlegen. Pfeiffer stopfte zwei große Verbandspäckchen hinein und hatte die Hände bis zu den Handwurzeln voll Blut. Es kam stoßweise aus der Wunde, und es war Pfeiffer klar, daß die große Arterie zerfetzt war. Er machte den Traggurt von seinem Brotbeutel los und sagte:

«Wir müssen das Bein abbinden, verstehst du, das wird verflucht weh tun. Ich schnall dich mit dem Koppel in meinen Mantel und zieh dich hinter mir her. Das ist ohne weiteres möglich, Czymek.»

Er wollte den Gurt um Czymeks Bein ziehen und Czymek stieß ihn weg.

«Mach keine Fisematenten, Komiker, laß mich, ich weiß, was mit mir los ist. Hast du noch Zigaretten?»

«Ja», sagte Pfeiffer, «ich glaube ja, aber sie werden hin sein.»

Er kramte aus seinem Brotbeutel eine feine Packung ‹Nil›, eine Sonderzuteilung, die er Czymek vorenthalten hatte, weil er sie zu Weihnachten seinem Vater schicken wollte. Die Zigaretten waren sehr naß. Czymek beobachtete ihn.

«Du hast mich darum beschissen, Komiker, nicht wahr, und jetzt rauch ich sie doch», sagte er. «Steck mir eine an, das Feuerzeug ist in meiner rechten Hosentasche.»

Pfeiffer holte das Feuerzeug heraus und fühlte, daß auch die ganze Tasche schon von Blut durchfeuchtet war. Er wischte das Feuerzeug ab, damit es Czymek nicht merkte. Er zündete sich die nasse Zigarette an und steckte sie Czymek in den Mund. Czymek atmete sehr flach, und er sah in die Wolken. Er zog an der Zigarette und unterdrückte den Hustenreiz. Wenn er atmete, war aus seiner Brust ein Schnarchen zu hören. Das war die Luft, die durch den Lungendurchschuß austrat. Czymek bemühte sich, genußvoll zu rauchen, und der Rauch kam sowohl aus dem Mund wie aus dem offenen Pneumothorax.

«Quatsch nicht, Komiker, laß mich mit deinem dämlichen Gequatsche zufrieden», sagte Czymek. Aber Pfeiffer hatte nichts gesagt.

«Ich glaube, wir haben einen großen Fehler gemacht, mit diesem Divisionsbefehl, Czymek.»

«Von einem Standpunkt ja und von einem anderen Standpunkt auch wieder nicht», sagte Czymek.

«Von welchem nicht?» sagte Pfeiffer.

Czymek machte eine lange Pause und schien zu überlegen. Er sprach leise und stoßhaft, denn er mußte mit seinem Atem haushalten.

«Von einem Standpunkt ist die Sauerei hier gekommen, weil du den Jungen mit dem spitzen Kopf nicht getroffen hast, nicht wahr. – Von einem anderen Standpunkt, weil wir uns nicht haben einbuchten lassen, wegen einem blöden Hund, nicht wahr, weil wir uns was ausgedacht haben unsinnigerweise. – Von einem dritten Standpunkt aber, weil wir uns nicht früh genug etwas ausgedacht haben. Ich war ein Zirkusarbeiter, als du dir noch in die Hose geschissen hast und Hitler kam, und jetzt hab ich eine Schaubude.»

Pfeiffer verstand ihn nicht. Was hatte die Schaubude damit zu tun, daß Czymek hier in einem Sumpfloch lag und vor sich hin stöhnte und die Zähne zusammenbiß und ausblutete und an dem letzten Zigarettenstummel zog und weiß im Gesicht wurde und den Zigarettenstummel ausspuckte und sinnloses Zeug sprach und plötzlich nach Hammelfleisch verlangte... was hatte die Schaubude... Czymek lag auf dem Rücken und hatte Schweißperlen auf dem Gesicht. Seine Worte hatten keinen Sinn mehr, und er verlangte zwischendurch immer wieder nach Hammelfleisch, das ihm Pfeiffer aus dem Kanister geben sollte.

Pfeiffer erinnerte sich an die eiserne Ration in seinem Brotbeutel. Es war eine kleine Zinnbüchse Schweinefleisch, und er öffnete sie mit dem Seitengewehr. Er richtete Czymek auf und gab ihm den Batzen Schweinefleisch in die Hände, die eine schwarze Kruste hatten von Morast und Blut. Er sah Czymek das Fleisch in sich hineinstopfen, und er sah das Blut aus Czymek herauslaufen, und er hatte nie gedacht, daß ein Mensch so viel Blut haben könnte. Er sah, daß es Czymek schmeckte, und er sah, daß seine Schweinsäuglein einen hellen Schimmer bekamen, und daß er essend vornüberfiel, und daß Czymek tot war.

Er dachte an die alte Frau, die sich getäuscht hatte, und er dachte an den General. Er dachte an den Hund des Generals, und an der Brücke hatte die Schießerei aufgehört. ‹Sie werden an mich denken›, hatte der General gesagt, und Pfeiffer war vermutlich jetzt der einzige, der an ihn denken konnte. Er war ein überlebender Soldat.

Er saß eine Weile regungslos da und sah auf den dunklen, gallertigen Blutkuchen, der aus Czymek herausgelaufen war, und der immer noch größer wurde, obwohl Czymek tot war. Er dachte, daß es notwendig wäre, dem General gegenüberzustehen, er dachte, daß es seine verdammte Pflicht und Schuldigkeit wäre, mit Czymek dem General gegenüberzustehen. Er fror, und das nasse Zeug an seinem Körper wurde von der Kälte steif.

Er wälzte Czymek auf den Mantel, er band den Traggurt darum, und er befestigte das Koppel so, daß er Czymek hinter sich herziehen konnte. Er zerrte Czymek aus der morastigen Mulde, er sackte in dem flüchtig überfrorenen Boden bis zur Hüfte ein, er arbeitete sich heraus, er kroch mit Czymek durch den Sumpf des anderthalb Kilometer breiten Niemandslandes vor den deutschen Stellungen in Demidowo. Er hatte nicht mehr viel Kraft, und er mußte sich häufig ausruhen. Er brauchte mehr als zwei Stunden, und als er da war, sah er wie eine Kloake aus. Daß er bei den deutschen Stellungen war, begriff er erst, als er beschossen wurde.

«Was rufst du nicht, du Blödist», schrie ihn ein Pionier aus seinem Schlammloch an, «ich hätte dir bald einen Freifahrtschein verpaßt.»

«Ich muß einen Sanka haben. Ich muß zur Division. Ich muß zum General», sagte Pfeiffer. Er hatte Schüttelfrost, und sein Gesicht war mit Blut und Dreck und Schweiß beschmiert.

«Zum General brauchst du keinen Sanka», sagte der Pionier, «der General befindet sich zu unserer moralischen Unterstützung im Befehlsbunker.» Der Pionier erinnerte ihn an Czymek.

Die Zusammenkunft mit Oberst Fahlzogen war für den General programmgemäß verlaufen. Der österreichische Hauptmann hatte die wie zufällig zusammentreffenden Herren miteinander bekannt gemacht und ihnen seinen Befehlsstand, einen tiefen, fensterlosen Keller zur Verfügung gestellt. Sie saßen auf unbequemen Kisten, beim Schein einiger Hindenburglichter, versicherten sich der gegenseitigen ehrenwörtlichen Diskretion und erörterten danach ziemlich offen die Weltlage, das Schicksal Deutschlands und die Ehre des deutschen Generalstabs. Es war eine bittere Stunde.

Der General ging in seiner Kritik an der obersten Heeresführung bis zum Äußersten. Er berichtete, was man ihm angetan hatte. Er erklärte sich der schweren Verantwortung in schwerer Stunde bewußt und zitierte nach dem Gedächtnis philosophische Gedanken aus seinem Tagebuch. Er ließ sogar durchblicken, daß er prinzipiell mit dem Gedanken sympathisiere, daß etwas Entscheidendes geschehen müßte, daß er mit dem Herzen dabei sei, und daß er um Einzelheiten bitte.

Der Oberst Fahlzogen sagte, daß dies seinen Auftrag leider übersteige, da er für heute nur gebeten sei zu erfahren, ob mit ihm, dem General Rampf, im Ernstfall zu rechnen sei.

Was unter Ernstfall zu verstehen sei, fragte der General leise und der Oberst Fahlzogen antwortete, daß darunter die Übernahme der Regierungsgewalt durch die Armee zu verstehen wäre.

«Aber das würde doch nur mit Gewalt gehen!» sagte der General erschrocken, und als der Oberst bejahte, zwang er sich zur Ruhe und sagte: «In diesem Fall muß ich Ihnen meine Zustimmung leider versagen. Meine christliche Glaubensüberzeugung hindert mich, trotz ideeller Sympathie, der Anwendung von Gewalt zuzustimmen.»

Die beiden Herren standen auf, und der General fand, daß er sich gut aus der Affäre gezogen hatte. Einerseits war er ein Mitwisser und andererseits loyal.

Er sah dem Obersten tief ins Auge und drückte ihm bewegt die Hand, als ein Soldat die Kellertreppe heruntergestolpert kam und nach dem General schrie.

Der General bedeutete dem Obersten, sich ruhig zu verhalten und ging nicht ohne Unbehagen auf die Treppe zu. Es fiel ihm ein Stein vom Herzen, als er an der Treppenwindung im Halbdunkel einen verdreckten, triefenden, blutverschmierten Jungen erblickte, den er nie vorher gesehen hatte.

«Sind Sie wahnsinnig geworden, hier herumzugrölen, Kerl!» schrie der General. «Was wollen Sie!»

Der Junge sah sich den General an, und er antwortete nicht. Er griff ein drecküberkrustetes Bündel hinter sich, das von einem Traggurt zusammengehalten war, und warf es die Treppe hinunter, vor die Füße des Generals. Es war ein Toter, dessen Glieder sich im Sturz verrenkt hatten wie bei einer Kasperlepuppe.

«Wir wollten uns bei Ihnen melden, Herr General», sagte der Junge. «Wir kommen von der Brücke. Soldat Pfeiffer und Obergefreiter Czymek melden sich von der Brücke!»

Es war etwas Verrücktes in seiner Stimme, und der General, der die beiden Namen niemals gehört hatte, erkannte, daß er irgendeinen Knaben mit einem hysterischen Frontkoller vor sich hatte. Er war erfahren genug, um ein derartiges Versagen zu verstehen, aber er wußte auch, daß man solche Burschen nur zur Vernunft bringt, indem man sie anständig zusammenstaucht.

«Nehmen Sie sich zusammen, Sie Scheißkerl!» schrie der General. «Sie sind hier beim Militär und nicht bei der Heilsarmee! Sie sind nicht der einzige an der Front! Nehmen Sie Haltung an, Mensch! Schnauze! Sie gehen in Ihre Stellung zurück und melden sich bei Ihrem Vorgesetzten! Sonst lasse ich Sie wegen Meuterei erschießen! Verstanden!»

«Jawohl, Herr General», sagte Pfeiffer.

Er begriff, daß sich der General weder an ihn, noch an Czymek, noch an die Brücke erinnerte.

«Abtreten!» sagte der General, und Pfeiffer sagte noch einmal: «Jawohl.» Und Pfeiffer trug Czymek die Treppe hinauf. Er nahm ihm die Erkennungsmarke und das Soldbuch ab, und er meldete sich bei dem österreichischen Hauptmann.

Er bekam ein paar trockene Klamotten und ein nach den Verlusten überzähliges Schnellfeuergewehr neuester Fabrikation. Er wurde in das Schlammloch neben dem Pionier eingewiesen, der ihn an Czymek erinnerte. Der Nebel hatte sich gehoben, und der Himmel über dem Dnepr war grau wie Rauch.

«Neun Zehntel unserer ganzen jetzigen Literatur...

…haben keinen anderen Zweck, als dem Publikum einige Taler aus der Tasche zu ziehen: dazu haben sich Autor, Verleger und Rezensent fest verschworen.»

Arthur Schopenhauer

Wer nun meint, das sei heute auch nicht anders, der mag sich damit trösten, daß es preiswerte Taschenbücher gibt. Was dazu führen kann, daß die größeren Scheine für Wertpapiere ausgegeben werden können.

Pfandbrief und Kommunalobligation

Meistgekaufte deutsche Wertpapiere - hoher Zinsertrag - bei allen Banken und Sparkassen

Verbriefte Sicherheit

Der Mann des Tages

«Hallelujah, der Latrinenspezialist! Der Rudat lebt und Schiller mußte sterben.»

Das war das geflügelte Wort, das aussprach der Unteroffizier Ziemer, als er im Mai 1943 nach opfervollen Kasernenjahren erstmalig an die Front kam und seinen früheren Rekruten Rudat im Graben der ruhigen Stellung am Fluß Sejm, Ukraine, wiedertraf.

Die Stellung war im Anfang März von den Resten der 88. Infanteriedivision bezogen worden, die den ruhmreichen Winterrückzug der ruhmreichen 2. Armee mit blutenden Füßen und blutenden Durchfällen überstanden hatten.

Bei Woronesch verzweifelnd, bei Kursk verreckend, bei Kasalanowka sich wieder aufrichtend, als sie die erste Schweinefleischkonserve bekamen und ihnen die berühmte Rede des Reichsmarschalls verlesen wurde, in der es hieß: ‹Wanderer kommst du nach Stalingrad, so sage, du habest sie liegen gesehen, wie das Gesetz es befahl.› Klassische Worte, wie man weiß, zur rechten Zeit gelassen ausgesprochen, bedenkend, daß viel Kriegsmoral gebraucht wird wo wenig Panzerwagen sind und Überlebende.

So wenig übrigens hier, daß die Armeeführung nicht länger von einer 88. Infanteriedivision reden mochte und kurzer Hand deren Reste mit anderen Divisionsresten zu einer neuen Division, der 327., verschmolz und dringend Heimatreserven anforderte. Und dies nicht nur wegen der zahlenmäßig noch immer zu geringen Kampfstärke, sondern auch wegen der Kampfmoral, die bei den Soldaten einfach aufgebraucht schien wie ein Fleisch oder eine Tabakration. Was vor allem gebraucht wurde, nach Ansicht der Experten, das waren Unterführer, willens und imstande den inneren Schweinehund der Leute auf Vordermann zu bringen. Demoralisierungserscheinungen nach zu langem Frontdienst. Schliff. In diesem Zusammenhang hatte der Unteroffizier Ziemer unerwartet und unerhofft einen Marschbefehl an die Rußlandfront bekommen.

Der Unteroffizier Ziemer war ein großer Doppelkopfspieler und aus Westfalen. Dem Land der roten Erde, der Treue und der Rindviehzucht. Ausgesprochener Pflichtmensch, der er war, duldete er keine Laxheit. Er verlangte Ordnung, Gehorsam und Ernst. Gemütsbewegung abhold, konnte er zum Melancholiker werden, wenn einem Rekruten Haare unter der Feldmütze vorsahen, denn er hatte erkannt, daß sich im Haarschnitt die Seele des Soldaten verriet. Wenn er die Nacken seiner Rekruten langsam mit einer Lupe abging, kontrollierte er Seelen. Sein Spezialtrick war, daß er während dieser Inspektion, da jeder Mann, unbeweglich ins Leere stierend, auf seinen Haarschnitt konzentriert war, plötzlich ins Gesäß irgendeines Rekruten griff, zu prüfen, ob die Muskulatur reglementsgemäß angespannt war oder nicht. Wenn ja, so ordnete er für die ganze Korporalschaft eine Zigarettenpause an. Er ließ sich einen Zigarillo spendieren und genoß den schönen Eifer, mit dem die jungen Soldaten angespritzt kamen, ihm Feuer anzubieten. In diesen Augenblicken spürte er die Harmonie der Weltordnung, nahm Geschenke an und hielt die Menschheit für besserungsfähig. Anders, wenn seine Hand in ein entspanntes Gesäß griff. Dann fühlte er die Hinfälligkeit aller Bemühungen, den Menschen aus seinem tierischen Urzustand zu einem soldatischen Wesen zu erheben.

«Ihr denkt, weil ihr eine Hose anhabt, sehe ich nicht, was mit eurem Arsch los ist, wie? Ihr denkt, ein Soldat kann in seinem Gehorsam dort nachlassen, wo er von seinen Vorgesetzten nicht mehr zu kontrollieren ist, wie ein Bäckergeselle oder ein Ochsenknecht? Ihr denkt, eine Dienstvorschrift ist eine Unterhaltung wie ein Kriminalroman oder Ficken, wie? Aber eine Dienstvorschrift ist eine Dienstvorschrift, ihr Wichsgriffel! Knie – beugt!»

Das war nicht aus Bosheit, sondern aus Erwägungen seiner Berufspflicht gesagt. Was schon daraus hervorgeht, daß er nicht den einen schuldigen Rekruten, sondern nur die übrige Korporalschaft die Knie beugen ließ. Eine durch und durch pädagogische Überlegung, die zweierlei Vorteile bot: Einmal hatte er damit eine Gehorsamkeitsübung geschaffen, die schwierig war, weil sie unsinnig und ungerecht schien und somit dem Normalfall soldatischen Gehorsams entsprach. Zum anderen förderte sie die höheren Ziele der Kameradschaft, denn natürlich waren alle Kameraden nach einer Viertelstunde fest entschlossen, dem schuldigen Kameraden die Zähne einzuschlagen, und zwar anstelle des Unteroffiziers, dem dies aus praktischen Erwägungen verboten war. Es kann Vorgesetzten nicht gestattet werden, Soldaten zu prügeln, weil es dazu die Kameradschaft gibt.

Der Unteroffizier Ziemer brauchte bei dieser Übung nur zu warten, bis irgendein schlapper Hund seinen Hintern auf den Hacken auszuruhen versuchte. Das dauerte manchmal fünf, manchmal zehn Minuten, aber es traf immer ein. Mit furchtbarer Sicherheit fanden Gehorsamsverletzungen im Angesicht des Vorgesetzten statt. Und immer wenn Ziemer einen der Hintern auf die Hacken sinken sah, wechselte er mit der Korporalschaft das Terrain und ließ sie bei den Wassergräben hinter der Kantine robben. Dort konnten die Kantinenmädchen zusehen.

Auf einer alten Tankattrappe stehend, probte er mit seinen Rekruten den modellgemäßen Verlauf der berühmten Masurenschlacht. Er knöpfte seinen Feldmantel auf, und seine markante Gestalt hatte im Gegenlicht eine deutliche Ähnlichkeit mit Paul von Hindenburg. Er wußte um diese Übereinstimmung, und sie erfüllte ihn mit bescheidenem Stolz. Er trug Stehhaar wie sein Vorbild und kopierte dessen viereckige Stirn, indem er sich täglich die in die Stirn gewachsenen Haarwinkel nach einer künstlerischen Reproduktion des Generalfeldmarschalls ausrasierte. Auch seine Unterschrift hatte nach ausdauernden abendlichen Übungen die Schlagkraft, die wuchtige Treue seines Vorbilds erreicht. Sie gab den Listen und Wachbüchern, die er zu unterschreiben hatte, einen Zug ins Bedeutende.

Die Masurenschlacht an den Wassergräben, die Ziemer von seinem Befehlspanzer aus begutachtete, hatte einen frappierend einfachen Verlauf. Sie bestand hauptsächlich darin, daß die Rekruten, fliehende Russen darstellend, von einer Böschung des Wassergrabens zur andern durch den Schlamm der masurischen Sümpfe robbten und robbend umkehrten, sobald Ziemer «Artilleriebeschuß von vorn!» oder «Artilleriebeschuß von hinten!» schrie.

Das war ein großes Gaudium für die Kantinenmädchen, und die Schlacht war erst dann beendet, wenn die Rekruten die steile Böschung nicht mehr hochkamen, oder wenigstens so taten, und keuchend im Schlamm liegenblieben. Dann ließ Ziemer antreten und betrachtete von seiner Tankattrappe aus den traurigen Kloakenverein, der nach Schlamm und den Speiseresten stank, die verordnungswidrig von der Kantine in den Wassergraben gekippt wurden.

«Ihr denkt, weil ihr das Gesicht voll saurer Nudelsuppe habt, da sehe ich euch nicht an, was ihr jetzt denkt, ihr Stinkstiefel, wie? Ihr denkt, daß jetzt Dienstschluß ist, und daß ihr in einer Stunde große Portionen fressen und ungeheure Biere in euch hineinschütten könnt. Aber ihr habt euch getäuscht, denn in einer Stunde ist für euch Maskenball bei Paul Ziemer. In Wichs. Wegtreten.»

Die Rekruten schrien «Hurra!» und rannten auf ihre Unterkünfte zu, um einen Platz in der Waschbaracke zu ergattern. Denn es gab nicht genug Wasserhähne, und der letzte Mann wurde für den dienstfreien Rest des Tages das spezielle Erziehungsobjekt der Doppelkopfrunde der Zwölfender, die Ziemer gegründet hatte. Er hatte die Bierkästen heranzuschaffen und die Zigaretten, die Steinhägerkrüge, die Mettwürste und schließlich die Bedienungsmädchen aus der Mannschaftskantine. Er hatte den Raum zu säubern und die verunreinigten Latrinen. Er hatte anschließend den Kaffee zu servieren und beglich die geringen Unkosten unauffällig im Hinterzimmer des Kantinenwirts, sofern depressive oder selbstmörderische Neigungen nicht vorlagen. Er beglich sie gegen das ausdrückliche Verbot des Unteroffizier Ziemer, dessen Ehrbegriffe sogar im Stande der Volltrunkenheit unerschütterlich blieben.

Es war in der Geschichte der Doppelkopfrunde nur einmal vorgekommen, daß die Zeche nicht beglichen wurde. Das war der rätselhafte Fall des Rekruten Rudat. Das war der Rekrut, der sich über Ziemer und die übrigen Teilnehmer der Doppelkopfrunde dienstlich beschwert und daraufhin die Hälfte seiner Ausbildungszeit im Bunker verbracht hatte. Das war der Rekrut, dem zwölf Kompanieunteroffiziere, Profis soldatischer Persönlichkeitsbildung, fortan ihr Fachwissen geschenkt hatten, zehn Wochen lang, und der doch aufreizend geblieben war und verschlagen, befehlsverweigernd im Ausführen jeden Befehls. Das war der Rekrut, der erschüttert hatte Paul Ziemers Glauben an die endliche Erziehbarkeit jedes Menschen durch die Macht der Unvernunft, den er vorzeitig nach Rußland abstellen ließ, weil er die grinsende Ganovenfresse nicht länger sehen konnte, den Abschaum, und den er jetzt zu seiner ärgerlichen Überraschung als Obersoldat und lebendig wiedertraf.

Rudat saß auf einer Kiste mit Granatwerfermunition und aß Sandkuchen aus einem Feldpostpaket. Die Mutter hatte eine Fotografie beigelegt. Er sah, daß sie alt geworden war. Sie trug eine Brille. Sie lächelte. Sie schrieb, daß sie mit dem Nähen jetzt gut verdiene, da die Schneider eingezogen wären, daß sie für sein Studium spare. Er steckte das Foto in sein Soldbuch und knöpfte die Jacke auf. Die Sonne war schon heiß. Er sah das nackte Weib auf dem großen Farbendruck der Grabenwand, das einen gestreiften Strumpf anhatte. Es war die ‹bäuerliche Venus› von Sepp Hilz, dem Lieblingsmaler des Führers. Die Landser hatten ähnliche Dokumente weiblicher Schönheit an allen Stellen befestigt, die von russischer Seite eingesehen werden konnten. Wenn Farbdrucke rar waren, behalf man sich mit Darstellungen des weiblichen Genitale, kunstlos meistenteils, universale Verständigungsmittel. Auf der anderen Seite des Flusses hatten die Russen umgekehrt die einzusehenden Grabenabschnitte mit Schildern ausgestattet, auf denen zu lesen war: ‹Hitler kaput!› oder ‹Es lebe die Weltrevolution!› Durch diese Markierungen, profan oder ideologisch, wurden beiderseits nur Neulinge beim Schreiben eines Briefes oder dem Verrichten der Notdurft von Scharfschützen abgeschossen. Die Mutter schrieb, daß sie vom Vater seit drei Monaten keine Nachricht habe. Der Vater war in Buchenwald. Rudat hatte ihn zum letztenmal vor sieben Jahren gesehen. Vor der zweiten Verhaftung, in der Morgenfrühe, der international beliebten Verhaftungszeit. Unter dem Sandkuchen lag ein zweites Foto. Darauf war der Vater mit einem Pincenez abgebildet, die Mutter mit Bubikopf und er, Rudat, im wollenen Bleyle-Anzug. Das war aus der Zeit, wo der Vater

Redakteur des ‹Proletarier› war, der Arbeiterkreiszeitung. Rudat steckte auch dieses Foto in sein Soldbuch. Er packte ein Beutelchen mit Feuersteinen aus, ein Paket mit Saccharintabletten und eine Pfundtüte Salz. Das waren die Sachen, mit denen die Soldaten bei der russischen Bevölkerung am günstigsten Eier eintauschen konnten, oder Speck. Der Ort Rylsk, der bis zum Sejm runterging, war nur teilweise von Zivilisten geräumt. Es gab vier bis fünf Eier für einen Feuerstein. Rudat überlegte, ob er die Saccharintabletten den Bascharows schenken soll, der Mutter, den beiden Töchtern, dem dürren Jungen. Er besuchte sie häufig.

Er hatte sie vor vierzehn Tagen kennengelernt, als ein besoffener Stabsgefreiter im Hausflur randaliert hatte. Er schoß auf eine Katze und die drei Milchglaskugeln der Flurbeleuchtung, weil man ihm die Haustür nicht aufgemacht hatte. Er war in seiner Ehre gekränkt. Als sich Rudat einmischte, versicherte er mehrfach, daß er der verträglichste Mensch von der Welt sei, und daß er deshalb Unfreundlichkeiten sowie Verletzungen seiner Ehre nicht dulden könne. Die beiden Mädchen hatten sich auf dem Boden verkrochen. Die Ältere sah ein bißchen japanisch aus, nur rundlicher. Sie hatte Rudat aus weiten Augen angesehen. Und Rudat hatte sie auch angesehen. Er dachte an Liebe auf den ersten Blick, bis er merkte, daß sie ihn aus Angst ansah. Da hatte er die Maschinenpistole an einen Garderobehaken gehängt und gesagt: «Sjo hamno.» Da hatte sie gelacht. Da hatte er gesagt: «Hitler lische jopo.» Da hatte sie noch einmal gelacht. Seitdem besuchte er sie. Sie hieß Tanja. Sie konnte nur wenige Worte Deutsch und Rudat nur wenige Worte Russisch. Sie mochten sich und manchmal nachts stellte sich Rudat ihre Brüste vor. Aber er hatte sie nie allein getroffen. Rudat halbierte das Paket Saccharintabletten, um eine Hälfte der Familie Bascharow zu schenken. «Hallelujah, der Latrinenspezialist! Der Rudat lebt und Schiller mußte sterben.» Rudat erkannte Ziemer, und er beschäftigte sich mit dem Feldpostpäckchen. «Ist wohl nicht Mode hier aufzustehen, wenn man von einem Vorgesetzten angeredet wird?» sagte Ziemer gemütlich. «Aufstehn! Nehmen Sie Ihren Speckdeckel ab! Sie haben die Loden einer Badehure!»

Rudat sah Ziemer auf sich zukommen. Er sah zu ihm hinauf. Er sah den Farbdruck der ‹bäuerlichen Venus› hinter Ziemers Speckkopf. Er erinnerte sich des Morgens, da er Ziemer in den Kaffee gepißt hatte, als er zum viertenmal für Ziemer Kaffee holen mußte, weil er zu kalt oder zu dünn oder zu heiß war.

Ziemer entnahm seiner Brusttasche das zusammenklappbare Scherchen, mit dem er den Rekruten kahle Stellen in die Frisuren zu schneiden pflegte. Rudat saß noch immer, das Päckchen auf den Knien. Ziemer wurde einen Moment unsicher. Als er nach Rudats Mütze griff, wurde er von diesem plötzlich zu sich herunter auf den Boden gerissen und mit der Faust ins Gesicht geschlagen. In der Luft war ein schriller Pfiff und der Obersoldat Rudat sah, daß der ‹bäuerlichen Venus› auf der Grabenwand die linke Brust fehlte. Ziemer lag auf dem Rücken. Die Oberlippe war durchgeschlagen und blutete. Sie entblößte kurze, graubelegte Schneidezähne und eine Goldkrone. Seine Beine zuckten wie Froschschenkel, die faradischen Strom bekommen haben. Als er auf die Beine kam, schrie er, ohne Atem zu holen: «Ich bringe Sie vor's Kriegsgericht! Ich lasse Ihnen die Rübe abhacken! Sie haben einen Vorgesetzten angegriffen!»

«Sie irren sich», sagte Rudat. «Ich habe Ihren Kopf vor einem Durchschuß bewahrt. Scharfschützen.» Er zeigte auf die fehlende Brust des Farbdrucks.

«Ihre Schere.» Er schnippte sie mit dem Stiefel vor Ziemers Füße.

«Heben Sie die Schere auf! Aufheben!»

«Welche Schere?» fragte Rudat.

«Halten Sie Ihr Maul, Sie Filzlaus! Sie Arschgesicht! Grinsen Sie nicht wie ein Honigkuchenpferd, dem am Schwanz gespielt wird!»

«Ich grinse nicht», sagte Rudat. «Es ist eine gelähmte Backe vom ersten Winter hier. Es war keine Masurenschlacht.»

«Hinlegen, Sie Dreck! Galgenfresse! Hinlegen! Hinlegen! Hinlegen!»

Rudat betrachtete Ziemers Gesicht. Die schwammigen Kinnbacken, die milchblauen Augäpfel, die in den Fettsäcken hin- und herzuckten, das schreiende Karpfenmaul, die großen, fleischigen Ohren, die sich bei den Kommandos auf und ab bewegten, verfärbten, dick wurden. Er überlegte, wo er eine ähnliche Fresse schon einmal gesehen hatte, und es fiel ihm ein. Er hatte sie im Hilfskonzentrationslager Dürrgoy bei Breslau gesehen, im Frühjahr 1933, als er ein elfjähriger Junge war, gekommen, seinen Vater zu besuchen.

Er hatte im weißen Matrosenanzug, an der Hand der Mutter, vor dem eisernen Tor gestanden, Staub in der Kehle, schwitzend, unter arme Frauen, arme Kinder gedrängt, die ihre Männer, Väter, Brüder zu erkennen suchten unter den kahlgeschorenen Sträflingen in den gestreiften Anzügen, die um den Block liefen in Dreierreihen über die Schlacken in Holzpantinen und sangen, daß da auf der Heide ein kleines Blümelein blühe und daß dies Erika heiße. Und manchmal wurde einer aufgerufen, und der kam ans Tor gespritzt zu einem SA-Truppführer, und plötzlich hörte er die Mutter sagen: «Der Vater!» und rufen: «Harry! Harry!» und er verstand nicht, daß der eierköpfige Mann ohne Brille, mit der zerschlagenen Nase sein Vater sei, bis er die Stimme des zusammengeschrumpften Mannes hörte, der da in äußerster Konzentration strammstand vor einem biergesichtigen SA-Truppführer und meldete, die Sträflingsmütze vom Kopf gerissen, den Kopf wund vom Scheren und gefragt wurde leutselig: «Willst du Besuch haben?» und antwortete: «Nein, Herr Truppführer!» und gefragt wurde: «Warum willst du keinen Besuch haben?» und antwortete: «Weil ich keinen Besuch verdiene, Herr Truppführer!» und gefragt wurde: «Warum verdienst du keinen Besuch?» und antwortete: «Weil ich in Wort und Schrift die deutsche Frau herabgesetzt habe, sowie die deutsche Familie und Sitte und infolgedessen keinen Anspruch auf Besuch habe, Herr Truppführer!» und dabei mit den kurzsichtigen Augen das kalkweiße Frauengesicht suchte unter dem Bubikopf und den Jungen im weißen Matrosenanzug, der nicht gehen konnte als ihn die Mutter wegzog, und der das halbe Pfund Erdbeeren erbrach, das ihm die Mutter gekauft hatte, auf die weiße Matrosenbluse, als sie im Zug nach Hause fuhren und der Schaffner wie immer die Stationen ausrief, die Pristam, Groß-Wilkau, Nimptsch, Bad Diersdorf und Gnadenfrei hießen und den die luftschnappende rote Fresse des Unteroffiziers Ziemer nach zehn Jahren plötzlich an jenen Truppführer erinnerte.

«Hinlegen! Das ist ein dienstlicher Befehl! Wollen Sie sich nicht hinlegen?»

«Natürlich», sagte Rudat. «Warum soll ich nicht wollen?»

Er knöpfte die Jacke zu und legte sich langsam auf die Grabensohle. Er fragte sich, wie er gegen seinen Willen dazu gekommen sei, den Unteroffizier Ziemer zu Boden zu stoßen, als er, Rudat, das Mündungsfeuer gesehen hatte.

«Auf!» schrie Ziemer.

«Hinlegen!» schrie Ziemer.

«Auf! Hinlegen! Auf! Hinlegen!» Und Rudat legte sich langsam hin und Rudat stand langsam auf bis der Obergefreite Pötter dazukam, seinen Zigarrenstummel ausspuckte, Ziemer auf die Schulter tippte und sagte: «Der Krieg bietet Höhepunkte. Ich habe einen so vaterländischen Kopf nur auf dem Abort meiner Großmutter gesehen bisher. Sie war eine nationalbewußte Frau und hatte den Platz verschönt mit einem Schäferhund in Silberrelief. Die Dummheit ist die schönste aller Gottesgaben. Ich nehme an, du bist in der Kriegsopferfürsorge. Hau ab, Bester. Der Rudat ist in meiner Korporalschaft und wir beide sind momentan dringend damit beschäftigt, dem Führer den Krieg zu gewinnen. Tschüs.»

Er schob Rudat eine Maschinenpistole unter den Arm, drückte Ziemer zur Seite und bog mit Rudat um die Grabenecke.

Ziemer stand sprachlos. In sein Gehirn kamen Gedanken wie ‹Meuterei›, ‹Aufruhr›, ‹Standrecht›. Er leckte sich über die Lippe, schmeckte Blut, hatte in der ganzen Mundhöhle ein pelziges Gefühl. Er wollte den beiden nachlaufen, blieb, hob die Schere auf. ‹Soweit ist es gekommen›, dachte er, ‹soweit ist es gekommen in einem deutschen Infanterieregiment.› Er sah das ganze Ausmaß der Verheerungen vor sich ausgebreitet. Er fühlte die furchtbare Verantwortung, die seiner harrte. Er war bereit, sie auf sich zu nehmen. Als Deutscher und als Unteroffizier.

«Meine treue Mine!» schrieb er an seine Frau. «Es ist ein stolzes Gefühl, für die Heimat in vorderster Front zu stehen als eine geschichtliche Sendung. Der Boden ist Bodenklasse I fast in der ganzen Ukraine, schwarze Zuckerrübenerde, natürlich nicht ausgenutzt, solange die deutschen Bauern fehlen. Ich habe mich eintragen lassen für nach dem Kriege. Es soll 500 bis 1000 Morgen geben für Altgediente, da die Bolschewiken zu faul sind und unfähig, es zu bebauen aus rassischen und anderen Gründen und somit nur als Arbeitskräfte zu gebrauchen. Melde Dich auf das Mutterkreuz an und nenne das Kind Paul, wenn es nach meinem Wunsch ein Junge geworden ist oder Pauline, wenn nicht. Du glaubst nicht, in was für einen unmilitärischen Sauhaufen ich hier geraten bin, eingebildete, unsoldatische Stänker haufenweise, aber Du kennst Paul Ziemer und die werden ihn kennenlernen. Mein Wahlspruch bleibt: Mehr sein als scheinen. Die Aussichten auf Orden sind hier gute und in den Urlaub komme ich als Portepeeträger. Ich baue auf Gott. Schicke mir Saccharin und Feuersteine. Die russischen Weiber sind verdreckt. In alter Liebe. Dein Paul.»

«Bist du der neue Kapo? Du sollst zum Alten kommen. Hast du was Anständiges zu saufen mitgebracht?» Der Kompaniemelder lümmelte sich auf den Tisch des Bunkers und entnahm der vorschriftsmäßig umgeschnallten Gasmaskenbüchse eine Zigarre.

Ziemer stand auf und bürstete sich die Stiefel ab. Er war entschlossen, die Ungeheuerlichkeiten zu dulden bis er das Terrain sondiert hatte und wußte, wo er Rückhalt bekam. Er ließ den Melder aus einer Flasche Hennessy trinken, die er in Konotop aus dem Hauptverpflegungslager für Stabsoffiziere organisiert hatte. Er nahm eine Rindfleischkonserve mit, Roastbeef. Dann gingen sie.

«Zum Kompaniegefechtsstand, Rudat!» rief der kleine Funker vom 4. Zug als Rudat und Pötter die Stellung verlassen wollten, um die Sachen einzutauschen. «Der schöne Bodo hat nach dir verlangt. Hoffentlich bist du rasiert und hast dir den Hintern mit Niveacreme eingeschmiert.»

«Der schöne Bodo kann mich am Arsch lecken», rief Rudat zurück. «Du hast uns nicht gesehen.»

Sie überquerten den Sandweg, der mit Strohmatten gegen Einsicht abgedeckt war. Der Funker sprang ihnen nach. Eine MG-Garbe fegte durch die Strohmatte und fegte durch den Funker, der zweimal ‹Scheiße› sagen konnte, ehe er starb.

«Hol den Nüllenflicker. Lungenhaschee. Der junge Springer war in vierzehn Tagen mit Urlaub dran», sagte Pötter.

Rudat holte den Sanitäter, und Pötter sah dem kleinen Funker die Taschen durch. Im Soldbuch war ein arabisches Nacktfoto, ein Foto von Christina Söderbaum, einer deutschen Filmschauspielerin, die von den Soldaten die Reichswasserleiche genannt wurde, und ein russisches Flugblatt, das die deutschen Landser unterwies, wie sie sich beim Überlaufen am besten verhielten und wie groß die Portionen seien.

Ernst Muhle, der Putzer des Oberleutnants Wille, kam angerannt: «Mensch, Rudat, zum Alten! Der Hund macht die ganze Stellung verrückt, weil du nicht da bist.»

«Was ist los?»

«Bin ich Jesus?»

«War der neue Kapo beim Alten?»

«Ich interessiere mich für Rindfleisch, nicht für Kapos. Mach hin.»

Der Oberleutnant Wille, höherer Versicherungsfachmann im Zivilleben, war eine feinsinnige Natur. Er stammte aus einer Drogerie und litt an einer hohen Kastratenstimme, die ihm viel Kummer bereitet hatte. In der Schule, auf der Universität, im Amt und beim schönen Geschlecht. Obwohl er ein hochgewachsener, tadelloser Mann war, ansonsten. Er hatte diesen Fehler lange und ungetröstet als eine Niedertracht der Natur begriffen, bis er eines Tages (es war sein 30. Geburtstag) bemerkte, daß sich sein Innenleben beständig bedeutend verfeinerte. So hochgradig, daß er sich der Schreibkunst zuwandte sowie der höheren Philosophie. Er führte dies auf seinen Dorn im Fleisch, auf den zu kleinen Kehlkopf zurück und schrieb Essays über das Golfspiel, die Elemente, die totale Mobilmachung, das Fliegen und die Geologie der Seele, die er unter dem Titel «Heil dem Wasser, heil dem Feuer, heil dem seltenen Abenteuer», einem Heraklit-Zitat, zusammenzufassen gedachte. Er machte sich dazu Notizen, als Rudat den Kompaniegefechtsstand betrat. Er winkte wohlwollend ab, als Rudat melden wollte. Im Zimmer waren der Unteroffizier Ziemer und ein Dolmetscher in Zivil, der hastig auf einen kleinen Jungen einsprach. Der Junge war von Ziemer in der Stellung aufgegriffen worden. Er stand an einer Wand und hatte die Augen verbunden. Er zitterte. Das kleine Gesicht war von Schweiß oder von Tränen naß. Er fürchtete erschossen zu werden. Er hielt eine kleine Ikone in den Händen und rief: «Ich bringen für Soldaten das, todsicher. Bitte nicht schießen, Herr Offizier. Bitte nicht schießen.»

«Wer hat dich in die Stellung geschickt?» schrie Ziemer und der Dolmetscher übersetzte es schreiend.

«Niemand, Herr Offizier!»

«Du lügst! Die Partisanen haben dich geschickt!»

«Nicht, Herr Offizier, todsicher.»

«Halt dein Maul!»

«Kennen Sie den Jungen, Rudat?» fragte der Oberleutnant Wille.

Rudat kannte ihn. Es war der magere, weißhaarige Junge der Familie Bascharow. Rudat zögerte. Rudat ging auf den Jungen zu und nahm ihm die Binde ab. Der Junge sah ihn an, fragend.

«Jawohl, Herr Oberleutnant», sagte Rudat. «Ich kenne ihn. Ich habe ihn gebeten, mir Ikonen zu bringen. Ich sammle Ikonen, Herr Oberleutnant.»

«Was habe ich gesagt, meine Herren?» sagte Wille mit der verblüffenden Kastratenstimme. «Rudat oder niemand habe ich gesagt. Müssen nicht immer gleich weiße Mäuse sehn, Ziemer. Der Unteroffizier Ziemer ist Ihr neuer Zugführer, Rudat. Abtreten!»

Rudat brachte den Jungen aus der Stellung. Sie gingen nebeneinander her und schwiegen. Erst bei den zerstörten Speichern der ehemaligen Kolchose merkte Rudat, daß er die schweißnasse, kleine Hand des Jungen angefaßt hatte.

Er gab dem Jungen eine Rolle Drops, und er sagte: «Lauf! Ich muß zurück. Ich komme morgen.» Der Junge machte Rudat klar, daß er heute kommen müsse, daß ihn Tanja geschickt habe, daß sie warte, daß er kommen müsse. Der Junge hörte nicht auf.

Rudat sah sich um. Er hatte das Gefühl, beobachtet zu werden, aber er sah niemanden. Er schickte den Jungen nach Hause, machte einige Umwege und traf Tanja schließlich im Keller eines zum Bunkerbau abgerissenen Hauses der Nachbarschaft. Sie war allein, und sie umarmte ihn zum erstenmal, als er die Treppe heruntergestiegen war und sich im Dunkeln orientierte. Der Boden war mit Flaschenscherben bedeckt, sie knirschten, sobald sich einer von ihnen bewegte. Er küßte sie ungeschickt, und er fühlte ungeschickt nach ihrer Brust. Er versuchte, die Bluse aufzuknöpfen, er hatte die ziemlich kleine, ziemlich weiche Brust in der Hand. Er schmeckte ein bißchen Blut zwischen den Zähnen und fremden Speichel und fühlte den Gurt der Maschinenpistole von seiner Schulter rutschen. Er nahm die Hand von der Brust und schob die Maschinenpistole zurück. Tanja sagte: «Ich muß weg. Wir müssen heute nacht über den Sejm schwimmen, Tamara und ich. Alle jungen Leute des Bezirks sollen morgen nach Deutschland transportiert werden. Wir haben es von einem Bekannten, der bei einer deutschen Dienststelle arbeitet. Ich will dich fragen, wo wir hinüberkommen. Bitte.»

Sie sagte die Sätze in einwandfreiem Deutsch, auswendig gelernt und mit sinnlosen Betonungen. Ihr Gesicht war weiß. Sie nahm seine Hand und legte sie an ihre Brust. Sie versuchte zu lächeln und sagte: «Wir werden uns wiedersehen.» Und Rudat sagte: «Ja.» Sie gab ihm einen verzierten Kinderlöffel aus Silber, den sie als Baby bekommen hatte. Rudat überlegte. Dann sagte er, daß er den dritten Horchposten habe, der von elf bis eins gehe. Er beschrieb ihr den Weg, die Stelle, das Versteck, wo sie um zwölf Uhr fünfzehn mit der Schwester sein solle. Sie wiederholte seine Anweisungen. Sie zog seinen Kopf herunter und küßte ihn und weinte und küßte ihn, und er sagte sich, daß er dieses Mädchen nie mehr sehen und daß er nie mit ihr schlafen werde und sagte: «Nach dem Kriege werden wir uns wiedersehen, Tanja.» Und sie sagte: «Ja.» Und sie wußte, daß sie diesen Jungen nie mehr sehen und daß sie nie mit ihm schlafen werde.

«Ich muß jetzt gehen», sagte Rudat. «Wir haben einen neuen Zugführer. Viel Glück.»

Er lief die Kellertreppe hinauf, sah sich einmal um, winkte, sah eine helle Stelle, wo ihr Gesicht sein mußte und lief die Kellertreppe hinauf. Draußen war niemand zu sehen. Er fühlte sich erleichtert, nicht beobachtet worden zu sein. Er fand das halbe Paket Saccharin in seiner Hosentasche, kehrte um, hörte Glasscherben knirschen, sah jemanden in einer Kellernische verschwinden, sprang hinunter, rief: «Wer da? Ich schieße! Rauskommen!»

Heraus kam ein älterer, kleiner Mann mit einer Nickelbrille, die Hände erhoben vor Rudats entsicherter Maschinenpistole.

«Wer ist das?» fragte Rudat.

«Es ist ein Mann, der Bescheid wissen muß», sagte Tanja.

«Worüber? Über uns?»

«Nein», sagte Tanja. «Es müssen heute nacht mehr als zwanzig Personen über den Sejm. Er ist verantwortlich, politisch.»

«Darauf kann ich scheißen», sagte Rudat.

Er gab Tanja den Kinderlöffel zurück.

«Warum?»

«Ich wollte dir helfen, nicht irgendeinem Verein. Noch was?»

Der Mann, die Hände hoch, fragte deutsch, ob es nicht möglich wäre wenigstens, vier Mädchen dort hinüberzubringen. Rudat gab ihm keine Antwort. Er lief die Treppe hinauf und dachte: ‹Ich benehme mich wie ein hysterischer Pubertätsknabe.› Aber er ging nicht zurück.

Auf der Straße sah er Muhle, den Putzer des Oberleutnants, in Richtung Stellung gehen. Es ging Rudat durch den Kopf, ob der Oberleutnant oder Ziemer ihm diese Blockleitertype etwa nachgeschickt hätten. Er holte ihn ein und sah, daß er Pökelfleisch eingetauscht hatte. Er schenkte ihm das halbe Saccharinpäckchen. Der Putzer grinste und Rudat dachte, daß er etwas dafür fordern müsse, wenn er sich nicht verdächtig machen wolle. Er verlangte einen halben Benzinkanister oder Konservenfleisch. Sie gingen zusammen, und Rudat mußte sich die Geschichte von den Nebeneinnahmen anhören, die Muhle, Nachtwächter eines Kaufhauses, dadurch gehabt habe, daß er Aufträge für eine Privatdetektei durchführte. Die Rückseite des Kaufhauses sei nämlich der Fensterfront des Hotels Continental gegenüber gelegen, und es sei unglaublich, wie arglos sogar gewiefte Leute die Vorsichtsmaßnahmen zu sexuellen Genüssen betreiben, besonders wenn diese ausschweifenden, gesetzwidrigen Charakters wären. Sogar Richter, sogar Geistliche, sogar politische Personen. Die Liebe verblöde die Besten, so daß er, Ernst Muhle, entschlossen sei, nach dem Kriege mit seinen Ersparnissen eine eigene Detektei für moralische Auskünfte zu gründen. Die Moral biete ungenutzte Geschäftsmöglichkeiten, besonders in einem Ordnungsstaat.

In der Stellung bekam Rudat die Rindfleischkonserve, die

Muhle seinerseits von Ziemer bekommen hatte. Er war von Ziemer beauftragt, Rudat zu beobachten, aber er hatte die Zeit benutzt, eine Garnitur Offizierswäsche in Pökelfleisch zu verwandeln. Zum drittenmal übrigens, denn Muhle pflegte die Wäsche nicht auszuhändigen, wenn der Tausch abgeschlossen war, da rechtzeitig ein Kamerad erschien und Wäsche wie Pökelfleisch beschlagnahmte.

Im Unterstand bemerkte Rudat, daß jemand sein Gepäck durchsucht hatte. Er konnte nicht erfahren wer, da Ziemer den Zug zum Schanzen von Wechselstellungen für die MGs kommandiert hatte. Eine militärische Idiotie. Die Landser maulten. Pötter war noch nicht zurück. Rudat suchte den Sanitätsgefreiten der 3. Kompanie auf, einen käsigen, unglaublich verfressenen Theologiestudenten, namens Wolzig. Er gab ihm die Rindfleischkonserve und bekam ein halbes Dutzend der auf Holz gemalten Heiligenbilder gepumpt, die Wolzig im Urlaub im deutschen Antiquitätenhandel abzusetzen gedachte.

«Erniedrigend geringe Möglichkeiten, die der Krieg in Rußland denen bietet, die ihn aushalten müssen», sagte Wolzig. «Tierisch in Erwägung des Risikos.»

Rudat verstaute die Ikonen in einer Munitionskiste unter seiner Holzpritsche und schrieb eine Liste dazu. Er holte die Verpflegung für sich und Pötter, um nicht zum Schanzen zu müssen. Es gab Heringsklopse, Weißbrot, Schmalzfleisch, Zigaretten und einen halben Liter Wodka pro Mann. Das erste Mal seit sie in der ruhigen Stellung lagen. Wieso? Er aß die Heringsklopse, trank den Wodka, legte sich auf seine Pritsche und hängte eine Decke davor. Er schlief bis die Bunkertür aufgerissen wurde und der Unteroffizier Ziemer «Achtung!» schrie. Der Oberleutnant Wille trat ein, und Rudat meldete.

«Sie sammeln wahrhaftig Ikonen, Rudat?»

«Jawohl, Herr Oberleutnant.»

«Interessant. Kunst in vorderster Frontlinie. Kann nur bei deutschen Soldaten vorkommen. Darf ich Ihre Sammlung mal sehn?» Der Oberleutnant Wille lächelte. Der Unteroffizier Ziemer grinste.

«Jawohl, Herr Oberleutnant», sagte Rudat. Er holte die Munitionskiste raus und legte ihm die Holztafeln vor nebst Liste.

«Ich habe nicht gewußt, daß sich Herr Oberleutnant für byzantinische Kirchenmalerei interessieren.»

Ziemer glotzte.

«Ich bitte melden zu dürfen, daß die Kiste vorhin nicht da war, Herr Oberleutnant!» sagte Ziemer strammstehend.

«Ich habe Sie nicht danach gefragt, Unteroffizier! Ich nehme an, daß ich Sie auch in Zukunft nicht oft nach etwas fragen werde! Wir sind hier an der Front! Nicht in einem Kasernenzirkus! Machen Sie die Tür auf!»

«Jawohl, Herr Oberleutnant!» sagte Ziemer. «Jawohl!»

Rudat packte seine Heiligenbilder ein und sah Ziemer freundlich an.

«Das hast du nicht umsonst gemacht», sagte Ziemer. «Das hast du bei Paul Ziemer bestimmt nicht umsonst gemacht.»

«Was?» fragte Rudat lässig.

«Halt die Schnauze! Halt deine dreckige Ganovenfresse! Raus zum Schanzen! Raus!»

In diesem Augenblick hörte Rudat die Abschüsse von vier Salvengeschützen, die wenige Sekunden später den Abschnitt, in dem Ziemer schanzen ließ, mit zweihundert Sprenggranaten belegten. Sie warfen sich auf den Boden des Bunkers, der von den Detonationen hin und her geschaukelt wurde. Die Tür wurde herausgefetzt, der Eingang verschüttet. Sie atmeten den dichten Lehmstaub der zerberstenden Erde und hörten Schreie, als es still wurde. Der Obergefreite Pötter kam in den Bunker gekrochen, riß Ziemer hoch und brüllte.

Wer hat die Jungens zum Schanzen geschickt? Du? Du? Du?» Er schmiß ihn in die Holzpritschen, zog ihn wieder vor, trat ihn in die Hoden und stauchte ihn auf den Boden bis es Rudat gelang, Pötter festzuhalten. Ziemer rettete sich zum Ausgang, bleich, fassungslos.

«Das kostet dich den Kopf», sagte Ziemer.

«Raus hier!» brüllte Pötter. «Raus!» Und Ziemer ging. Er begegnete Landsern mit Zeltbahnen, die zwei Bluthaufen in den Bunker schleiften. Den einen konnte man nicht erkennen, da der

Schädel längsseits halbiert war und das ganze Gesicht umgeklappt auf der Feldbluse lag.

«Wer ist das?» fragte Rudat.

«Wumme.»

«Warum bringt ihr uns die Scheiße erst hier rein?» sagte Pötter. «Du nimmst für Wumme den MG-Posten, Mahler.»

«Dann krieg ich auch seine Portion», sagte Mahler. Er teilte sich das Schmalzfleisch zu, das auf einem Holzbrett lag und schmierte sich Brote, ehe er rausging.

Die Nacht war klar und ruhig. Der Mond kam hell über die Häuser des Ortes Rylsk. Rudat sah ihn beunruhigt, als er draußen sein Wasser abschlug. Er dachte an Tanja und den kleinen Mann mit der Nickelbrille, der wie ein bienenzüchtender Dorfschullehrer aussah. Er schlief unruhig ein.

Nach den Rückschlägen dieses Tages durchlitt der Unteroffizier Ziemer die schwerste Krise seines Lebens. Während er sich die Ecken seiner Stirn ausrasierte, fühlte er deutlich, daß es hier um Sein oder Nichtsein, um Sieg oder Niederlage gehe. Aus dem runden Rasierspiegel sah ihn ein Märtyrer an, aus einer Augenbraue blutend, schmerzverfeinert, denn die Hoden waren bedeutend angeschwollen. Ein Märtyrer lauteren Soldatentums, verlassen selbst von seinen Vorgesetzten, verkannt, erniedrigt, aber nicht gebrochen. Er war entschlossen, die Kloake auszuräumen, die er in Pötter und Rudat erkannt hatte, und die ihn anstank aus dem letzten Landserschal, der getragen wurde anstelle der Kragenbinde. ‹Zeiten!› dachte er. ‹Ein deutscher Berufsunteroffizier muß ein an ihm selber begangenes Verbrechen vor seinem Kompanieführer verheimlichen, weil er keine Zeugen hat. Der Krieg in Rußland ist eine dreckige Amateursache geworden!› Er sah sich den Ursachen von Stalingrad gegenüber! ‹Kein Wunder, daß die Weltjuden ihr Maul aufreißen. Ich bringe die Brüder in die Strafkompanie.›

Er schmierte sich das Stehhaar mit Brillantine ein. Mit einer Schachtel Atikah versehen, suchte er den Putzer Muhle auf, ein Mensch, der ein Verständnis hatte und Fingerzeige.

Als Rudat von Mahler zur Ablösung geweckt wurde, war Pötter in einem beunruhigenden Zustand. Er hatte in zwei Stunden ein Kochgeschirr mit Wodka und eine Literflasche Rum ausgetrunken. Er schien niemanden zu bemerken und schrie vier oder fünf Minuten lang Unflätigkeiten, Beleidigungen und Obszönitäten, die keinen Zusammenhang hatten. Er schrie bis er heiser war. Vielleicht wegen Wumme, mit dem er fünfzehn Jahre lang im gleichen Hafen gearbeitet hatte. Ein Landser sagte: «Bei dir kann ein Zuhälter zulernen.» – «Wir sind nicht die Zuhälter!» schrie Pötter. «Wir sind die Nutten!» Niemand verstand, was er damit sagen wollte. «Du kannst doch mit dem jetzt nicht auf Posten gehn», sagte Mahler.

«Doch», sagte Rudat. «Wir werden die zwei Stunden schon abreißen.» Er nahm die Decken und zog Pötter in die Nacht hinaus, die frisch war und klar und hell. Auf dem vorgeschobenen MG-Posten begann Pötter sofort zu schlafen. Rudat deckte ihn zu. Er hatte ihm etwas von den Mädchen sagen wollen. Das war jetzt zwecklos.

Eine Stunde später zwängten sich vier Mädchen, fünfzehn bis neunzehn Jahre alt, in ein Dränagerohr, angelegt, die Abwässer der Kolchose in den Fluß zu leiten. Das Rohr hatte einen Durchmesser von achtzig Zentimeter, und es war beschwerlich, sich darin auszuziehen. Die Mädchen genierten sich. Sie hängten sich ihre Kleiderbündel um den Hals, damit sie trocken blieben. Das Rohr war schlammig und das knöcheltiefe Wasser stank nach Futterschnitzeln. Sie mußten fünfhundert Meter auf allen vieren kriechen, um an die Stelle zu gelangen, die Rudat bezeichnet hatte. Sie schmierten sich Gesicht und Körper mit Schlamm an, um in der hellen Nacht nicht gesehen zu werden. Sie hatten Angst.

Rudat beobachtete die Mündung des Dränagerohres. Sie lag in der Bucht, die nur von seinem MG-Posten aus einzusehen war. Er war unruhig. Er rauchte unter der Zeltplane. Zwölf Uhr zehn. Er sah nichts. Er hörte nichts. Er dachte: ‹Vielleicht haben sie mir nicht getraut.› Ein großer Fisch schlug unmittelbar vor dem Dränagerohr. ‹Dann sind sie doch da›, dachte er. ‹Verflucht auch.›

«Sie sollten sich nicht auf Kleinvieh kaprizieren», sagte Muhle zu Ziemer, «Wachvergehen, Gehorsamsverletzung, es ist zu üblich. Eher auf Handel mit Heeresgut bei Pötter, wenn ich raten darf, das ist auch üblich, aber es ist auch ehrenrührig, als Eigentumsdelikt.»

Ziemer verließ Muhle als ein seelisch aufgerichteter Mensch. Er sah Möglichkeiten. Die Nachtluft war würzig wie zu Hause in Westfalen, wenn er aus der Kneipe kam. Baumblüte irgendwie. Er pißte gedankenverloren und bemerkte plötzlich Lichtzeichen. Einwandfreie Lichtzeichen aus dem Ort. Er holte Muhle raus. Er beschloß, den ersten Fronttag mit einer Heldentat zu beschließen. Er lief in die Stellung, ein Suchkommando zusammenzustellen.

Rudat sah auf die Uhr. Zwölf Uhr fünfzehn. Der Mond war hinter ein Wolkenfeld gegangen. ‹Macht hin!› dachte Rudat. ‹Worauf wartet ihr?› Von der anderen Seite fing ein Lautsprecher zu krächzen an. Musik. Tschaikowskij oder so was. ‹Was soll der Quatsch?› Zwei Mädchen krochen aus dem Dränagerohr. Rudat nahm das Fernglas. Die erste konnte Tanja sein. Er hatte sie sich irgendwie fleischiger vorgestellt. Die beiden Mädchen krochen auf dem Bauch die Rinne entlang, die von den Abwässern in das Ufer gewaschen war. Der Lautsprecher gab eine Ansprache herüber:

«Kameraden der 327. I. D.! Ihr kommt von Woronesch. Ihr sterbt für eine aussichtslose Sache. Die Rote Armee hat Hitler das Genick gebrochen. Doch Hitlers Genick muß nicht das eure sein.»

Rudat hörte nicht hin. Er sah auf die Mädchen, die den Fluß erreicht hatten und zu schwimmen begannen. Dunkle, unruhige Flecke. Er hielt den Atem an. Jemand kam den Laufgraben entlanggelaufen. Weit rechts begann ein MG in Richtung der Lautsprecher zu schießen.

«Es gibt das Deutschland der blutigen Nazischmarotzer, und es gibt das Deutschland des arbeitenden Volks. Das deutsche Volk muß nicht Herr fremder Länder, es muß Herr seines eigenen Landes werden. Es muß sein Land von der Nazipest säubern, die eure Angehörigen zum Hunger und euch zum sicheren Tod verdammt. Kameraden der 327. I. D.! Trennt euch von Hitler und seinen militärischen Handlangern, sonst kommt ihr nicht nach Hause.»

«Die haben gut klugscheißen», sagte Pötter erwachend. Er gähnte und drehte sich auf die andere Seite. Die Mädchen waren sechzig, siebzig Meter geschwommen. Die beiden anderen krochen vorsichtig aus dem Dränagerohr. «Posten! Wo ist der Posten!» Es war Ziemer. «Sei still!» sagte Rudat zu Pötter. Ziemer kam näher. Rudat schoß eine weiße Leuchtkugel in Ziemers Richtung, um die Mädchen zu warnen und die Bucht abzuschatten. Ziemer warf sich hin. Die beiden Mädchen krochen in das Dränagerohr zurück.

Ziemer robbte an die MG-Stellung, um den Posten fertigzumachen, bemerkte Rudat, bemerkte, daß jemand durch den Fluß schwamm. «Sind Sie blöde? Sehen Sie nicht, was hier los ist, Mensch?»

«Was soll los sein?» sagte Pötter und räkelte sich provozierend.

«Vor Ihnen zwei Iwans auf zweihundert Meter! Halten Sie drauf!»

«Wo?» fragte Rudat. Er beobachtete die beiden Mädchen, die die Flußmitte erreicht hatten und begann das jenseitige Ufer zu beschießen.

«Kürzer, Mensch, kürzer!»

Rudat lag hinter dem MG und hatte Ziemers Atem im Genick. Er korrigierte die Garben nach der Leuchtspur und zog sie langsam zur Flußmitte. Die Mädchen schwammen in unruhigen, schnellen Stößen. ‹Sie werden mich für einen Drecksack halten›, dachte Rudat. ‹Tanja wird mich für ein dreckiges Nazischwein halten. Ich werde den Gurt leerschießen, ich werde eine Ladehemmung haben, ich werde den Gurt leerschießen, ich werde sie auf keinen Fall treffen.›

«Links, weiter links, Sie Idiot!» keuchte Ziemer. Sein Atem roch nach Steinhäger. Rudat korrigierte. «Noch mehr!» Rudat versuchte, dem Druck zu widerstehen, mit dem Ziemer das MG vom Kolben her in die Richtung der beiden unruhigen, dunklen Flecke dirigierte. Die Leuchtspur tastete sich näher. Die beiden Mädchen tauchten. Die Leuchtspur beschrieb einen Kreis. Die Leuchtspur tastete sich von der anderen Seite an die Stelle, wo die beiden auftauchen mußten. Rudat wollte den Finger aus dem Abzug nehmen, wollte schreien «Ladehemmung», und sah die Mädchen auftauchen im Mondlicht jenseits der Flußmitte und fühlte den Druck von Ziemers Körper und sah die Leuchtspurgeschosse in die weißgewordenen, unruhigen Flecke einschlagen und schoß und schoß bis der Gurt leer war.

«Das wär's für heute», sagte Ziemer, Dreck von der Bluse putzend. «Das dürfte das erste und letzte Bad gewesen sein, das die Stinktiere genommen haben. Sie geben zu, daß von Paul Ziemer auch an der Front noch zu lernen ist, Rudat. Stellungswechsel.» Er ging befriedigt, das Suchkommando nach den Lichtzeichen im Ort zusammenzustellen. Es war seine erste Feindberührung gewesen. Er hatte sich die Sache gefährlicher vorgestellt.

Rudat lag auf dem Maschinengewehr und kotzte weißen Schleim. Er hörte Artillerieabschüsse von der anderen Seite und wünschte, daß sie hierherkämen und ihn zerfetzten und austilgten von dieser verfluchten Erde. Es waren Nebelgranaten, die auf den Fluß Sejm einen weißen unnützen Schleier legten.

Als Pötter den kotzenden Rudat von dem MG aufhob, sah er, daß dessen rechte Backe verbrannt war. Er hatte mit dem Gesicht auf dem heißgeschossenen MG-Mantel gelegen. Rudat war fix und fertig. Sein hübsches, kleines Gesicht zuckte, und die Zähne schlugen aufeinander als hätte er Schüttelfrost.

«Was ist los mit dir?» fragte Pötter. «Du wirst dich doch von diesem Kuhjungen nicht fertigmachen lassen.»

«Es war Ziemer. Ich konnte nichts dagegen machen. Ich habe es versucht. Es war Ziemer.»

«Was?» fragte Pötter.

«Der die beiden Mädchen abgeknallt hat.»

«Welche Mädchen?»

«Tanja. Tanja und ihre Schwester. Sie mußten rüberschwimmen. Ich konnte nicht wissen, daß Ziemer kommt. Ich konnte das nicht wissen.»

«Nein», sagte Pötter. «Du hast gemacht, was gemacht werden konnte. Wir haben uns die Jauche nicht ausgesucht, in der wir herumstinken.»

«Ich hätte Ziemer umlegen müssen und nicht die beiden. Ich bin ein verfluchter Feigling.»

«Du legst dich auf den Sack und schläfst jetzt», sagte Pötter. «Wir haben den Krieg nicht gemacht und sehen zu, daß wir nicht verrecken. Das ist alles.» Er schleppte das MG in die Ersatzstellung und wickelte den Jungen in die beiden Decken. Der Nebel auf dem Fluß war im Mondschein weiß.

In dieser Nacht hatte der Oberleutnant Wille ein neues Kapitel seines Buches glücklich abgeschlossen. Es hieß: «Der Schmerz als Kategorie des Geistes.» Er las es, schöpferisch aufgewühlt, dem Bataillonsarzt Huber vor, einem asthmatischen Koloß und bedeutenden Bockbiertrinker. Er las mit heller, bellender Kommandostimme, infolge seines Gebrechens. Er kommandierte Tiefsinn.

«Der Schmerz ist das Zentrum der Persönlichkeit. Nur das tiefe Leiden macht vornehm, es trennt. Es wirft uns zurück auf unser Schmerzinneres und auf Gott.»

«So ist es», grunzte Huber. «Warum trinke ich, wenn nicht aus dem Schmerz einer mißhandelten, gottsuchenden Persönlichkeit. Prosit.»

«Das schnellste Tier, das uns zu Gott trägt, ist der Schmerz. Warum wollen wir ihm entfliehen mit Tabletten und Krankenhäusern, Versicherungen und Anästhesie?»

«Sehr richtig. Alles Quatsch», rülpste der Arzt. «Kinkerlitzchen.»

«Der Krieg läßt uns Frontsoldaten die geistige Vorschau kommender großer Schmerzerlebnisse erahnen. Die Zahl der Leidenden ist bedeutungslos. Es ist der welthistorische Auftrag unserer Nation, Schmerzen zu bereiten für die Jahrhunderte der neuen, unverweichlichten Persönlichkeit.»

«Vollkommen, lieber Bodo», lallte Huber. «Warum soll ich nicht trinken, wenn's andere nicht vertragen können?»

Er schüttete die achtzehnte Flasche Hamburger Senatsbock in sich hinein und legte sich, des weiteren Vortrags ungeachtet, auf den Fußboden schlafen.

‹Wo ist ein Mensch?› fragte sich Bodo Wille, die Lesung abbrechend.

‹Wo ist ein Mensch in dieser Geisteswüste?› Die elegante Reithose abstreifend, beneidete er den Sokrates um seine aufgeschlossenen Schüler.

‹Der Obersoldat Rudat hat einen hübschen, rotgelockten Kopf, mit intelligenten grünen Augen›, dachte er. Das frische Leinen roch ein bißchen nach Wacholder. Er schlief, in angenehme Träume verwickelt, ein.

Das Suchkommando des Unteroffiziers Ziemer verlief ergebnislos. Es war ihm mit seinem Trupp lediglich gelungen, eine schlecht verdunkelte Waschküche auszumachen und eine alte Frau zu stellen, die dort verordnungswidrig Schnaps destillierte, aus Kartoffelabfällen und vergorenen Rübenschnitzeln. Nicht einmal die Feldgendarmerie wollte eine Meldung entgegennehmen. Ein Obergefreiter kommentierte Ziemers Beobachtungen unernst und durch und durch taktlos. Ein Feldwebel, dem er beschwerdeführend von möglicher Spionage oder Partisanentätigkeit sprach, grinste ihn dämlich an und sagte:

«Du kommst ganz schön aus dem Mustopp.»

Er zeigte Ziemer eine Karte des Bezirks, auf der die Operationsgebiete festgestellter Partisaneneinheiten rot schraffiert waren. Auch das Gebiet um Rylsk. Er nahm einen Zettel aus der Schublade, eine Schreibheftseite, russisch beschrieben und fragte:

«Für was wird dieser Zettel von dem Herrn Wehrmachtsangehörigen gehalten?»

Ziemer zuckte die Achsel.

«Es ist ein Gestellungsbefehl des ukrainischen Partisanenoberkommandos. Gestern bei einem Doktor gefunden. Er hat einen kalten Arsch inzwischen. – Auf gehts! Wir haben noch 'ne Kleinigkeit zu tun die Nacht.»

Ziemer verließ den Feldwebel beeindruckt. Die Landser waren ohne seinen Befehl einfach in die Stellung zurückgegangen. Zwei Kommandowagen der Feldgendarmerie fuhren einsatzgemäß besetzt an ihm vorbei, die jungen Russenweiber aus den Häusern zu holen und auf Transport zu bringen. Die feindlich starrende Straße entlanggehend, befielen ihn kleinmütige Gedanken. Er hörte entfernten Lärm. ‹Wir sind zu human›, dachte er. ‹Es ist die alte deutsche Humanitätsduselei, die uns schwach macht.› Er wollte die Landser zusammenstauchen, die ohne ihn zurückgelaufen waren, hatte aber nicht den Mut in Pötters Bunker zu gehen. Er legte seine Tuchhose auf Bügelfalte unter den Strohsack und weißte seine Kragenbinde. ‹Ich werde ihnen die Eier schon hochbinden.›

In aller Frühe wurde der Oberleutnant Wille von Muhle geweckt. «Erhöhte Alarmbereitschaft, Herr Oberleutnant! Die Partisanen haben im Vorwerk Pleskoje ein Feldgendarmeriekommando zur Sau gemacht. Tiere. Das ist vier Kilometer von hier. Niemand hat was gehört. Jede Kompanie soll einen Zug zum Partisaneneinsatz abstellen.» Wille hörte mißmutig zu. Ein großer Gedanke hatte ihn im Traum beherrscht: die schmerzentrückte Schönheit der Kristalle oder so. Als Struktur der modernen Seele oder etwas Ähnliches. Er ärgerte sich. Er empörte sich über die Kleinigkeiten, mit denen er behelligt wurde. Zwerggestalten. Wenn er nur an das Frühstück dachte, das ihm Muhle wieder bringen würde. Fetten, ausgelassenen Speck. Wie er diesen Muhle überhaupt ertragen konnte. Schnüffelnasiges Talggesicht ohne jede Feinheit. Warum nahm er nicht Rudat. Ein junger Soldat, der Ikonen sammelt. Angenehmes Äußeres, Intelligenz.

«Es stinkt doch hier!» sagte Wille. Er sah den Stabsarzt Huber liegen. Er hatte sich im Schlaf erbrochen. «So schaffen Sie mir doch dieses besoffene Schwein raus!» sagte Wille weinerlich.

«Jawohl, Herr Oberleutnant!» sagte Muhle. «Wenn Herr Oberleutnant nur noch befehlen wollen, welchen Zug?»

«Den zweiten. Den Zug von dieser Hindenburgimitation, der einem mit seinem Eifer immer auf die Nerven fällt. Ziemer.»

«Apropos Ziemer: Wissen Herr Oberleutnant, daß die beiden Iwans Weiber waren?»

«Welche Iwans?»

«Die Rudat heute nacht mit dem MG rasiert hat. Auf Posten. Ziemer hat sie gesehen. Sie wollten rüberschwimmen. Weiber, junge, nackige Weiber. Sind bei der vierten Kompanie angeschwemmt worden.»

«Warum wird mir das nicht gemeldet?» schrie Wille, sich im Bett aufsetzend.

«Ich dachte, weil Herr Oberleutnant befohlen hatten, nicht gestört zu werden. Infolge geistiger Beschäftigung sozusagen.»

Muhle lud sich den besinnungslos besoffenen Stabsarzt auf die Schulter und grinste.

‹Ich muß die Atmosphäre hier reinigen›, dachte Wille. ‹Feixende Bierdunstseelen. Anbiederei von Kaffern. Unwürdig. Ich brauche eine helle, intelligente Atmosphäre um mich herum.›

Er wusch sich pedantisch und zog frische, leicht parfümierte Wäsche an. Er war so geruchsempfindlich. Schon von Kindheit her. Er ließ den Kompanietruppführer zu sich rufen, um die nötigen Befehle auszugeben. Er fragte ihn, was er von Rudat halte. Als Ordonnanz eventuell. Oder für den Kompanietrupp.

Der Kompaniemelder kam in Pötters Bunker:
«2. Zug fertigmachen! Euer Typ wird um sieben Uhr dreißig beim Bataillonsgefechtsstand verlangt. Partisaneneinsatz.»
«Warum denn wir wieder?» fragte Mahler kauend. Er hatte Magengeschwüre und aß sobald er erwachte gegen die Magensäure an.
«Weil ihr einen vergnügungssüchtigen neuen Kapo habt, denk ich mir. Was Pötter?»
«Das hat gestern abend in der Zeitung gestanden», sagte Pötter. Er kroch aus seinen Decken und sah, daß Rudat nicht da war.
«Wo ist Rudat?» fragte Pötter.
«Zur 4. Kompanie», sagte Mahler. «Es sollen zwei junge Flintenweiber gewesen sein, die ihr heute nacht auf der Pfanne hattet.»
«Ich geh ihn holen», sagte Pötter.
Der Unteroffizier Ziemer kam herein, rasiert, mit blankem Koppel, blanken Stiefeln, persilweißer Kragenbinde. Er fixierte Pötter und wartete darauf, daß ihm gemeldet wurde. Pötter schnallte sich sein Zeug um und ging an ihm vorbei.
«Wo wollen Sie hin?» fragte Ziemer.
«Scheißen, wenn du es genau wissen willst», sagte Pötter. Er zündete sich umständlich einen Zigarrenstummel an und ging.
«Er muß einen sehr empfindsamen Darm haben», sagte Mahler. Ziemer lächelte rosig und zog sein Notizbuch.
«Und Sie ein empfindsames Gedächtnis, hoff ich», sagte er. «Warum sind Sie nicht rasiert?»
Mahler drehte eine Röstbrotschnitte auf dem Kanonenofen um.
«Warum sind Sie nicht rasiert, Schütze Mahler?» wiederholte Ziemer freundlich.

Mahler nahm die Röstbrotschnitte vom Ofen.

«Warum Sie nicht rasiert sind, Sie Arschgesicht! Aufstehn! Achtung!» Mahler stand und Ziemer sah mit Befriedigung, daß auch von den andern Landsern welche aufgestanden waren, wenn auch grinsend.

«Ich möchte die Herren darauf aufmerksam machen, daß mir die Korporalschaft in einer halben Stunde gewaschen, rasiert und in vorschriftsmäßigem Anzug einsatzbereit zu melden ist. – Wo ist denn unser Freund Rudat?»

«Zur 4. Kompanie, Herr Unteroffizier!» sagte Mahler.

«Das ist schön», sagte Paul Ziemer. «Weitermachen!»

Pötter rannte die Stellung entlang. Er fürchtete, daß der Junge irgendeine Dämlichkeit anstellte. Es beruhigte ihn, Rudat bei einer Gruppe junger Landser stehend zu finden, abseits. Die Leichen der beiden Mädchen lagen auf der Böschung. Die eine hatte zwei Bauchdurchschüsse, die andere ein zerschmettertes Schlüsselbein. Die Verunstaltungen waren nicht erheblich. Auch die Verfärbung nicht und nicht die Gedunsenheit. Sie waren beide blond. Die eine vielleicht fünfzehn oder sechzehn Jahre alt, mager, die Brüste noch kaum ausgebildet, mit großen roten Händen. Die andere, Anfang Zwanzig, muskulös, voll, mit breitem, flachem Gesicht. Im offenstehenden Mund waren Silberkronen zu sehen, mit denen die Schneidezähne aus Schönheitsgründen ersetzt waren. Keine war dem Mädchen ähnlich, von dem ihm Rudat erzählt hatte. Ein dicklicher Junge, Sohn eines Studienrats, kürzlich an die Front gekommen, hantierte mit einem Fotoapparat und gab Anweisungen. Er wollte mit den Mädchen fotografiert werden. Er rückte ihnen die Beine auseinander, damit die Flaschen zu sehen wären, die ihnen in den Schoß gesteckt waren.

«Wer hat das gemacht?» fragte Pötter.

«Gefallen sie dir nicht?»

«Ich frage, wer das gemacht hat», sagte Pötter.

«Und ich frage, ob dir die lausigen Flintenweiber nicht gefallen», sagte der Junge.

Pötter ging auf ihn zu. Der Junge rückte an seinem Krätzchen. Pötter wälzte den Zigarrenstummel von einem Mundwinkel in den anderen. Der Junge spannte seine Kodak-Retina. Pötter schlug ihm die Faust in das dickliche, rotbackige Gesicht. Der Junge stürzte hintenüber. Das Blut sprang aus Mund und Nase. Pötter zog ihn an der Jacke hoch und schlug noch einmal in das Gesicht und abermals und abermals, bis sich ein paar Landser auf ihn warfen und jemand «Achtung» schrie.

Der Unteroffizier Ziemer begriff sofort, was sich hier abspielte. Er begriff es mit Genugtuung. Seit heute morgen schwante ihm ein dreckiger Zusammenhang zwischen dem Heiligenbildjungen, den Lichtzeichen, den abgeknallten Mädchen und seinen beiden Lieblingen. Jetzt war ein Verdacht daraus geworden. Mit dem sich etwas machen ließe, wenn man fachgemäß vorging. Sein kriminalistisches Naturtalent, durch das Studium preiswerter Detektivgeschichten von Jugend an geschärft, breitete die Flügel. Der Russenjunge mußte ausfindig gemacht werden, seine Hintermänner möglichst sowie die Zivilverbindungen der beiden Charakterköpfe hier. Cherchez la femme insbesondere. Das war etwas für Muhle. Damit die beiden Gauner keine Gelegenheit fänden, die Spuren zu verwischen, mußten sie in Arrest, auf ein paar Tage wenigstens. Das war bei Pötter leicht nach diesem Vorkommnis, Mißhandlung eines Untergebenen. Bei Rudat schwerer. Es fiel Ziemer etwas ein. Er zeigte auf die Mädchenleichen und sagte zu Rudat: «Nehmen Sie den beiden Nutten die Flaschen aus der Futterküche.» Rudat, die Maschinenpistole in der Hand, sah an ihm vorbei und reagierte nicht. In seinen Augen war der widernatürliche Haß auf einen Vorgesetzten, den Ziemer bei seinen Rekruten immer dann bemerkt hatte, wenn sie sich zu einer Dummheit hinreißen ließen. Na also. «Ich habe Sie gebeten, die beiden Flaschen zu entfernen, Rudat», sagte Ziemer freundlich. «Das ist ein Befehl.» Rudat rührte sich nicht von der Stelle.

«Das ist dumm von Ihnen, Rudat», sagte Ziemer. «Das ist für einen studierten Ganoven verflucht dumm. Sie melden sich in zehn Minuten zum Rapport beim Kompaniechef wegen Befehlsverweigerung im Dienst. – Und Sie wegen Mißhandlung eines Untergebenen, Obergefreiter Pötter.» Er entfernte sich mit durchgedrücktem Kreuz. Es war ein schönes Gefühl, endlich am Drücker zu sein.

«Ich habe Gesichte, von meiner Großmutter her», sagte Pötter, als er mit Rudat zurückging. «Ich sehe, daß dieser willensstarke, patriotische Mensch in den nächsten Tagen das Opfer eines tragischen Unglücksfalles wird. Bei einer nächtlichen Postenkontrolle, mittels eines Stolperdrahtes und einer Tellermine. Die Sau will es nicht anders haben.»

«Wenn er die Schnauze noch einmal aufgemacht hätte wegen der Flaschen, hätte ich ihn umgelegt», sagte Rudat. «Ich kann die Sauereien nicht mehr mitmachen.»

«Stolze Worte einer schönen Landserseele», sagte Pötter. «Die Sache wäre nicht passiert, wenn ich Bescheid gewußt hätte.»

«Du warst besoffen», sagte Rudat.

«Auch das», sagte Pötter. «Trotzdem. – Es waren nicht die Mädchen, die du gedacht hast, oder?»

«Nein», sagte Rudat, «es waren andere. Was ändert das?»

«Viel», sagte Pötter. «Da es für einen Soldaten gewissermaßen ungewohnt ist, Bekannte und Verwandte umzulegen. Es braucht eine stärkere innere Überzeugungskraft dazu infolgedessen. Woher nehmen?»

Rudat dachte, daß er sich durch die fremden Mädchen tatsächlich leichter fühle, grundlos, aber eben doch leichter. Er hatte mehr Distanz und konnte darüber nachdenken. Er dachte, daß sie den Vater in Buchenwald vielleicht schon totgeschlagen haben, während er ihnen die Maschinengewehre trägt bis an die Wolga vor und bis an den Sejm zurück und ihnen in der Nacht die fünfzehnjährigen Schulmädchen umlegt.

«Ich mache ihnen nicht mehr den Kettenhund. Nein.»

«Hör auf, in dem Gestank herumzurühren», sagte Pötter. «Ich habe gestern eine geräucherte Gänsebrust erworben für deine Feuersteine. Die werden wir noch fressen, ehe wir zum schönen Bodo gehen.»

Paul Ziemer hatte sich für seine Meldung einen unglücklichen Moment ausgesucht. Dem Oberleutnant Wille war in dem vorgesehenen Partisaneneinsatz soeben ein Kommando übertragen worden. Und es handelte sich nicht um eine gewöhnliche Aktion, wo ein Dorf niederzubrennen ist oder ein Banditennest auszuräuchern, sondern um eine ausgedehnte Strafexpedition gegen das Hauptquartier mehrerer Partisanenabteilungen, das im Waldgebiet von Treblowka ausgemacht war. Die Partisanen gefährdeten den Nachschub und die Vorbereitungen für die deutsche Sommeroffensive aus dem Kursker Bogen. Deshalb wurden stärkere Frontverbände gegen sie angesetzt zusammen mit SS- und Polizeieinheiten. Die mistigste und gefährlichste Arbeit, die es für einen Frontoffizier gegenwärtig gab. Und die undankbarste. Wille sollte ein Bataillon kommandieren. ‹Weil sich keiner der Herren Bataillonskommandeure die ruhige Kugel vermasseln lassen will, die zur Zeit hier geschoben wird.› Wille kochte. ‹Diese verfluchten Aktiven, die sich gegenseitig die Bälle zuspielen. Pferde, Weiber und Orden im Kopf. Und Saufereien. Sie halten «a priori» für eine Sektsorte und «a posteriori» für eine andere. Das Hinterhältige an diesen Partisaneneinsätzen ist doch, daß es einfach kein «vorn» und kein «hinten» gibt. Sie haben es auf Offiziere sogar besonders abgesehen, dieses Gesindel!›

«Ich brauche gewöhnliches Tarnzeug, Muhle, getragenes, auch Filzstiefel, auch eine gewöhnliche Mütze.»

‹Es müssen doch Tausende sein, wenn sie über zwanzig Transportzüge in einer Woche hochgehen lassen, allein im Gebiet von Sumy. Und Dörfer besetzen und Heeresdepots sprengen und in den Wäldern sogar Flugplätze anlegen. Was sind das für Kreaturen? Was haben sie davon? Wer zwingt sie dazu? Massendrill. Massenreflexe auf eingepaukte Propagandaklischees. Sondern Opfermut ab wie Hunde Magensekret auf Klingelzeichen. Atavismus natürlich auch dabei, Todeslust, Mordlust, Zerstörungstrieb et cetera.›

«Mein Gepäck geht auf jeden Fall zum Hauptverbandsplatz, Muhle.»

«Alles?»

«Selbstverständlich alles!» schrie Wille.

Er überlegte, ob er auch sein Manuskript in das Gepäck geben sollte, aber er mochte sich nicht davon trennen. Die dünnen, blauen Blätter waren etwas von seinem Fleisch und Blut. Er las, obwohl in Eile. Es machte ihn immer wieder innerlich beben, daß er, Bodo Wille, der Verfasser war.

In diesen Aufruhr der Gefühle und Verdrießlichkeiten hinein, ließ Ziemer sich zum Rapport melden.

Er hatte die Meldung auswendig gelernt, kam aber nicht dazu, sie vorzutragen. Wille schrie ihn zusammen, kaum daß Ziemer die Namen von Rudat und Pötter nannte. Es fielen Schimpfworte unvolkstümlicher Art. Ausfälle gegen das aktive Unteroffizierskorps, die Ziemer bis heute nicht für möglich gehalten hatte. Er wagte nicht, den Speichel abzuwischen, der ihm von Wille ins Gesicht gesprüht wurde. Er stand wie ein Bronzestandbild und wie das Milchvieh seiner Heimat.

Die Erklärung für Willes Verhalten lieferte ihm Muhle mit einer obszönen Geste. Sie deutete mögliche homosexuelle Neigungen bei Wille an. In Ziemers Kopf nahm das Komplott gespenstische Dimensionen an. Einen Moment erörterte er ernstlich, sich über seinen Kompaniechef zu beschweren. Dann siegte sein Sinn für Tatsachen und für Taktik. ‹Ein Mann muß leiden können für seine Überzeugungen und abwarten.›

Wie sehr sich sein Gemüt auch verfinsterte beim Anblick des reglementswidrigen, individuell kostümierten Sauhaufens, der aus den Bunkern kroch und einem Infanteriezug glich wie ein Affenhintern einem menschlichen Gesicht, Ziemer ließ sich nicht provozieren. Er ging so weit, sich bei Rudat anzubiedern: «Ich habe die Meldung beim Alten rückgängig gemacht, Rudat. Schwamm drüber. Was sollen wir uns das Leben versauen gegenseitig?»

Er hielt ihm die Hand hin sogar, die Rudat aber nicht bemerkte.

«Der schöne Bodo muß dem Ochsenjungen mit dem Absatz auf die Eichel getreten sein aus Versehen», sagte Pötter. «Was ist los? – Ich wäre lieber in einen warmen Arrest als auf einen kalten Partisanenfang gegangen.»

«Ich mache ihnen nicht mehr den Kettenhund», wiederholte Rudat, Eierhandgranaten in seine Tasche steckend.

«Du machst was ich mache», sagte Pötter, «sonst gar nichts.»

Der Zug latschte aus der Stellung zum Bataillonsgefechtsstand. Vom Bataillonsgefechtsstand zum Regimentsgefechtsstand. Vom Regimentsgefechtsstand zum Gefechtsstand der neugebildeten Kampfgruppe auf dem Hofe eines Staatsgutes.

Dort wurden sie auf Sturmgeschütze, Schützenpanzer und Selbstfahrlafetten verteilt. Willes Bataillon zusammen mit Ungarn, Kosaken und lettischen SS-Verbänden. Es gab Wodka, zwei Platten Schoko-Cola und die Rede eines NS-Führungsoffiziers, der die deutschen Dichterphilosophen Friedrich Nietzsche und Ernst Jünger zitierte, sowie die literarisch anspruchslosen Verse einer deutschen Krankenschwester:

> Jagt die verlausten Panjebrüder
> aus der Ukraine wieder.
> Heckenschützen, Flintenweiber,
> Bolschewiken, Sklaventreiber,
> Mauschelplutokratenpack,
> haut sie, daß die Schwarte knackt.
> Kaganowitsch, Rosenfeld,
> wenn ihr noch so laut auch bellt:
> So wie Siegfried einst den Hagen
> werden wir aufs Maul euch schlagen.

Von seiner Rede konnte mangels geeigneter Fachkräfte nur übersetzt werden, daß die im Partisanengebiet gelegenen Ortschaften zum Plündern freigegeben sind. Die Soldaten waren in der Überzahl schon angesoffen. Kosaken jagten ein Schwein mit Zirkusreifen – Reiterkunststücke. Gejohle. Weiber im Troß. Wille empörte die Niveaulosigkeit. Deutscher Tiefsinn auf der Stufe der Verhunzung. Es widerte ihn an, einfach physisch. Er machte keinen Hehl daraus beim Befehlsempfang.

«Warum ist der Wodka nicht später und in kleinen Portionen ausgegeben worden?» fragte er.

«Weil ihn die Leute zu ihrer Arbeit brauchen», sagte der kommandierende SS-Offizier, ein junger Schnösel, namens Fühlmansch. «Sie werden das noch begreifen.»

«Ich darf bemerken, daß mein Bataillon Ihrer Abteilung koordiniert, aber nicht unterstellt ist», sagte Wille kühl.

«Ohne Frage. Deshalb werden Ihnen auch die Vorteile einer selbständigen Vorausabteilung eingeräumt. Mit einer Schwadron Kosaken, die bekanntlich eine autonome Republik ersehnen und uns ebenfalls nicht unterstellt sind.»

Wille schluckte. Bei der Erörterung der Einzelheiten der Strafexpedition schluckte Wille mehrmals. Es wurde ihm eine Packtasche mit Kriegsauszeichnungen eingehändigt, darunter mehrere Eiserne Kreuze I. Klasse und ein Deutsches Kreuz in Gold. Sein Bataillon war anteilmäßig bevorzugt worden, da bei den fremdstämmigen Einheiten wenig Nachfrage herrschte.

Zu dieser Zeit waren Rudat und Pötter damit beschäftigt, eine geräumige Munitionskiste mit holländischen Zigarren und österreichischen Zigaretten zu füllen. Aus den Beständen eines SS-Zahlmeisters, der sich mit bescheidenen Mitteln ein wirklich reizendes Appartement geschaffen hatte. Es war von Pötter mit einer Brechstange geöffnet worden. Pötter saß auf einem Rokokostühlchen, trank Champagner und aß Käsegebäck dazu. Rudat lag auf einem niedlichen Damensofa und glotzte in die Decke. Sie war von einem Kunstmaler mit altdeutschen Jagdszenen verschönt. Ein edler Hirsch (Vierzehnender), von einer Hundemeute verfolgt, durchquerte einen silbernen Fluß, blutend. Von draußen waren Pfiffe, Schüsse, anlaufende Panzermotoren und Kommandos zu hören, geschrien in mehreren Sprachen.

«Es ist eine dreckige Liquidierungsaktion mit kriminellen SS-Banditen», sagte Rudat.

«So ist es», sagte Pötter, eine holländische Zigarre abschneidend. «Und ich lege Wert darauf, daß wir beide ihnen nicht die ersten Kandidaten liefern. Ein guter Soldat ist ein sich heraushaltender Soldat, weil er ein lebendiger Soldat ist bei Kriegsende. Ich habe immer eine Zuneigung gehabt für die ungarische Nation sowie die ungarische Küche. Deshalb habe ich die militärischen Fähigkeiten unserer Korporalschaft ihrem Verpflegungstroß zur Verfügung gestellt mittels österreichischer Zigaretten, und damit die Verbindung gesichert ist zu den urdeutschen Kampftruppen. Sie fahren wegen Unverläßlichkeit in der Mitte. Ihr Kommandeur sorgt beim schönen Bodo für unsere Abkommandierung. Trink aus.»

Er schenkte Rudat ein Glas Sekt ein, und Rudat trank. Sie krochen aus dem Toilettenfenster des Zahlmeisterappartements und machten es sich kurz vor Abfahrt auf der Plane eines ungarischen Verpflegungsanhängers bequem. Sie legten sich des Zahlmeisters geblümte Daunendecken unter ihre Zeltplanen und sahen rauchend in den weißblauen Frühsommerhimmel. Die Wolken waren dünn wie Zigarettenrauch. Der Buchen Grün sah aus wie frisch lackiert. Rudat dachte an Tanja. Nach den Strapazen der Nacht machten ihn das regelmäßige Geräusch der Motoren und das Schaukeln des Anhängers müde. Es erotisierte auch. Sie mußte gerettet sein irgendwie. Ihre Brüste. Er schlief. Pötter nahm ihm die Zigarette aus dem Mund und warf sie auf den Weg hinter sich.

Sie fuhren am Vorwerk Pleskoje vorbei, das mit seinen Wirtschaftsgebäuden, Wohnhäusern und Molkerei inklusive niedergebrannt war, aber natürlich noch rauchte. Die Arbeit zweier Pioniertrupps, mit Flammenwerfern ausgerüstet. An zwanzig Leute, die unter riesigen Kirschbäumen frühstückten. Die veraschten Baumkronen waren weiß, die Kirschen kleiner als Gewürzkörner und schwarz wie diese.

Am Waldeingang lagen die vier Feldgendarmen, von Zeltplanen zugedeckt, bis auf die nackten Füße. Es war der Feldwebel dabei, der den Unteroffizier Ziemer belehrt hatte, und dem war das Geschlechtsteil weggeschnitten.

Die Kolonne fuhr langsam und weit auseinandergezogen. Die kleinen Dörfer unterwegs, wenige, waren leer. Niemand wußte, ob die Bevölkerung von deutschen Kommandos abtransportiert oder in die Wälder geflohen war.

In einem Ofen lag verbranntes, noch warmes Brot. Es war nicht gewartet worden, bis es abgebacken war. Die Lehmhäuser wurden von Kosakenpatrouillen durchsucht, geplündert und angezündet. Geringe Beute. Ein älterer, krank aussehender Kirgise wurde von einem Kosakenoffizier geprügelt, weil er einen Hafersack ausgeschüttet hatte, um ihn mit russischem Papiergeld vollzustopfen. Er hatte es unter den Dielen einer zerstörten Mühle gefunden. Er stopfte das Geld hinein, während ihm das Blut über die Augen lief.

Die Spitze der Kolonne erreichte den südlichen Rand des Waldgebietes von Treblowka in den späten Nachmittagsstunden ohne jeden Zwischenfall.

Es wurde biwakiert, warme Verpflegung und Branntwein ausgegeben.

Die Offiziere wurden zu einer Besprechung befohlen, Fühlmansch, Kampfgruppenkommandant im Range eines Majors, gab die Lage:

«Die Chose ist einfach: Viertausend Strolche im Waldgebiet von T., größte Tiefe vierzehn Kilometer, feldlagermäßig verschanzt, mit Infanteriewaffen leichter Art und Pak ausgerüstet, die ganze Scheiße natürlich vermint. Gegen sie angesetzt drei Kampfgruppen, die im Verlaufe der Nacht einen lockeren Ring um das gesamte Waldgebiet legen. Bei Tagesanbruch gehen die Einheiten konzentrisch und in Fühlung zueinander vor. Tagesziel: die Partisanen im Gebiet der Planquadrate C und D 3 bis 5, um die Walddörfer K. und T. gelegen, einzukesseln. Großes Schweineschlachten am Tage darauf mit Schlachtfliegern und Feuerwerk wie gehabt.»

Fühlmansch ging, ohne Gelegenheit zu Fragen zu geben.

Ein Adjutant gab den Bataillonskommandeuren die genauen Marschziele. Das Bataillon Wille sollte in Fühlung mit den ungarischen Einheiten bis null Uhr den Ort Guljewka im Planquadrat 4 (Westrand) erreichen und die Verbindung mit der vom Norden kommenden Kampfgruppe Hohensee aufnehmen.

Wille war von der unfeinen Atmosphäre der Besprechung geärgert. Er konnte den Ordensburgton nicht ausstehen. Er suchte Fühlmansch auf, zu fragen, was mit waffenlosen Zivilisten geschehen solle. Fühlmansch lachte sehr.

«Ich lege Wert darauf festzustellen, daß die Verantwortlichkeit dafür bei Ihnen liegt», sagte Wille. Er verabschiedete sich kühl.

‹Die Tragik aller großen Ideen der Geschichte ist, daß sie von Banausen durchgeführt werden müssen. Taten beflecken›, notierte er, zu seinem Bataillon zurückgekehrt.

Er betrachtete fünf Steckbriefe von Partisanenführern. Plakate, russisch beschriftet, die ursprünglich bei den Dorfältesten ausgehängt werden sollten. Sie versprachen der Bevölkerung Salz, Streichhölzer und Petroleum für geeignete Mitteilungen. Die Bataillonskommandeure sollten die Fotos den Mannschaften bekanntmachen. Die dargestellten Personen waren bei Gefangennahme einem Begleitkommando der Geheimen Feldpolizei zuzuleiten. Unbedeutende Gesichter, fand Wille, Bauern, Proleten, ein Jude darunter, typischer Intellektueller, unsymmetrische Züge, ungepflegt, langes, fettiges Haar. Parteifunktionäre wie es hieß, einer mit Nickelbrille, wie sie in Deutschland nicht einmal mehr von den Krankenkassen verschrieben wurden. Es ging etwas Untiefes von den Gesichtern aus. Wille steckte das Zeug in seine Kartentasche.

Muhle meldete, daß ein SS-Zahlmeister auf Wille wartete. Er mache Remmidemmi, behaupte, daß sein Quartier in seiner Abwesenheit von Leuten aus Willes Bataillon geplündert worden sei.

Wille fertigte ihn reserviert ab und gab den Abmarschbefehl, von seinem Sturmgeschütz aus. Der Zahlmeister schrie etwas von Kameradendiebstahl und Kriegsgericht. Wille lächelte und ließ anfahren. ‹Postbeamtenseele, Parteihutsimpel.› Muhle interessierte sich für die Beschreibung der Daunendecken stärker. Er hatte einen Riecher für diese Sachen.

Die Abteilung fuhr, den Südrand des Waldes entlang, gen Westen. Eine langgezogene Staubwolke. Die vereinzelten Anwesen, aus drei, vier Holzhäusern bestehend, waren auch hier verlassen. Die Landser sprangen von den Fahrzeugen und jagten zurückgelassene Hühner. Einer fand einen verwahrlosten jungen Hund an einer Kette. Jeder wollte ihn streicheln. Auf einem Dachboden ein Sarg, mit kupfernen Löwenfüßen, große Zwiebeln in ihm gelagert. Er wurde zum Jokus auf einen Schützenpanzer gebunden. Die eingeteilten Kommandos zündeten die Holzkaten routinemäßig an, nachdem sie durchsucht waren. In der schnell hereinbrechenden Nacht waren sie weit zu sehen. Der Ort Guljewka wurde bereits um einundzwanzig Uhr vierzig und ohne Zwischenfall erreicht. Wille bezweifelte, daß sich die Partisanen in dem Waldgebiet von Treblowka überhaupt noch aufhielten. Oder es waren militärische Idioten. Die Operation war viel zu durchsichtig angelegt für sein Gefühl.

Auch Guljewka, ein größeres Straßendorf, war leer. Es bot leidliche Quartiere, wie es schien. Hals über Kopf verlassen. Ein altes Weib, in einer Äpfelkammer sterbend. Moribundengestank.

Wille besichtigte das Haus eines Popen. Eine Betkammer war mit Ikonen, bestickten Lumpen und geweihtem Zeug vollgestopft. Von roten Funzeln beleuchtet. Auf den schwarzen Eisenkruzifixen und den überladenen Messingbildtafeln immer wieder Totenköpfe, Knochen und Hunde, sonderbar. Sie reizten ihn irgendwie. Es roch nach vergorenem Obst und ranzigem Öl. ‹Kaltgoldene Pracht der alten Heiligenbilder, nur Gesichter und Hände gemalt. Unpsychologische Malweise. Auf allen Händen Wundmale wie Ornamente. Tod, wo ist dein Stachel? Tiefe Beziehung zum Schmerz im byzantinisch-orthodoxen Kultus. Sollte untersucht werden.› Eine große Christusdarstellung, von einem Altar offensichtlich, zeigte Blutspuren, die über das ganze Bild liefen. Wille fand feine Kanäle in den Wunden und in der Holztafel verborgen, Gummiblasen mit getrocknetem Farbstoff. ‹Sieh dir das an. Diese Brüder.› Er war von seiner Entdeckung entzückt. ‹Kultus, Täuschung und Massensuggestion.› Er sollte sich mit Rudat darüber unterhalten. Beim Abendessen. ‹Nicht ausgeschlossen, daß Kunstwert in dem Plunder steckt. Als Details in modernen Wohnräumen vielleicht sehr ansprechend.›

Er rief Muhle. Er beauftragte Muhle, den Obersoldaten Rudat mit dem Krad zu suchen und herzubringen.

«Haben wir noch einen anständigen Wein da?»

«Jawohl, Herr Oberleutnant!» sagte Muhle ungefällig. «Kröver Nacktarsch.»

‹Triefäugiger Idiot, langnasiger›, dachte Wille. Er fuhr mit seinem Kübelwagen los, die Sicherungsmaßnahmen für den Ort und die besetzte Südwestflanke des Waldgebietes zu überprüfen.

Muhle fand weder Rudat noch Pötter. Er fuhr in Korolenko herum, wo der ungarische Stab lag. Er suchte und suchte. Ein Deutsch sprechender Feldwebel wußte endlich ihr Quartier. Es erfüllte Muhle mit Genugtuung, die geblümten Daunendecken des SS-Zahlmeisters auf den Betten ausgebreitet zu sehen. Niemand da. Seine Kombinationsgabe führte ihn in das improvisierte Offizierskasino, ein Stabspuff. Offiziere mit Wein und Weibern. Pötter dazwischen. Sie pokerten um Hundertmarkscheine und die Matratzen, die wohl zum Stabsgepäck gehörten. ‹Balkangesindel.›

Rudat saß abseits, bleich und besoffen. Ein schwarzes Weib drückte sein Gesicht an ihren großen Busen und schmatzte ihm den hübschen Kopf naß.

«Bring mir den Jungen in Ordnung! Zeig ihm, was das Leben sowie das ewig Weibliche zu bieten hat!» rief Pötter. Sie drückte Rudat an sich. Sie nahm ihre weiße Brust aus dem Hemd.

«Ich will nicht! Ich hab dir gesagt, daß ich jetzt nicht will», sagte Rudat.

«Du sollst zum Alten kommen», sagte Muhle.

«Jetzt? Was soll ich jetzt beim Alten?» fragte Rudat.

«Ich bin nicht Salomon, sondern Ernst Muhle. Komm schon!» Er lud den schwankenden Rudat in den Beiwagen und fuhr nach Guljewka zurück.

«Kleine Pause», sagte Pötter zu seinen verlierenden Gastgebern. Er ging in sein Quartier und brachte das Zeug, das sie aus dem Zahlmeisterquartier geklaut hatten, vorsorglich in Gewahrsam. Die Daunendecken tauschte er bei einem Kosakenkorporal gegen zwei erbeutete Rehfelle. Ein Geschäft für den Korporal. «Das Leben beginnt mit Vierzig», sagte Pötter, ein neues Kartenspiel mischend. Er nahm sich das schwarze Mädchen auf den Schoß. Sie hatte festes Fleisch und roch stark nach Rosenöl. Er hatte weiterhin Glück.

Der Oberleutnant Wille hatte einen Zusammenstoß mit dem Kommandeur der Kosakenschwadron, einem ehemaligen Grundeigner aus dem Dongebiet, hinter sich. Dessen Leute machten private Raubzüge in die Dörfer des Waldgebietes. Dabei waren zwei Patrouillen auf Minen gelaufen. Vier Pferde Verlust und drei Mann. Die andern hatten eine Schießerei ausgelöst, als sie angesoffen aus dem Wald zurückgeritten kamen. Ein deutscher Doppelposten war dabei draufgegangen. Zwei Soldaten der zweiten Kompanie, die einfach nicht mehr zu finden waren. Wille bellte mit seinem zu kleinen Kehlkopf, daß er jeden Kosaken abknallen lasse, der ohne Befehl die angegebenen Sicherungspositionen verlasse. Der ehemalige Kosakenhetman gab sich gelassen. Er war an allem eingebrachten Beutegut mit zwanzig Prozent beteiligt.

Kurz vor seinem Quartier wurde Wille von einem Nachrichtenwagen der SS eingeholt. Ein Obertruppführer, Landsknechttyp mit Ritterkreuz, übermittelte ihm kurz angebunden den Befehl des Kampfgruppenkommandos, die Abteilung in das Walddorf

Chabrowsk, sieben Kilometer waldeinwärts, zu verlegen und die große Waldstraße nach Süden zu sichern.

«Und warum, wenn ich fragen darf?» sagte Wille kalt. Er witterte eine Schikane von Fühlmansch.

«Weil sich die Partisanen nach Norden zurückgezogen haben, Herr Oberleutnant.»

«Und das kann man mir erst mitteilen, nachdem die Truppe die befohlenen Stellungen und Quartiere bezogen hat?»

«Ja», sagte der Obertruppführer, «da es sich um eine Partisanenoperation und nicht um eine Übung auf der Kriegsschule handelt.»

«Das merke ich», sagte Wille.

«Was?»

«Ich merke, daß bei diesem Befehl von Kriegsschultheorie allerdings keine Rede sein kann! Ich habe noch keine Verbindung mit Hohensee und finde es verantwortungslos, eine zusammengestoppelte, übermüdete Truppe des Nachts durch einen Partisanenwald zu jagen!»

Aus dem Fond des Wagens, den Wille unbesetzt glaubte, kam eine belegte Stimme:

«Wir haben keinen Auftrag, den Befehl mit Ihnen zu erörtern, Herr Oberleutnant. Wir haben ihn zu übermitteln.»

Der Mann, ein kleiner, bürokratenhaft aussehender SS-Scharführer hatte eine Taschenlampe angeknipst und machte Notizen in einen schwarzen Taschenkalender. Er war von zwei SS-Bullen mit Maschinenpistolen flankiert und sah Wille nicht an. Auf einem Ärmel war das Zeichen der Geheimen Feldpolizei zu sehen. «Haben Sie noch Fragen, Herr Oberleutnant?»

Wille zog es vor, keine Fragen zu haben. Er sagte etwas Abschwächendes von Verantwortungsgefühl, Sorge um die Truppe et cetera.

Er brachte den Satz nicht zu Ende und war froh, daß Muhle mit dem Krad ankam. Rudat baute sich vor Wille auf und meldete.

«Schön, Rudat», sagte Wille, «warten Sie bitte einen Moment. Ich bekomme soeben den Befehl zu verlegen.»

«Ach du verficktes Jerusalem!» fluchte Muhle und wendete seine Beiwagenmaschine.

Der Lichtstreifen des Kradscheinwerfers wanderte über die Gesichter der SS-Leute im Nachrichtenwagen.

‹Das kann nicht sein!› dachte Rudat. ‹Ich bin besoffen. Es gibt tausend solche Gesichter.›

Er hatte in dem SS-Scharführer den Mann aus dem Keller wiedererkannt, und er wußte, daß er sich nicht täuschte. Den Mann, der damals eine Nickelbrille getragen hatte. In der Dunkelheit suchte Rudat die Augen des Mannes. Er bemerkte, wie einer der Begleitleute die Maschinenpistole auf ihn, Rudat, richtete.

«Sie kommen mir bekannt vor», sagte die belegte Stimme aus dem Wagenfond. «Mir ist, als hätten Sie schon mal irgendwas mit mir zu tun gehabt.» Er hielt die Taschenlampe auf Rudats Gesicht, das weiß war um zwei große, wassergefüllte Brandblasen.

«Nein», sagte Rudat. «Ich habe mit der Geheimen Feldpolizei noch nie etwas zu tun gehabt.»

«Nicht?» Der Mann betrachtete Rudats Gesicht und überlegte. Dann knipste er die Taschenlampe aus. Wille atmete auf.

«In Ordnung», sagte der Obertruppführer. «Wir erwarten, daß die Abteilung in dreißig Minuten marschbereit ist, Herr Oberleutnant. Sie nehmen den direkten Waldweg nach Chabrowsk. Diesen.» Er zeigte den Weg auf der Karte. «Funkverbindung ist aus Sicherheitsgründen erst in Chabrowsk aufzunehmen.»

«Und wer garantiert mir, daß der Weg nicht vermint ist?» fragte Wille.

«Wir», sagte der Obertruppführer. «Wir fahren voraus, damit Sie unterwegs nicht erschreckt werden.» Er klopfte dem Oberleutnant Wille wiehernd die Schulter und schwang sich auf das Trittbrett des anfahrenden Nachrichtenwagens.

Rudat sah ihnen nach. Er hörte Wille schimpfen, aber er verstand nicht, was Wille sagte. Er fühlte Stiche in seiner gelähmten Backe, der Mund war trocken, die Schleimhaut an den Zähnen wie festgeklebt. Er sagte: «Jawohl, Herr Oberleutnant», was keinen Sinn ergab. Wille lud ihn in seinen Kübelwagen, gab im Bataillonsgefechtsstand die nötigen Befehle zur Verlegung und ließ sich in sein Quartier fahren.

«Was wollte der Gestapohengst denn von Ihnen?» fragte Wille, als er mit Rudat allein war.

«Keine Ahnung», sagte Rudat. «Ich glaube, er wollte einen Witz machen.» Pause, Tonwechsel.

«Ich mache mir Sorgen um Sie, Rudat. Ehrlich. Ich frage mich, warum Sie von so vielen Leuten gehaßt werden. Denken Sie an Ziemer, Muhle, denken Sie an den Gestapofritzen eben. Die Sache mit den Ikonen, die Sache mit den Mädchen. Warum werden Sie gehaßt? Ich möchte eine Antwort von Ihnen.»

«Ich weiß nicht, Herr Oberleutnant. Ich kenne den Unteroffizier Ziemer schon von der Kaserne her. Ich bin nie beliebt gewesen.»

«Warum nicht? – Ich will es Ihnen sagen: weil Sie intelligent sind, Rudat, und weil Sie es nicht verbergen. Intelligent sein heißt einsam sein, Rudat. Sehr einsam. Ich kann es beurteilen.»

Er sah Rudat tief in die Augen. In seine Kastratenstimme war ein Timbre gekommen, als habe er unmäßige Gefühle zu verbergen. ‹Wie ein ausgelaufener Schauspieler›, dachte Rudat. ‹Wie eine alte, verlogene Schauspielernutte.› Er fühlte Willes schmale Hand auf seiner Schulter und Wille sagte:

«Ich möchte Ihnen helfen, Rudat, weil ich Sie verstehe, und weil ich fühle, daß auch Sie mich verstehen, rein menschlich. Sie haben nichts Durchschnittliches an sich, nichts Abgegriffenes, Massenhaftes. Ich habe eine Überraschung für Sie, es wird Ihnen Spaß machen.» Er ließ den Arm um Rudats Schultern und führte ihn in die Betkammer. Er sprach vom Mysterium der Kunst, das eine Wunde sei, und vom Mythos des Leidens, dem Urgrund jedweder Kultur. Er zeigte ihm den Christuskopf, verklärt aus zirka fünfzehn Wunden blutend, und die Gummibläschen mit dem eingetrockneten Farbstoff. Er legte die Bildtafeln von fünf frühchristlichen Märtyrern auf ein Betpult, und darunter die fünf Steckbriefe der Partisanen, die er seiner Kartentasche entnahm. Physiognomische Vergleiche. Er sprach vom Aufstand der Seele gegen Zivilisations-Vermassung und Fortschrittsgefasel, vom Kreuzzug der Innerlichkeit, und daß Hitler nur ein Werkzeug der Weltidee sei. Rudat betrachtete das Foto des Mannes mit der Nickelbrille.

«Ich muß jetzt gehen», sagte Rudat. «Ich habe meine Sachen in Korolenko.»

«Ich lasse Sie zurückfahren», sagte Wille. «Ich hoffe, daß wir unser Gespräch bald in Ruhe und vertieft fortsetzen können.»

«Gerne, Herr Oberleutnant», sagte Rudat, und er dachte: ‹Der schwule Heinrich hat mir gerade noch gefehlt.› Wille war überrascht, in seinem Zimmer Muhle zu finden. Er aß eine Büchse Hering in Gelee und hatte offenbar schon längere Zeit zugehört, ohne sich zurückzumelden. Er lächelte friedlich, denn er kam von Ziemer, dem er die Sache mit den Daunendecken gesteckt hatte. Er, Muhle, hatte nicht die Absicht, sich die Tour von einem perversen Jungen vermasseln zu lassen.

«Sieh dich vor mit Ziemer», sagte Muhle, als er Rudat in Korolenko ablud. «Er ist ein großer Arschkriecher. Hat dir der Alte was vom Kompanietrupp gesagt?»

«Nein», sagte Rudat. «Was hat das mit Ziemer zu tun?»

«Ich habe nichts gesagt. Hast du Zigaretten?»

«Kein Stück», sagte Rudat. Er traute Muhle nicht so viel. Er fühlte sich kotzelend.

Der Befehl zu verlegen erreichte Pötter im Bett der schwarzen Rita, einer wirklich erfahrenen Person, die ihn drei Präservative gekostet hatte.

Der ganze besoffene Stab verfluchte den Krieg, den Obersturmführer Fühlmansch und die Heimtücke der Partisanen. Ein zarter Leutnant, Sohn eines Salamifabrikanten und außerstande, seine Jacke wiederzufinden, verlangte ein Pferd, um für Ungarn und das Abendland mit offener Hemdbrust zu fallen.

Rudat fand Pötter nicht im Quartier. Auch die Sachen waren weg. Pötter verlud sie in einen ungarischen Krankenwagen. Er hatte ihn für hundert Zigaretten gemietet, die beiden Bettpritschen inklusive.

«Was war los? Was wollte der Idiot wissen?» fragte Pötter.

«Gar nichts», sagte Rudat. «Er wollte mir etwas vom Mysterium der Kunst erzählen, das eine Wunde ist.»

«Und?»

«Und nichts. Laß die Klamotten draußen. Wir fahren nicht mit dem Sanka.»

«Wieso nicht?»

«Weil er gebraucht wird und dünne Wände hat. Wir verlegen nach Chabrowsk, sieben Kilometer waldeinwärts ins dickste Partisanengebiet.»

«Nachts? Wem haben sie denn da ins Gehirn geschissen?»

«SS-Befehl», sagte Rudat. «Wir müssen uns zum Vorfahren was Solideres aussuchen.»

«Ein Sanka ist was Solides insofern er hinten ist. Steig ein!»

Rudat schüttelte den Kopf. «Ich habe so ein Gefühl, so eine Art Ahnung, daß wir in eine dreckige Falle gehen – laß den Sanka.»

«Was ist mit dir los, dir läuft ja der Sabber aus der Schnauze? Was für eine Falle?»

«Ich glaube, ich habe Fieber», sagte Rudat. Er wischte sich den Speichel aus dem gelähmten Mundwinkel, und er dachte: ‹Wieso hat mich der SS-verkleidete Bulle nicht umgelegt? Wieso erwarten sie von mir, daß ich die Schnauze halte? Und mit Pötter draufgehe und mit allen draufgehe. Ich hab den Löffel zurückgegeben. Ich mache ihnen nicht den Kettenhund! Wem? Ich mache keinem den Kettenhund. Die Mutter macht den Gashahn auf, wenn ich kaputt bin. Den Alten haben sie vielleicht schon in den Draht gejagt. Ich lege ihnen nicht die Schulmädchen um. Tanja. Wie sah sie aus? Die gelben Spangenschuhe. Die kleine eiweiche Brust. Was geht mich dieser lausige Dorfiwan an? Sie müssen den Nachrichtenwagen der Feldgendarmerie gechartert haben. Ich kann es Pötter nicht sagen. Nicht mal Pötter. Sie können mir nicht beweisen, daß ich was gewußt habe. Gar nichts. Ich komme nicht aus dem Schlamassel. So oder so nicht. Verflucht.›

«Es ist die verfluchte Backe, die wieder Zores macht», sagte Rudat. «Vielleicht komme ich in ein Lazarett, wenn der Dreck hier vorbei ist. Oder auch nicht. Hör auf mich, nicht im Sanka!»

«Damit du endlich die Schnauze hältst. Obwohl es mich hundert Zigaretten gekostet hat.»

Er riß das Gepäck aus dem Sanka und schrie den Fahrer an: «Nix gut! Nix gut! Nix gut!», um die Zigaretten zurückzukriegen. Sie einigten sich nach viel Geschrei auf Rückgabe der Hälfte. Mit diesen fünfzig Zigaretten gelang es Pötter, für sich und Rudat einen Platz in einem der Sturmgeschütze zu erobern, die in Richtung Guljewka fuhren. Ausgelaufene, lärmende Särge, mehrfach abgeschossen und für Beuteverbündete notdürftig zusammengeleimt. Pötter nahm eine Flasche Napoléon Fünfstern aus der Packtasche, ließ sie herumgehen und sagte: «Langsam, denn ich vertrage keine Übereilung bei Beerdigungen. Ein Sturmgeschütz ist vor allem eine gute Nachhutwaffe.»

Der ungarische Unteroffizier, ein dunkler Junge mit weichlichem, hübschem Gesicht, die Brust voller bunter Orden, trank und ließ langsam fahren. Sie waren so ziemlich die letzten in Guljewka. Erst kurz vor dem Ort überholten sie einen Trupp Kosaken, der auf dürren Panjepferdchen den Straßenrand entlangzottelte. Sie rangierten sich an den Schwanz der wartenden Kolonne und stellten den Motor ab. Der Fahrer kroch unter den Wagen, als gäbe es etwas zu reparieren.

Jemand kam die Kolonne entlang und leuchtete in die Fahrzeuge. Es war Ziemer. Er hatte den SS-Nachrichtenwagen gerade noch erwischt, um die Meldung des Zahlmeistergepäcks anzubringen. Der Scharführer hatte sie notiert. Ziemer war groß in Form. «Euch beide such ich», sagte er, als er Rudat und Pötter fand.

«Wir suchen dich nicht», sagte Pötter. «Wir sind zur ungarischen Nation abkommandiert.»

«Das ist für einen Zugführer immer angenehm zu wissen», sagte Ziemer.

«Ja», sagte Pötter. «Und deshalb machst du jetzt deine Funzel aus und verschwindest.» Er legte sich auf seine eingetauschten Felle zurück und gähnte. Ziemer machte die Lampe aus und dachte zufrieden, daß er die beiden Ganoven in spätestens vierundzwanzig Stunden vor dem Kriegsgericht hätte. Und Rudat dachte, daß es um dieses Dreckschwein Ziemer nicht schade wäre. Er steckte sich ein Stückchen Gummischwamm in die gelähmte Backe, des starken Speichelflusses wegen, und weil er sich darauf gebissen hatte. Er zündete sich eine Zigarette an und sah im Dunkeln in die staubüberzogene, unruhig zappelnde Kolonne vor ihnen, die nach Pferden stank und Schweiß und Lederfett und irgendwie auch nach Fäkalien, und er dachte, daß er das Leben dieser dreckigen, stinkenden, zappelnden Kolonne in dieser Minute in seiner Hand hätte, und diese Kolonne vielleicht in einer Stunde ein großer Kadaverhaufen wäre und ein großer Schrotthaufen, und er sagte: «Wir gehen in eine dreckige Falle, Pötter. Ich spürs.»

Und Pötter sagte: «Hör auf, an die dämliche Weibergeschichte zu denken, und fertig ist der Honig.»

Ein russischer Nachtaufklärer ältesten Modells flog langsam über Guljewka. Er ratterte wie eine ausgediente Nähmaschine und schien nichts zu bemerken. Als er über dem Wald verschwunden war, ließ Wille die halbe Kosakenschwadron anreiten, die er des widerspenstigen Kosakenhetmans wegen an die Spitze der Kolonne kommandiert hatte. Natürlich konnte Wille nicht verhindern, daß der Kosakenhetman selbst lieber den anderen, zurückgezogen reitenden Teil der Schwadron kommandierte. Der Minengefahr wegen – die Partisanen verfügten über Sprengtrupps mit Phantasie und wirklich gute Tricks – jagten die Kosaken ein Pferdegespann mit einer Egge vor sich her. Ein Himmelfahrtskommando für den Lenker des Gespanns, der auf der Egge stehen mußte, um sie zu belasten. Weiß im Gesicht, schweißnaß, schlug er auf die abgetriebenen Pferde ein, murmelnd, als bete er, und er murmelte, daß der Hund die blutige Madonna beschlafen solle. Es war der schwindsüchtige Kirgise, der in der Mühle das Papiergeld in den Hafersack gestopft hatte. Eine Strafmaßnahme.

Als eines der Pferde in einer tiefen Wagenspur stürzte, schlug er es mit dem Peitschenstiel auf die Augen, nunmehr schreiend, daß der Hund die blutige Madonna beschlafen solle. Er wurde von dem aufspringenden Pferd zu Boden gerissen, die über ihn weggehende Egge zerfleischte ihm die Hals- und Rückenmuskulatur, so daß er aus war und ein neuer Gespannlenker her mußte.

Der Waldweg nach Chabrowsk schien tatsächlich minenfrei, im Gegensatz zu dem dichtverminten Waldgestrüpp beiderseits, wie Patrouillengänge ergaben. Eine rätselhafte Dummheit, fand Wille, die Fühlmansch geschnuppert haben mußte, dieser kaltschnäuzige Hund. Die Sache lief, und sie begann Wille Spaß zu machen.

Als sie etwa drei Kilometer in den Wald vorgedrungen waren, hörten sie im Norden Gefechtslärm, Pak, Granatwerfer und wildes Gewehrfeuer. Anscheinend versuchten die Partisanen dort, wie erwartet, durchzubrechen. Die würden ganz schön verstört aus der Wäsche gucken, wenn er, Wille, den Kessel jetzt schon bei

Chabrowsk dichtmachte. Wille hatte sich die Operationen der Partisanen weniger primitiv vorgestellt, trickiger, heimtückischer. Er befahl, das Gespann mit der Egge wegzulassen und zügiger auf Chabrowsk vorzugehen.

‹Es verursacht tiefere, seinshaftere Empfindungen, einen Wald zu *besetzen* als einen Wald zu *besitzen*. Der Krieger (Archetypus des Jägers), wagend das Unwägbare, hebt auf die seßhafte Eigentumsgesellschaft. Im Zentrum der Gefahr wohnt die Heiterkeit›, notiert er in seinem Kopf für den geplanten Essayband. Es fiel ihm auch eine Kapitelüberschrift ein: ‹Das Wagnis als weltgeschichtliche Kategorie›. Er sog den wilden Duft des Waldes in sich ein mit staubgebeizter Kehle, philosophierend im Sturmgeschütz. Er verstand nicht, daß er jemals Versicherungsbeamter gewesen sein sollte. Er hatte Lust, Rudat aus seinen Aufsätzen vorzulesen. Daß er gerade von diesem Jungen so angezogen wurde! Das rätselhaft Unerschlossene dieses Gesichtes.

Die Landser schliefen auf dem Bauch, auf dem Rücken mit angezogenen Knien, auf Wagen, Lafetten, Panzerfahrzeuge geworfen wie dreckige Wäsche. Pötter war Rudat zuliebe eine Zeitlang wach geblieben, jetzt schlief er mit breitem, schweißnassem Gesicht. Rudat mochte ihn nicht wecken. Er kaute auf dem kleinen Gummischwamm in seiner Backe herum, und er erwartete in jedem Augenblick das Zeichen, sie auszutreten wie Wanzen ausgetreten werden. Er beobachtete den schmalen Streifen Himmel, den die Baumwipfel freiließen, milchig, wolkenüberzogen, und er wartete, daß der Mond hervorbrechen würde wie gestern über dem Fluß Sejm, und daß sie fertiggemacht würden. Als die Kolonne kurz nach zwei in Chabrowsk anlangte, war der Mond noch immer nicht zu sehen gewesen. Es begann zu regnen.

Das Walddorf Chabrowsk war verlassen wie alle anderen Dörfer, ärmliche Holzkaten, schadhafte Baracken für Holzarbeiter, ein Sägewerk, vor dem Kriege installiert, dessen Maschinen kurz und klein geschlagen waren. Wille ließ den Ort sichern und berittene Patrouillen nach Norden und Süden vorfühlen. Die Landser fluchten, daß sie noch immer nicht in Quartiere kamen. Der Gefechtslärm im Norden hatte aufgehört.

Wille beauftragte den Funktrupp, Position zu geben und Funkverbindung mit Hohensee und Fühlmansch zu suchen. Die Funker versuchten ihr Mögliches. Sie gaben eine halbe Stunde lang chiffrierte Positionsmeldungen und gingen danach auf Empfang. Totenstille. Wille keifte in dem Nachrichtenwagen herum und erreichte, daß die Funker denselben Zimt noch einmal machten. Keine der Patrouillen war mehr als vierhundert Schritt weit in das Waldgelände gekommen, überall dichte Verminungen. Wille kam die Sache irgendwie stinkig vor. Tatsächlich kriegten sie kurz vor drei Uhr eine Positionsmeldung von Hohensee an Guljewka, wo die Abteilung Wille gerade herkam. Hohensee suchte Wille. Er forderte die Abteilung Wille stereotyp auf, nach Guljewka durchzustoßen.

«Die hat ein kleiner Mann wohl in den Sack gebissen!» sagte Wille und ließ funken, daß er die befohlenen Marschziele eingenommen habe und er das billigerweise auch von Hohensee erwarte. ‹Eine Frechheit.› Er ließ die Funker den Stab von Fühlmansch suchen.

Hohensee schien ihre Funksprüche nicht zu erhalten. Er gab pausenlos seine Planposition und daß er die Abteilung Wille suche. Zuletzt, daß er Feindberührung habe, daß er von überlegenen Partisanenkräften angegriffen werde. Ende.

Tatsächlich hörten sie massive Gefechtstätigkeit, auch schwere Waffen, aus Richtung Guljewka, genau in ihrem Rücken. Es war Wille klar, daß die Abteilung Hohensee, fast nur mit Infanteriewaffen ausgerüstet, in einer schlimmen Lage war.

‹Unglaublicher Dilettantismus. Entweder von Fühlmansch oder Hohensee. Es konnte Fühlmansch ja nicht schnell genug gehen. Immer diese SS-Hengste, immer diese kleinen Hitlerjungen, die an Halsschmerzen leiden. Wahnsinn!›

«Ich glaub, ich habe jetzt Fühlmansch», sagte der Funker.

«Dann geben Sie unsere Position, und daß Hohensee in Guljewka angegriffen wird. Fragen Sie, was wir machen sollen. – Der große Feldherr wird in Schweiß geraten.»

Fühlmansch funkte, daß er Wille vor ein Kriegsgericht stelle, wenn er nicht augenblicklich nach Guljewka durchstoße.

«Geben Sie zurück: ‹Oder ich Sie.› Ende.»

Wille kochte. Aber er gab natürlich Befehl zu verlegen, um Hohensee herauszuhauen. Er jagte die Verbindungsoffiziere zu den Kompanien. Es regnete ziemlich stark. Die Ungarn hatten begonnen, auf eigene Faust Quartier zu machen und prügelten sich mit den Kosaken um die Gebäude des Sägewerkes. Irgendein Idiot hatte daraufhin einen Sägewerkschuppen angezündet. Das ganze Dorf war davon illuminiert. Kein Mensch verstand, warum es jetzt wieder zurückgehen sollte. Wille versuchte, die Sturmgeschütze aus der eingekeilten Kolonne an die Spitze in Richtung Guljewka zu dirigieren. Da niemand rückte, ließ er mit seinem Sturmgeschütz einen beladenen Panjewagen umschmeißen und fuhr über ihn weg.

Über dem Waldrand tauchten plötzlich russische Tiefflieger auf. Drei aufeinanderfolgende Ketten von je vier Maschinen, Typ IL 2, die aus allen Bordkanonen in die erleuchtete, wild auseinanderstrebende Kolonne schossen. Sie zogen die gepanzerten Maschinen über die ganze Länge der Kolonne, rissen sie vor den Baumwipfeln hoch und wendeten, um erneut anzufliegen, bis sie leergeschossen waren und ihre Splitterbomben im Ziel hatten. In weniger als einer Minute war die Kolonne ein Knäuel aus ineinandergehakten Fahrzeugen, Pferden, Geschützen, Deichseln und Eisenteilen, in dem Soldaten durcheinanderbrüllten. In acht Minuten (der Zeitdauer des Angriffs) war die Kolonne ein brennender Kadaverhaufen, der nicht hin und nicht her rücken konnte.

Die Abteilung, über sechshundert Mann stark, hatte zirka hundertzwanzig Tote und mehr als zweihundert Schwerverwundete. Von Pferden und Fahrzeugen nicht zu reden. Genaue Zahlen waren nicht zu ermitteln, solange an den Mittelteil der ineinander verfitzten, von Splitterbomben übereinandergetürmten Kolonne nicht heranzukommen war. Da immer noch Soldaten aus dem großen Klumpen heraus um Hilfe schrien, mußte er mit Stahltrossen von Sturmgeschützen auseinandergerissen werden. Einige Sturmgeschütze waren intakt geblieben, weil sie sich gleich zu Anfang in den Wald, Richtung Guljewka, retten konnten. Ihre Motoren waren stark genug, aus der Kolonne auszubrechen und ihre Raupen konnten niederwalzen, was ihnen in die Quere kam. Auf diese Weise waren sowohl der Oberleutnant Wille als auch Rudat und

Pötter unter den Lebenden. Der Unteroffizier Ziemer hatte eine Brandwunde am Oberschenkel und mehrere kleine Splitter im Gesäß. Er hatte die Hose heruntergelassen und erkundigte sich bei Muhle, ob das für ein Verwundetenabzeichen reiche. Es war ein alter Traum von ihm, ein Verwundetenabzeichen zu tragen.

Ein Pferd, unter einer Lafette in sein Geschirr verwickelt, von Phosphorgranaten am Unterbauch getroffen, hatte seinen Kopf durch die heraushängenden Gedärme eines Soldaten gesteckt und kam auf die Beine, als die Sturmgeschütze die Lafette wegzogen. Es riß den Soldaten an den Därmen hoch und stürzte mit ihm in eine brennende Baracke. Der Soldat schrie viehisch. Rudat hatte in dem Soldaten Mahler erkannt, den Doppelrationfresser.

«Faß an!» sagte Pötter zu Rudat. «Was wir jetzt machen ist: Wir laden uns den Schlitten voll Verwundete und hauen ab. Oder willst du auf das nächste Geschwader warten?»

«Nein», sagte Rudat. «Der Junge mit den Därmen war Mahler.»

Als sie mit dem vollgeladenen Sturmgeschütz an den Dorfausgang kamen, wurden sie von Ziemer gestoppt. Er stand mit gezogener Pistole auf einem demolierten Geländewagen und schrie, daß sich die Abteilung einigle, daß niemand den Ort verlasse, und daß er jeden erschieße, der dawiderhandle. Neben ihm stand ein Posten mit einer Maschinenpistole.

«Fahr drauf!» sagte Pötter zu Rudat. «Fahr sie über den Haufen!» Er hatte die Hand am Abzug des MGs und war bereit, sie wegzuräumen.

«Du bist verrückt», sagte Rudat. Er stellte den Motor ab und kletterte aus dem Fahrersitz.

Pötter sprang von dem Sturmgeschütz herunter und sagte zu Ziemer: «Dann eben nicht. Dann eben später.»

«Was?» fragte Ziemer, die Drohung aufnehmend. «Was meinen Sie?»

«Der Verwundetentransport. Wir lassen uns vom Alten den Befehl zum Verwundetentransport bestätigen. Komm.» Er zog Rudat mit sich fort und sagte: «So einfach kriegen wir die Drecksau nicht mehr vor die Spritze. Warum bist du nicht durchgefahren?»

«Ich weiß nicht», sagte Rudat. «Ich kann keine Toten mehr sehen.»

«Dann kannst du dich gleich an die Wand stellen lassen.»

«Ja», sagte Rudat. «Eines Tages wird es dazu kommen.»

«Der schöne Bodo wird uns fahren lassen. Schließlich können die Verwundeten nicht einfach hier verrecken.»

«Möglich», sagte Rudat.

Sie trafen Wille als einen vom Schicksal und einer Migräne schwer heimgesuchten Mann. Er konnte die nötigen Entscheidungen nur unter größter Willensanspannung treffen. So die Entscheidung, daß sich die Reste der Abteilung um Chabrowsk einzuigeln hätten, bis irgendeine Verbindung zu anderen Einheiten hergestellt sei. Die Abteilung Hohensee schien in Guljewka aufgerieben.

Wille saß mit geschlossenen Augen in einem ausmontierten Autositz neben einem Ziehbrunnen und ließ sich von Muhle heiße Kompressen auf den Kopf legen. Das Wasser wurde auf einem Benzinkocher erhitzt. Er litt an diesen Anfällen, Spasmen der Hirngefäße, seit seiner Kindheit bei stärkerer Nervenbelastung. Bohrender Halbseitenkopfschmerz, der bis in den Nackenwirbel ausstrahlte und jeden Gedanken zu einer übermenschlichen Anstrengung werden ließ. Er vertrug kein Licht und keine Geräusche. Vor allen Dingen aber keine Unannehmlichkeiten. Er richtete sich auf, als er Rudats Stimme hörte. Sie tat ihm wohl. Er gab Rudat die Hand und es war ihm, als ob die Schmerzen nachließen. ‹So mächtig ist Sympathie›, dachte er.

Ein ungarischer Unterarzt ging ihm mit der Frage auf die Nerven, was mit den Verwundeten werden solle, er könne ihnen hier nicht helfen, sein Morphiumvorrat sei verbraucht, und er halte ihr Gebrüll nicht mehr aus, ob man nicht wenigstens versuchen könne zu transportieren, wer in Lebensgefahr sei.

«Wohin?» fuhr ihn Wille an. «Der Wald ist rundum vermint und Guljewka wahrscheinlich von den Partisanen besetzt. Wohin?»

«Sie gehen ja nicht drauf!» schrie der Unterarzt. Der Mann war mit seinen Nerven am Ende. Wille konnte ihn schließlich verstehen. Es war ihm daher ganz recht, schon um den Arzt loszuwerden, daß sich der Obergefreite Pötter zusammen mit Rudat erbot, das Risiko auf sich zu nehmen, mit einem Sturmgeschütz durchzubrechen. Wenn das gelänge, so könnten sie Fühlmansch berichten und sorgen, daß Chabrowsk entsetzt werde. Der ungarische Unterarzt forderte, daß ein Konvoi von mindestens drei Sturmgeschützen fahren müsse.

«Ausgeschlossen!» sagte Wille, und er wollte fragen, was ihm dann für Chabrowsk übrigbliebe, als im Ort eine Panik losbrach.

Ein Trupp Soldaten stürmte über den Platz und schrie: «Panzer! Der Iwan! Panzer!»

Wer sich irgend schleppen konnte, versuchte in den Wald zu kommen. Man hörte krepierende Minen, Panzermotoren, Schreie von Verwundeten, die zurückgelassen wurden.

Es war Fühlmansch, der mit einer Panzerkolonne nach Guljewka und von dort nach Chabrowsk gestoßen war. Er suchte Wille. Er sprang aus dem Turm und riß Wille die Achselstücke herunter.

«Wissen Sie, was das kostet?»

«Der Umstand, zu Ihrem Befehlsbereich zu gehören, hat in dieser Nacht zwei Abteilungen gekostet», sagte Wille bitter. «Ich mache darauf aufmerksam, daß ich vor dieser verantwortungslosen Operation gewarnt habe.»

«Wen?» fragte Fühlmansch.

«Die Herren, die mir in Guljewka Ihren Befehl übermittelten, nach Chabrowsk vorzugehen. Der Leiter Ihrer Geheimen Feldpolizei kann das bestätigen.»

«Das ist angenehm zu wissen», lächelte ein langer Bursche mit hagerem Pferdegesicht und langen Goldzähnen. «Schön Sie wiederzusehen.»

«Wieso?» fragte Wille.

«Ich bin der Leiter der Geheimen Feldpolizeistelle. Mein Name ist Hase, und ich weiß alles. Wenn ich mich nicht irre, so bin ich in Guljewka viel kleiner gewesen. Ich hoffe, daß Sie mich jetzt nicht verleugnen werden!» Er hielt Wille den Steckbrief des Mannes mit der Nickelbrille unter die Nase und lachte ungeheuer.

«Das ist nicht möglich», sagte Wille, blaß geworden. «Das ist doch gar nicht möglich.» Und er wußte, daß der Mann mit den langen Goldzähnen über dem Zahnfleischschwund recht hatte.

«Es ist nicht möglich, aber es ist passiert», sagte Fühlmansch. «Es ist passiert, daß zwei deutsche Abteilungskommandeure die Einsatzbefehle eines Partisanenführers durchführen, dessen Steckbrief sie in ihrer Kartentasche haben. Sie und Hohensee. Sie haben es fertiggebracht, daß die Partisanen aus dem Kessel raus und Ihre Abteilungen im Arsch sind! Ich gratuliere Ihnen zu dieser Verantwortung. Wissen Sie, was ich mit Ihnen machen kann?»

Wille war niedergeschmettert. Klar, daß Fühlmansch jetzt den Fuß auf seiner Gurgel hatte. Er hätte sich den Einsatzbefehl von Fühlmansch bestätigen lassen müssen. Er war dazu verpflichtet. Fühlmansch konnte ihn auf der Stelle festnehmen lassen, Fühlmansch konnte ihm die ganze Karriere versauen. Wille war von großen seelischen Erregungen geschüttelt und fest entschlossen, bei Fühlmansch kleine Brötchen zu backen. Er schilderte verständnisheischend die hinterhältige Raffinesse, mit der er hintergangen worden war, er führte seinen äußerst angegriffenen Gesundheitszustand und das besondere Vertrauen an, das er, Wille, der SS sozusagen von Haus aus entgegenbringe. Er schloß mit der Bitte, sich in einem neuen Kommando bewähren zu dürfen. In seiner Kanarienvogelstimme war Rührung, in seinen Augen feuchter Glanz, wie immer, wenn er mit sich leiden konnte. Er drückte sich mit Daumen und Mittelfinger der linken Hand die Augenlider zusammen, eine Geste, die er als eindrucksvoll von einem früheren Chef übernommen hatte.

Aufblickend sah er in die kalten Brillengläser des SS-Zahlmeisters, dem er die Suche nach dem gestohlenen Zeug verweigert hatte. Er war später und in Begleitung des Unteroffiziers Ziemer gekommen. Wille fragte teilnehmend, ob sich die Angelegenheit mit seinen Sachen aufgeklärt habe.

«Nein», sagte der Zahlmeister. Doch lasse er gegenwärtig das Gepäck der Abteilung durchsuchen. «Auf eine Meldung hin.» Er hatte ein gefrorenes Lächeln auf eingezogenen Lippen.

«Von wem?» fragte Wille irritiert.

«Auf eine Meldung von mir, Herr Oberleutnant!» sagte Ziemer vortretend, in strammer Haltung. Sein Gesicht war dunkelrot angelaufen, der Herausforderung bewußt, den Dienstweg nicht eingehalten zu haben. «Ich habe mir erlaubt zu melden, daß die von

Herrn Oberzahlmeister beschriebenen geblümten Steppdecken in einem Quartier in Korolenko bemerkt wurden, Herr Oberleutnant!»

«Warum ist das mir nicht gemeldet worden? Ich verlange, daß Unregelmäßigkeiten mir sofort gemeldet werden!»

Wille ereiferte sich, froh, das Gespräch auf einem Nebengeleis zu haben, das er für unverfänglich hielt. «Wissen Sie, von wem das Quartier belegt war?»

«Nein, Herr Oberleutnant!» sagte Ziemer und sah triumphierend auf Pötter und Rudat.

Wille verstand den Blick, und er verstand die Geste vorgetäuschter Ruhe, mit der sich Pötter einen Zigarrenstummel anzündete. Wille begriff, warum die Meldung nicht an ihn, sondern an den Zahlmeister gegangen war, und warum sich der Zahlmeister so hintergründig gab. Er war entschlossen, Rudat fallenzulassen.

«Ich dulde keine Sauereien!» schrie Wille Ziemer an. «Keine Laxheit! Keine Vertuschungen! Ich verlange, daß an den Schuldigen ein Exempel statuiert wird!»

«Das können Sie beruhigt uns überlassen», sagte Hase. «Sie sehen, daß hier prompt und kulant gearbeitet wird.»

Er zeigte auf einen untersetzten Mann mit Blumenkohlohren, der langsam über den Platz kam und ein Paket mit Daunendecken anschleppte. Es war Umpfinger, Hases Faktotum, ein Nürnberger Kellner, berühmt wegen seiner Fingerkraft. Er breitete das Paket vor dem Oberzahlmeister auf einer Zeltbahn aus und sagte:

«Ohne ein einziges Fleckel, Oberzahlmeister, und federleicht.»

Alle betrachteten die federleichten, geblümten Daunendecken des Oberzahlmeisters.

«Und wo wurden die Kostbarkeiten gefunden, Umpfinger?» fragte Hase.

«Bei einem Kosakenkorporal, der Sperenzien machte und schon futsch ist, der Krampfbruder, der schmalzige. Er muß ein Sammler von Silberbesteck gewesen sein, leider zusammengestückelt.» Umpfinger zog einen Sack mit silbernen Teelöffeln aus seiner Tarnhose und zeigte sie Hase.

Ziemer glotzte ratlos, zumal er Muhle extra nachgeschickt hatte.

Wille war nicht nur Rudats wegen erleichtert.

Pötter spuckte seinen Zigarrenstummel aus und fragte: «Sollen die Verwundeten nun hier oder auf einem Hauptverbandsplatz verrecken, Herr Oberleutnant?»

«Alle transportfähigen Verwundeten gehen nach Korolenko und werden von dort weitergeleitet», sagte Fühlmansch. «Dann komm», sagte Pötter zu Rudat, der sich kaum aufrecht halten konnte vor Übelkeit.

«Du hast ihn umbringen lassen», sagte Rudat als er mit Pötter allein war. «Du hast den Kosaken umgelegt! Du! Du allein!» Er stand vor Pötter und hatte die Augen weit aufgerissen.

«Du kannst mich von heute ab am Arsch lecken», sagte Pötter. «Wenn es nach mir gegangen wäre, so läge jetzt Ziemer auf der Schnauze und niemand sonst. Nichts machen und hinterher die Schnauze aufreißen! Wie eine hysterische Betschwester, die zu wenig gebimst wird. Der schöne Bodo wird dich im Kompanietrupp in Ordnung finden. Aber der Schnaps hat geschmeckt und die Zigaretten, wie?»

«Du könntest bei den SS-Bullen sein. Du bist das unerschütterliche Vieh, wie sie es brauchen. Der Fels, auf dem sich bauen läßt ein Schlachthaus!»

Er räumte seine Taschen aus und schmiß Pötter die Zigarettenpäckchen hin, die er bei sich hatte. Pötter steckte sie ein und sagte: «Zieh endlich Leine, Junge. Ich kann ohne dich fertig werden.»

«Ich auch», sagte Rudat, und er dachte, daß er nicht mehr fertig werden wolle, weder mit noch ohne Pötter. Er war so ausgelaugt, daß er sich kaum noch auf den Beinen halten konnte. Er ging wie ein Betrunkener fünf Schritt vor Pötter her und dachte immer nur, daß er nicht mehr wolle, daß er nicht mehr wolle.

Das Sturmgeschütz mit den Verwundeten war weg. In Richtung Korolenko und mit ihrem Gepäck. Sie trennten sich.

Ziemer suchte Muhle, um herauszukriegen, wie es zu der Panne gekommen war. Er hatte den Verdacht, daß Muhle auf zwei Gleisen fuhr. Er stellte ihn zur Rede und drohte, daß er Muhle nicht schonen werde, wenn Wille ihn, Ziemer, wegen der Meldung drankriegen wolle. Muhle meinte, daß er leider ein schlechtes Gedächtnis habe. Auch trüge er keinerlei Schuld an der verpatzten Sache. Als er dazugekommen sei, hatte Umpfinger die Decken gefunden und auch dem Kosakenkorporal bereits den Kehlkopf eingedrückt. Umpfinger habe ihm erzählt, daß er in jungen Jahren als Freistilringer aufgetreten sei und den Beinamen ‹Der Würger› getragen habe. Was da noch zu machen gewesen wäre? Offenbar habe Pötter Wind bekommen, leider. Schließlich sei ein positiver Ausgang auch in Muhles Interesse gelegen, schon Rudats wegen.

Um Ziemer zu entschädigen, machte Muhle Andeutungen über ein ziemlich happiges Gespräch, das er zwischen Wille und Rudat belauscht habe. Ziemer blieb mißtrauisch. Als sie sich trennten, kam Pötter zu ihm und sagte: «Immer wer zuletzt am Drücker ist, Kapo.»

Die offene Drohung bedrückte Ziemer zusätzlich. Pötter mußte sich stark fühlen.

Wille war bei Fühlmansch mit einem blauen Auge davongekommen. Als die Sonne groß und blutig über den Wald von Chabrowsk kam, sah er alles rosiger an. Die Toten waren verscharrt, die Verwundeten abtransportiert, der Fahrzeugschrott und die Pferdekadaver durch Panzer und Zugmaschinen von der Straße geräumt. Es war ein selten schöner Buchenwald, der Chabrowsk umgab, dicht und von delikatem Grün. In der klaren Luft waren deutsche Aufklärer, die Verbindung nach Norden und Süden war von SS-Truppen hergestellt. Sogar einige schwere Panzer vom Typ ‹Tiger› waren eingetroffen, und es hieß, daß Tausende davon für die Sommeroffensive bei Orel bereitstünden. Wille sah diesen Panzertyp zum erstenmal, er erfüllte ihn mit ästhetischem Behagen und mit Siegeszuversicht. Nicht, daß er die Schlappe ganz überwunden hatte, die Demütigung vor den Mannschaftsdienstgraden insbesondere («Geschmack ist eben Glückssache»), aber er hatte aus seiner Melancholie, aus seiner Migräne-Krise herausgefunden, als er von Fühlmansch beauftragt wurde, aus den Resten der Abteilung eine Kompanie für Sondereinsätze zu formieren. Ein fairer Auftrag, fand Wille.

Fühlmansch befahl ihm, mit seiner Kompanie bis Mittag das Zentrum des Kessels, die Stellungen am Westrand des Ortes Treblowka zu erreichen und Gassen durch die Minengürtel frei zu machen für nachfolgende schwere Waffen. Dazu werde die Kompanie durch den Zug Pioniere verstärkt, der von Hohensee übriggeblieben sei und über Minensuchgeräte verfüge. Auch blieben ihm die Kosaken erhalten. Ob sich Wille eine bessere Bewährungsmöglichkeit wünschen könne.

«Nein», sagte Wille säuerlich. Er erbat ein Sturmgeschütz, da sein Befehlswagen zerstört sei.

Erschöpft und apathisch war Rudat in einem flachen Bombentrichter in der Nähe des Sägewerkes eingeschlafen. Er lag auf dem Bauch. Im Traum fühlte er seinen Schädel auseinanderspringen mit einem hellen, überaus wohlklingenden, überaus sinnvollen Ton.

Der Ton kam von einem Stahlhelm, der neben seinem Kopf auf den Boden des Bombentrichters fiel. Der Mann, der ihn fallen ließ, war der Unteroffizier Ziemer, der seinen Zug zusammensuchte.

«Bedaure, stören zu müssen», sagte Ziemer, «doch werden Ihre Qualitäten dringend bei einem Minensuchkommando gebraucht.»

«Hat das der Alte befohlen?» fragte Rudat, Dreck aus seinem Mund spuckend.

«Das befehle ich, Paul Ziemer, ein Mann, der sich nicht ins Bier spucken läßt. Beeilung!» Wenn ihn dieser Strolch nur ansah mit seiner schiefgezogenen Fresse, kam ihm der Kaffee hoch.

Als die Kompanie die Ausgangsstellung entlang des westlichen Waldrandes von Chabrowsk bezogen hatte, zeigte sich, daß Ziemer zufällig alle seine Freunde den minenräumenden Pioniergruppen zukommandiert hatte. Natürlich auch Pötter, der verspätet ankam, weil er sich sein Gepäck aus Korolenko geholt hatte. Er war mit dem Krad hingefahren und warf Rudat eine Packtasche zu. Wortlos. Wille hielt es für angemessen, der neuformierten Kompanie eine Ansprache zu halten, in der von Gedenken an die heimtückisch gemeuchelten Kameraden, von gerechter Härte und vom Geschichte schreibenden deutschen Infanteristen die Rede war.

Ein Pionier neben Rudat sagte: «Es soll scheints heute wieder nicht warm zu fressen geben.»

Die Pioniergruppen, mit alten Minensuchkästen ausgerüstet, gingen als erste durch den Wald vor. Sie hatten minenfreie Gassen für die nachrückende Kompanie und die schweren Waffen zu markieren.

Glücklicherweise war der angelegte Minengürtel nicht tiefer als dreihundert Meter, so daß ihre Verluste in Grenzen blieben. Vier Mann waren fast gleichzeitig mit Holzminen hochgegangen, die sich die Partisanen selbst anfertigten und die von den Minensuchgeräten nicht angezeigt wurden. Zwei waren sofort tot, einem das Geschlechtsteil weggerissen. Er merkte es erst, als ihm etwas Warmes die Beine runterlief. Der vierte hatte verstauchte Füße und eine von Holzsplittern zermatschte linke Hand. Er humpelte glücklich nach hinten, die kaputte Hand betrachtend, ob sie für ein Heimatlazarett auch reiche.

Wille zog seine Infanteriezüge heran und ließ schneller vorgehen, obwohl das Waldgelände gegen Treblowka hin ziemlich anstieg und zunehmend unübersichtlicher wurde in dichtem Buschwerk und hohem, schilfartigem Gras. Er fuhr mit seinem Sturmgeschütz von Zug zu Zug und trieb die Zugführer zur Eile an, da er den Lapsus von Chabrowsk ausbügeln wollte.

Die Landser verfluchten Wille, weil er es nicht einmal fertiggebracht hatte, Fahrzeuge für ihr Gepäck zu organisieren. Sie mußten alle ihre Klamotten schleppen. Die Sonne, weiß und stechend hochgekommen, machte den Wald zu einem Treibhaus. Der feuchte Brodem trieb ihnen den Schweiß aus allen Poren, und aus dem Untergehölz machten sich Millionen Mücken über sie her.

Wille machte eine Gruppe Soldaten fertig, die keine Moskitonetze bei sich hatten. Er schrie etwas von Malariagefahr und passiver Verstümmelung. Er machte sie strafweise zu Läufern, die die Verbindung zu den vorgehenden Nachbareinheiten zu unterhalten hatten. «Ein Faß kühles Königspils für eine Malaria tropica», sagte der Pionier neben Rudat. Rudat warf seine Packtasche weg und seine Gasmaske. Die Gasmaske wurde ihm von Ziemer wiedergebracht, nebst dem Maschinengewehr eines Kameraden, da er, Rudat, kein Gepäck zu tragen hatte. Ziemer kam allmählich wieder in Gang. Er hatte den dicklichen Studienratssohn mit den Flaschen verpflichtet, ein Auge auf Rudat und Pötter zu halten. Der Junge war anstellig. Er hatte auf Ziemers Rat dem Leiter der Geheimen Feldpolizei, Hase, die Sache mit den Flintenweibern in Rylsk erzählt, seinen Zusammenstoß mit Pötter und Rudat in der Stellung. «Komisch, daß Rudat auch wieder dabei war, als die Strolche das Ding mit Wille drehten, ziemlich komisch», ließ er einfließen. Hase war interessiert. Auch an Willes menschlichen Sympathien Rudat gegenüber und an Rudats Familiengeschichte. Er spitzte Umpfinger an, dessen gesundes Volksempfinden sittlich leicht zu empören war.

Wille hielt von seinem Sturmgeschütz aus Funkrapport zu Fühlmansch und gab die jeweils erreichte Position durch die vereinbarten farbigen Rauchzeichen. Die ganze Operation, der sich konzentrisch verengende Kessel auf Treblowka, wurde von zwei Nahaufklärern vom Typ ‹Fieseler Storch› beobachtet und dirigiert. Es war für Wille faszinierend, wie alles wie am Schnürchen klappte. Es entsprach seinen Vorstellungen von moderner Kriegführung im technischen Zeitalter. Er fragte sich nur, warum die Partisanen an keiner Stelle des Kessels auszubrechen versuchten. Alle konnten ja nicht rausgekommen sein. Allein die Einheiten, die den nächtlichen Scheinangriff im Norden inszeniert hatten, waren auf vier- bis fünfhundert Mann geschätzt worden. Kaum anzunehmen, daß sie sich einfach in Treblowka wie Schafe zusammenpferchen und abschlachten ließen. Oder hofften sie als Zivilisten durchzukommen? Sie konnten doch nicht so naiv sein. Kein Mensch, kein Schuß, keinerlei Widerstand.

Sogar ausgebaute Feldstellungen, mehrere Kilometer vor Treblowka angelegt, offenbar zu Verteidigungszwecken, waren verlassen und nicht einmal vermint. Sonderbar. Er hatte noch den reibungslosen Vormarsch auf Chabrowsk in den Knochen.

Als ihm gemeldet wurde, daß die Kosaken, neben Ziemers Zug vorgehend, ein halbes Dutzend Weiber, in einer dicht überwachsenen Mulde versteckt, aufgestöbert hatten, atmete er geradezu auf. Er fuhr sofort mit seinem Sturmgeschütz hin, um sie vernehmen zu lassen. Als er mit seinem Dolmetscher ankam, hingen fünf nackte, ziemlich übel zugerichtete Frauen im Baum. Ein zirka fünfzehnjähriger Junge, der sich in Mädchenkleidern verborgen hatte, wurde gerade vernommen. Er war an den Beinen aufgehängt, die Kleider heruntergerissen, und schaukelte mit dem Gesicht über einem frisch angefachten Feuer. Zwei Kosaken schlugen ihn gemütlich mit Lederpeitschen, und der Kosakenhetman stellte Fragen. Der Junge gurgelte unartikuliert, wenn er hochgezogen wurde, und schrie, wenn sein Gesicht in die Nähe des Feuers kam. Sein kleiner Penis stand von dem sehr mageren Körper ab und sah wie erigiert aus.

Wille befahl, den Jungen sofort herunterzulassen. Er fiel mit dem Gesicht in die heiße Asche und hatte Brandwunden an Gesicht und Hals, als er nackt vor Wille stand. Die weißblonden Haare waren abgebrannt und aus dem Mund floß Blut. Das runde, verweinte Gesicht war verschwollen, und er bemühte sich, das Zucken seiner Glieder zu unterdrücken, die wie von Krämpfen geschüttelt waren.

Wille versuchte, ihn zu beruhigen. Er legte ihm die Hand auf die Schulter und gab ihm einen Riegel Schokolade. Er ließ ihm durch den Dolmetscher ein paar verständige Fragen über Aufenthalt und Stärke der Partisanen stellen und versprach, daß er ihn laufen lasse, wenn er vernünftig antworte. Der Junge starrte ihn an, als hätte er ein unbekanntes, feindliches Tier vor sich. Er hatte große, helle Augen, die in Wille eindrangen, und die das einzig Ruhige waren in einem unaufhörlich, offenbar unwillkürlich grimassierenden Gesicht. Wille ließ seine Fragen in ruhigem Tonfall wiederholen, und der Junge sagte, daß gestern Partisanen durch Treblowka gezogen seien, daß er sonst nichts wisse, da er fremd sei, in Rylsk wohne und in Treblowka nur eine Tante besucht habe, daß er auch in Deutschland arbeiten wolle, daß er gut arbeiten könne. Er sprach überstürzt, in einer singenden Weise, Wille ständig anstarrend, ständig grimassierend, und er spannte die Armmuskeln an, als er von seinen Arbeitsfähigkeiten sprach. Wille nickte ihm zu und ließ sagen, daß er es in Deutschland nicht schlecht haben werde, daß er eine Büchse Fleisch kriege, und daß er ihn verbinden lasse, wenn er zu lügen aufhöre und damit zeige, daß er wirklich gerettet zu werden verdiene. Als der Dolmetscher so weit war, spielte Wille zur Ermunterung ein bißchen an seiner Pistolentasche. Wille beobachtete den Jungen. Der Junge sah sich nach den Kosaken um und sah in den Baum mit den Frauen. Er steckte ein

Stück Schokolade in den Mund, und seine Zunge schnellte mehrmals über die blutende Lippe, wie das Wille vorher nur bei Fröschen oder Echsen beobachtet hatte. Es schien Wille, daß der Junge einen Entschluß faßte, und der Entschluß war, plötzlich auf Wille loszugehen und ihn anzufallen, so daß Wille gezwungen war, seine Pistole zu ziehen und ihn abzuknallen. Er zielte aus nächster Nähe auf seinen eingezogenen Bauch, und er traf ihn zweimal. Er sah, daß der zusammengeknüllte tote Junge mit seiner linken Hand einen halben Schokoladenriegel festhielt.

Der kahlgeschorene Kosakenhetman grinste ihn an und sagte: «Sie haben wenig Erfahrung mit diesen verhetzten Bestien.» Er spuckte seine Papirossa aus.

Wille drehte ihm den Rücken zu und sah sich auf kurze Entfernung Rudat gegenüber.

«Scheußlich», sagte Wille. «Es ist einfach ein scheußliches Gefühl, einen halben Schuljungen umgelegt zu haben.»

«Es ist eine Sache der Gewohnheit», sagte Rudat. «Der Mensch ist unbegrenzt bildungsfähig.»

«Was sollte ich machen, Rudat? Ich habe den Jungen ja tatsächlich doch retten wollen.»

«Ich werde es nicht weitersagen, Herr Oberleutnant», sagte Rudat und humpelte den Landsern nach, die von der Episode nur insofern Kenntnis genommen hatten, als dabei zwei Handkarren für ihre Klamotten zu erobern waren. Es hatten die Sachen der aufgehängten Frauen darauf gelegen, Bettzeug, Töpfe, ein Regulator.

Es gab Wille eine gewisse sportliche Befriedigung, daß seine Kompanie den Ortsrand von Treblowka als erste erreichte. Vor den Einheiten, die über Fahrzeuge und schwere Waffen verfügten. Er gab Rauchzeichen und ließ um Punkt elf Uhr auf den lehmigen Höhen in Stellung gehen. Er sah Treblowka, das Zentrum des Partisanengebietes, in der Mittagssonne weiß zu seinen Füßen liegen.

Es war ein größeres Dorf, in einem waldlosen Tal gelegen. Freundliche, helle Häuserzeilen, von Gärten und kleinen Obstplantagen unterbrochen, folgten einem schmalen Fluß und einer staubigen Straße bis zu den gegenüberliegenden Höhen hinauf. Das Weiß der getünchten Hauswände in den verschiedensten

Schattierungen, wie er durch sein Fernglas bemerkte. Bläuliches und rosiges und grünliches Weiß in zarten Varianten. Wo Wein emporrankte oder Spalierobst, rechts und links von dunkelgrünen Haustüren, konnte er sogar die Spritzer sehen von weißgrünem Lysol oder weißlila Kaliumpermanganat, die als Pflanzenschutzmittel verwandt wurden. Eine Symphonie in Weiß, fand Wille, heiter, leicht und reinlich. Er notierte die innige Beziehung, die bestehe zwischen dem zärtlichen Klang des Vokals ‹ei›, dem ersten Kosewort der Kinder, und dem zärtlich-reinen Weiß, das nicht Farbe sei im physikalischen Sinn, vielmehr erst die Tendenz habe zur Farbe, zu jeglicher Farbe, und sich zu ihr verhalte wie die Vorlust zu Lust, was ja auch dem vorgeschlechtlichen Kosewort ‹ei› zukomme übrigens.

Es ging für Wille ein starker Reiz von diesem scheinbar friedlichen, scheinbar zufriedenen Ort aus, diesem Partisanennest, eine Herausforderung, ihn zu besetzen, zu unterwerfen, zu beschädigen. Unvermittelt fiel ihm die Verlockung ein, die er als Knabe beim Anblick offenen Feuers empfunden hatte, der lebhafte Wunsch, es mit seinem Harnstrahl auszulöschen. Er hatte daran vergessen. Wille machte die poetische Feststellung, daß über dem Ort die Stille liege, die sich vor Explosionen ausbreite, wenn das Zählwerk tickt. Die Straßen, die Nebenwege, die Höfe waren menschenleer, Fenster und Haustüren, der Hitze ungeachtet, fest geschlossen.

Auf den Höhen rundum wurden nacheinander die vereinbarten Rauchzeichen geschossen.

Fühlmansch, in einem der beiden ‹Fieseler Storch› aufgestiegen, flog sehr langsam über das Dorf und teilte den Infanterieeinheiten die Abschnitte zu, die sie zu durchkämmen hatten. Alle Personen weiblichen Geschlechts waren in die Schule, alle Personen männlichen Geschlechts in die Maschinenschuppen der ehemaligen Traktorenstation zu verbringen, sofern sie Papiere deutscher Behörden vorweisen konnten und keine Waffen bei ihnen gefunden wurden. Bei etwaigem stärkerem Widerstand sollten sich die Infanterieeinheiten auf eine bezeichnete Linie zurückziehen und die mit Flammenwerfern ausgerüsteten Panzer ihre Arbeit machen.

Willes Kompanie hatte den nordwestlichen Ortsrand, den Höhen entlang zu säubern.

Als Wille seine Gruppen instruiert und die nötigen Sicherheitsmaßnahmen angeordnet hatte, tauchte Umpfinger mit einem Liquidierungskommando bei ihm auf.

«Nur um Ihnen bei Vernehmungen eine Hilfe zu sein, Herr Oberleutnant», sagte Umpfinger. «Die Herren kennen keine Sprachschwierigkeiten.»

Die vier Herren lächelten blasiert und stiegen aus ihrem Spezialfahrzeug, einem ehemaligen Schützenpanzer, durch große rote Kreuze gekennzeichnet, der für Vernehmungszwecke umgebaut und mit einigem Luxus ausgestattet worden war. Ein Patent von Umpfinger. Es waren hübsche Jungen in eleganten Uniformen und frischer Wäsche. Ihr Ehrgeiz ging darauf, sich möglichst ähnlich zu sehen. Sie trugen die gleichen engen Breeches, die gleichen erstklassig geschnittenen Reitstiefel, die gleichen blonden Bärtchen und die gleichen hellgelben, golftaschenähnlichen Lederbehälter, in denen sie ihre Werkzeuge verwahrten. Umpfinger, eindrucksvoll ungepflegt und häßlich mit seiner eingeschlagenen Nase und den Blumenkohlohren, schien einen Sinn für Kontrasteffekte zu haben. Sie standen in tadelloser Haltung hinter Umpfinger, ebenmäßige weiße Zähne zeigend, als sollte ein Werbefoto von ihnen angefertigt werden.

Es machte Wille ein physisches Unbehagen, die Garde in seiner Nähe zu wissen. Sie hatten etwas Makabres an sich, etwas von einer grauenhaften Clownsnummer, das Wille durchaus nicht gelten lassen konnte. Er mochte innerlich nichts damit zu tun haben, und er gab Umpfinger zu verstehen, daß er als Truppenführer jede, aber auch jede militärisch notwendige Härte verantworte, daß er es aber nicht für zweckmäßig halte, Umpfingers spezielle Tätigkeit in seinen, Willes, Verantwortungsbereich einzubeziehen, ohne Wertung und bei aller Bereitschaft zur Zusammenarbeit, falls diese notwendig werde. Umpfinger verstand kein Wort. Er sagte, daß dies tadellose Burschen seien, wie?, daß sich der Wagen sehen lassen könne, was?, und daß Edelmetalle, falls solche beigebracht würden, ihm, Umpfinger, zu übergeben seien, zwecks Weiterleitung. Er wischte sich die Glatze mit einem Taschentuch und hieß die Herren mit den hellen Lederbehältern wieder einsteigen, indem er rief: «Auf gehts, ihr Abortdeckel!»

Wille warf einen Blick in den Wagen, der wie ein Operationssaal eingerichtet war. Scharfe, verstellbare Leuchten, über einer weißen Lederliege, die auf hydraulische Weise in jede beliebige Lage gebracht werden konnte. Umpfinger stellte einen kleinen Apparat ein, ein Magnetophon, wie sich zeigte, das die Unterhaltung Wille–Umpfinger wiedergab und mit einem grellen Frauenschrei endete, dem ungelöschten Rest einer früheren Bandaufnahme. Wille war angewidert, wie von den faustgroßen Rinderaugen, die sinnlos herumstierten auf dem glitschigen Boden des Schlachthauses, das er als zehnjähriger Junge besichtigt hatte mit seinem Vater, der den sich erbrechenden Knaben mit dem Hinweis getröstet hatte, daß ja doch geschlachtet werden müsse.

Wille sagte sich, daß jede neue Ordnung in einem Gebärsack von Schleim und Blut zur Welt komme, zwischen Urin und Fäkalien, so wie auch der Mensch geboren werde. Er prägte sich die Formulierung ein, um sie später notieren zu können und gab den Zugführern Zeichen, die Höhen hinunter nach Treblowka vorzurücken.

Fühlmansch, mit seinem ‹Fieseler Storch› auf etwa tausend Meter Höhe gestiegen, etwas Gervais zu sich nehmend auf dünn gebutterten Knäckebrotscheiben (er hatte seit Chabrowsk nichts gegessen), beobachtete, wie sich der ausgestorbene Ort unter seinen Fingern quasi frisch belebte. Als stoße er, Fühlmansch, unsichtbare Metallfäden in einen Ameisenhaufen, so quollen Lebewesen aus weißgetünchten Waben, erst hier, dann da, dann überall, verwirrt durcheinanderkrabbelnde Termiten, von unsichtbaren Kräften zu Haufen geordnet, in Ströme geleitet, die sich auf zwei Zentren, die Schule und den Maschinenschuppen der Traktorenstation zubewegten. Ein lautloser Mechanismus, von ihm erdacht, von ihm dirigiert, erhabene Gefühle in ihm auslösend, die er ‹ozeanisch› nannte, denn er liebte das Meer.

Rudat war einer der Gruppen zugeteilt, die die Häuser umstellten, durchsuchten und die Bewohner auf die Straße trieben. In der Überzahl Frauen mit Kindern bis zu zehn, zwölf Jahren, Greise und Körperbehinderte, die schwerlich als untergetauchte Partisanen zu denken waren. Sie saßen gottergeben auf ihrem Handgepäck, Hausrat und einige Lebensmittel in Betten eingeschlagen, fünfzehn bis zwanzig Personen in einem Raum, Leute aus Treblowka und Leute aus den umliegenden Walddörfern. Sie standen auf, sobald die Soldaten hereinkamen und hoben die Hände hoch und legten die Hände hinter dem Nacken zusammen, wenn sie dazu aufgefordert wurden. Auch die Kinder von drei und vier Jahren, die es den Müttern nachmachten oder den Großvätern. Sie liefen wie die Erwachsenen, eilig und bemüht, nicht aufzufallen, an dem Maschinengewehrposten vorbei, der in der Tür stand und «dawai» rief oder auch schwieg, wie Rudat, und mechanisch mit der Hand winkte und ahnte, daß er sie mit dieser Handbewegung in zwei große Schlachthäuser leitete. Im Vorüberlaufen sahen manche die Blasen auf seiner Backe, die verbrannt war von dem Maschinengewehrmantel in jener Nacht am Fluß Sejm. Er fragte sich, warum sie sich widerstandslos zusammentreiben ließen wie die Hammel, zu Hunderten, und er dachte, daß er aussteigen müsse, bevor es soweit wäre und fand keine Gelegenheit, da entweder Ziemer in der Nähe war oder Umpfinger oder der dickliche Studienratssohn, und trieb die Leute aus dem nächsten Hause heraus, so daß sie in Gruppen eingeteilt werden konnten und Umpfinger die passenden Leute für seinen Krankenwagen fand.

Umpfinger suchte sich für seine Zwecke Frauen aus, die ihm empfindsam schienen. Er hatte die sogenannte Anodentechnik entwickelt, die noch im Stadium der Versuche war, aber nach seinen bisherigen Erfahrungen zu wirklichen Hoffnungen berechtigte. Dabei wurden die elektrischen Pole mit feinen Klammern an den physiologisch reizbarsten Stellen des Genitale befestigt. Der Strom war über einen Widerstand dosierbar, vom zartesten Reiz bis zum intensiven Schmerz. In wenigen Minuten – mechanisch und ohne jede geistige Anstrengung – war damit der Zustand äußerster Aussagebereitschaft zu erreichen, den erfahrene Vernehmungsbeamte durch stundenlangen Wechsel zwischen Zureden und Schlägen, Komplimenten und Folterungen anstrebten. Umpfinger hatte Zeichnungen der einfachen technischen Einrichtungen anfertigen lassen und die Methode an Hand der Zeichnungen beschrieben. Er hoffte, den Beifall des Reichsführers zu finden, dessen Sinn für Neuerungen und Wissenschaftlichkeit berühmt war. Daß seine jungen Leute heute zu keinen Resultaten kamen, konnte er nur darauf zurückführen, daß diese Zivilisten, zurückgelassener Schund, tatsächlich nicht wußten, wohin sich das Partisanengesindel verzogen hatte.

Fühlmansch war anderer Meinung. Als er von Umpfinger eine entsprechende Meldung bekam, sagte er, Umpfinger solle gefälligst arbeiten und nicht herumspielen. Daraufhin nahm sich Umpfinger, des ungerechten Vorwurfs wegen wirklich in Rage gekommen, eine ziemlich städtisch, ziemlich intelligent aussehende Frau vor und vernahm sie in seiner konservativen Freistil-Technik. Sie hatte ein kleines Mädchen bei sich und er ließ das kleine Mädchen zusehen. Er kriegte aber nur das gleiche Gewäsch zu hören, was jeder ohnehin wußte, keine verwertbare Angabe. Als er den Griff seiner Hände einen Augenblick lockerte («Man wird älter», sagte sich Umpfinger), spuckte sie ihn an und geiferte: «Du hängst, ehe ich verfault bin!»

Er ließ den Wagen zu einem der Sammelplätze fahren, schleuderte die erwürgte Frau heraus und brüllte: «So mache ich euch fertig! So mache ich euch alle fertig, bis ihr singt, wo sich die Partisanen aufhalten!»

Natürlich brachte das Unruhe unter die Leute. Es kam zu einer erregten Auseinandersetzung zwischen Wille und Umpfinger. Umpfinger zeigte auf die tote Frau und sagte: «Mir ist bekannt, daß Sie kein Freund der Frauen sind.»

«Ich bin kein Freund von blutigen Kaffern, die die Ehre der deutschen Armee in den Dreck ziehen», sagte Wille, «und ich verbiete Ihnen ab sofort, in meinem Befehlsbereich Vernehmungen vorzunehmen. Sie werden sich bei Obersturmführer Fühlmansch zum Rapport zu melden haben.» Er ließ den beunruhigten Bewohnern durch den Dolmetscher sagen, daß er als Offizier Ruhe und Ordnung garantiere, wenn sie wie bisher seine Anordnungen befolgten und in die befohlenen Sammelstellen einrückten.

Umpfinger sah ihn beschaulich an und dachte: ‹Du bist nicht der erste perverse Hund, dem vom Umpfinger Franz das Handwerk gelegt wird, Afterkönig du.›

Er machte Hase Meldung über Wille, und Hase gab die Meldung an Fühlmansch weiter, nicht ohne auf Willes seltsame Sympathien anzuspielen. Die Meldung kam Hase gelegen, weil auch er zu brauchbaren Informationen nicht gekommen war. Fühlmansch knurrte etwas von Mediokritäten, und daß er die Vernehmungen selbst in die Hand nehmen wolle. Er war kein Panikmacher, aber die Sache mit den unauffindbaren Partisanen und Willes philanthropischen Exzessen wurde langsam komisch.

Übrigens fragte sich Wille nach dem ersten Zorn, ob er in seiner Lage mit Umpfinger nicht zu weit gegangen wäre. Er war immer so hitzig. Schließlich würde es auf seine, Willes, Kappe gehen, wenn ihnen jetzt auch noch die im Kessel verbliebenen Partisanen durch die Lappen gingen. Während des Zwischenfalls mit der Frau war es Rudat endlich gelungen, von seinem Kommando abzukommen. Er lief eine Jasminhecke entlang, die zwei Gärten voneinander trennte, zwängte sich durch Himbeergestrüpp, Stacheldraht, in einen verunkrauteten, schlauchartigen Weg zwischen hohen Bretterzäunen. Er hatte keine Ahnung, wo er sich befand, und lief den Weg entlang, der von Abfällen und Kothaufen bedeckt war. Als er Schritte hörte, versuchte er über einen der beiden Zäune zu kommen. Er war so ausgepumpt, daß er herunterrutschte und auf dem Gesicht liegenblieb. ‹Sollen sie mich umlegen, sollen sie mich an die Wand stellen, ich bleibe hier liegen, ich bin keine solche Drecksau, daß ich das länger mitmache.› Er spürte, daß er mit dem Gesicht in Brennesseln lag, daß Wasser aus den aufgegangenen Brandblasen lief und hörte die Schritte näher kommen. Jemand hob ihn auf, jemand schob ihn über den Zaun, kam hinterhergesprungen und hob ihn wieder auf. Es war Pötter, und er sagte: «Was wir jetzt brauchen ist ein Schattenplatz zur Mittagsruhe. Komm!»

«Und wenn uns Ziemer sucht?»

«Dann ist das ganz in Ordnung», sagte Pötter. «Es ist einem preußischen Obergefreiten nicht verboten, im Einsatz Übereifer zu zeigen.»

Sie liefen im Schutz des hohen Zaunes hügelan, hinter den Gärten einer Zeile noch undurchsuchter Häuser entlang (zu Willes Bereich gehörig), krochen einen steilen Sandweg hinauf, von Ginsterbüschen gedeckt und befanden sich über dem Niveau des Ortes in einer kleinen Sandgrube. Sie mußte eine Art Kinderspielplatz gewesen sein früher. Es waren Höhlen und Unterstände eingegraben. In einer Brustwehr steckte eine Fahne, aus einem Taschentuch gemacht. In einer der Höhlen, von einer verschimmelten Plache abgedeckt, fanden sie, in Lumpen eingewickelt und versteckt, ein Bündel Pfeile, Bogen, Holzgewehre und Lanzen. In die Rinde waren Initialen geschnitten, und dem ganzen Paket war ein rotbeschrifteter Pappdeckel beigelegt, eine Warnung an Unbefugte, die sie nicht lesen konnten.

Sie saßen unter der Plache und rauchten. Wenn sie sich vorbeugten, übersahen sie einen großen Teil des Ortes, der staubig geworden war von den Stiefeln der Soldaten, die Haus für Haus durchkämmten, und von den Schuhen der Russen, die in die Schule und den Maschinenschuppen trabten. Sie sahen die Küchentrupps Gänse jagen für die Warmverpflegung, und sie sahen weiter oben die Panzer und Flammenwerfertrupps, die auf ihren Einsatzbefehl warteten.

«In genauso einer Sandgrube habe ich Krieg gespielt», sagte Pötter.

«Ich auch», sagte Rudat. «Ob sie tatsächlich alle umlegen?»

«Wir werden nicht dabeisein, und wir werden es nicht sehen.»

«Nein, wir werden es bloß hören. Und dann den nächsten Kessel machen, und dann werden wir es wieder hören. Es hört nicht auf –»

«Ich frage mich, wieso du das von Chabrowsk gewußt hast», sagte Pötter.

«Ich habs nicht gewußt», sagte Rudat. «Aber es wär für mich besser gewesen, wenn ich in Chabrowsk verreckt wäre. Der Sanka ist hin und auch die Nutten.»

«Was ist?» fragte Pötter, da Rudat plötzlich aufsprang und Pötter zur Seite zog.

«Sie haben uns gesehen!»

«Wer?»

«Zwei Mann. An dem kleinen Holzstoß. Ich glaube, es ist Ziemer, der eine.»

Pötter legte sich auf den Bauch und suchte die Gärten und die

Wege mit dem kleinen Feldstecher ab, den er in Woronesch erobert hatte. Er sah tatsächlich zwei Leute in einem Graben entlangkriechen und in einer Mulde wegtauchen, die in ihrer Richtung gelegen war. Als sie wieder vorkamen und sich aufrichteten, um bis zu einem Ginstergebüsch zu springen, erkannte er Umpfinger und einen seiner Gehilfen.

Pötter kroch zurück und entnahm seiner Packtasche eine Haftmine, russische Eierhandgranaten, Sprengkapseln und eine Rolle Draht. Er machte die Zünder los, verband sie mit dem Draht und verlegte die Dinger im Boden und der Seitenwand der Höhle, über dem Paket mit dem Kinderzeug.

«Ziemer?» fragte Rudat.

«Nein», sagte Pötter, «unser Würger und Daunendecken-Interessent.»

Er ging bis an das Ende der Höhle und fand einen schmalen Gang, der in eine andere, höher gelegene Höhle führte, die ihrerseits mit anderen Höhlen verbunden war. Die Kinder hatten aus der Sandgrube so etwas wie eine Festung gemacht. Nach etwa dreißig Metern Weg konnte man auf der anderen Seite in einem klettenbewachsenen Hohlweg herauskommen. Pötter legte den Draht bis in den Gang und warf Sand darüber. Er trug sein Gepäck zurück und zeigte sich für einen Moment unter der verschimmelten Zeltplache, so daß er von Umpfinger gesehen werden mußte. Er sah die beiden, etwa zweihundert Meter entfernt, in Deckung der Ginsterbüsche auf die Sandgrube zurobben und sagte: «Sie wollen es nicht anders haben. Also. Nimm die Klamotten mit.»

Er zeigte Rudat den Weg, durch den sie abhauen mußten und das abgelegene Haus, das sie in dienstlichem Übereifer durchsuchen wollten. Niemand konnte ihnen das geringste beweisen. Warum mußte Umpfinger in einem verminten Gelände spazierengehen? Er legte sich in den Gang und nahm die Drahtschlinge in die Hand. Es tat ihm leid, daß Ziemer nicht dabei war.

Umpfinger arbeitete sich mit seinem Kumpan äußerst umsichtig an die Sandgrube heran. Er hatte das Gefühl, einen großen Coup zu landen. Als er, nach dem Zusammenstoß mit Wille, von Ziemer hörte, daß Rudat und Pötter verschwunden seien, urplötzlich, war in seinem bedächtig arbeitenden Gehirn der verwegene Gedanke aufgetaucht, daß Wille Verbindungen zu den Partisanen unterhalte, und zwar über Rudat, mit dem er ein perverses Verhältnis hatte. Die komische Sache mit den Flintenweibern in Rylsk, die ihm Ziemer erzählt hatte, die falsche Befehlsübermittlung in Guljewka (warum grade Wille und wieso war Rudat dabei?), Willes Kompetenzstreitigkeiten mit Fühlmansch, seine waschlappigen Einwände gegen alle wirklich scharfen Maßnahmen und jetzt Rudats Verschwinden schienen ihm in diesem Licht nicht zufälliges Versagen weltfremder Idioten, die nicht wußten, wo Gott wohnt, sondern Glieder einer Verratskette, die Erfolglosigkeit der bisherigen Aktion wie auch die Unauffindbarkeit der Partisanen zwanglos klärend. Sein gesundes Volksempfinden als ehemaliger Kellner («Wenn ich nichts habe, so habe ich Menschenkenntnis») sagte ihm, daß ein Mensch, der imstande war, widernatürliche Unzucht zu treiben, auch imstande war, sein Vaterland zu verraten. Irgendwie hing das ja alles zusammen, Homosexuelle, Juden, Vaterlandsverräter, Kommunisten, Woolworth und langhaarige Schriftsteller. Schlawiner, die er herausroch, eh sie das Maul aufmachten. Er hielt nichts auf komplizierte Unterscheidungen, er hatte seinen Riecher und machte Nägel mit Köpfen.

Natürlich war das eine Spekulation, Inspirationssache, die täuschen konnte, zugegeben, aber er riskierte ja nichts, wenn er den nervenschwachen Jungens, die da in der Sandgrube herumkrochen, mal die Arschkerbe auf Zuckergehalt kontrollierte und zur Sicherheit auch ein paar Wagen von der anderen Seite ranfahren ließ, falls er an dem richtigen Loch gerochen hatte. Er hatte ein positives Gefühl, wie er den Kujon zum zweiten Male unter der Plache auftauchen sah, nichts ahnend, ein verdammt positives Gefühl von einer Beförderung und einer eigenen Dienststelle. Da würde der Obersturmführer Fühlmansch Augen machen, der Obergescheite, der.

Fühlmansch war mit seinem ‹Fieseler Storch› kaum gelandet, da ließ er sich auf den großen Platz fahren, wo die mit Menschen vollgestopfte Schule und der mit Menschen vollgestopfte Maschinenschuppen lagen. Er zog die Panzer von den Höhen heran und befahl die Truppenführer zu sich, auch Hase, den Leiter der Geheimen Feldpolizei.

«Sie haben jetzt etwa tausend Leute aus den Häusern geholt, ruckzuck, ohne Panik, in Ordnung. Tausend Leute, von denen neunhundertneunzig mehr über die Partisanen wissen als wir zusammen. Sie aber können nichts erfahren. Auch die Herren von der Geheimen Feldpolizei nicht. Ist das richtig? – So, und jetzt will ich Ihnen mal zeigen, wie das in einer Viertelstunde ohne Nervosität, Tricks oder Schofeligkeit zu ändern ist. Dolmetscher!»

Es fuhr ein Nachrichtenwagen heran, und Fühlmansch ließ eine eindrucksvolle Ansprache über den Lautsprecher gehen:

«Bewohner von Treblowka! Es ist bekannt, mit welchen Strafen das Kriegsrecht die aktive und passive Unterstützung bewaffneter Banden belegt. Es ist bekannt, daß ihr euch dieser Unterstützung schuldig gemacht habt. Ich habe mich trotzdem entschlossen, euch eine Chance der Bewährung zu geben. Ich gebe euch zehn Minuten, in denen ihr euern guten Willen zeigen könnt. Ich wähle zehn Bewohner aus, die nacheinander jeweils eine Minute Zeit haben, um uns ehrlich und ohne Nötigung alles zu sagen, was sie über die bewaffneten Banden und insbesondere über deren jetzigen Aufenthalt wissen. Und wenn sich der erste Bewohner hier anständig verhalten hat, dann hat sich das Dorf Treblowka anständig verhalten und wird als solches behandelt. Und wenn sich der zehnte Bewohner hier verstockt zeigen sollte und gerichtet wird, dann hat sich das Dorf Treblowka verstockt gezeigt und wird als solches ebenfalls gerichtet werden. Ich bin Soldat und halte, was ich verspreche.»

Er kam von dem Nachrichtenwagen herunter und war angewidert von dem Schweißgeruch und dem dumpfen Kalbsblick des Gesindels, das, an ihm vorbei, auf die heranfahrenden Panzer sah, während er redete.

Die Herren von der Wehrmacht standen ein bißchen verklemmt herum, Spielbein und Standbein wechselnd, weil es einiges Geschrei und Durcheinander gab, ehe Hase die zehn Leute beisammen und in einer Linie aufgestellt hatte. Sie standen nach der Größe, vor sich die Nachbarn, Freunde und Verwandten in Schule und Maschinenschuppen und hinter sich einen SD-Posten mit einer Maschinenpistole. Als Fühlmansch auf seiner Fliegeruhr die erste Minute abstoppte, redeten mehrere gleichzeitig. Ein ehrwürdiger, offenbar geistesgestörter Greis war nicht davon abzubringen, mit greller Stimme abwechselnd zu beten und unangenehm hohe Liturgien zu singen, die der Dolmetscher auch noch übersetzte. Fühlmansch mußte ihn austauschen lassen, um einigermaßen diszipliniert beginnen zu können. Er hieß auch einige die Plätze wechseln, so daß diejenigen ans Ende kamen, die ihm intelligenter und infolgedessen auch anfechtbarer schienen.

Wille kam die ganze Sache greulich und widersinnig vor. Warum sollten die Partisanen den Leuten gesagt haben, wo sie sich verbergen wollen? Und wenn es jemand wußte, warum sollte der unter diesen zehn sein? Wenn er keine Rücksichten zu nehmen hätte, dann würde er einfach weggehen wie der dicke Pionierhauptmann.

Als er die kleine, alte Frau auf dem Gesicht liegen sah (sie hatte ihre Jacke ausgezogen, damit sie nicht beschädigt würde), sagte er sich, daß er hätte weggehen müssen. Scheußlich. Es fiel ihm plötzlich auf, daß Umpfinger nicht da war.

Pötter lag auf dem Bauch, den Kopf abwärts. Sein schwerer Körper füllte den Gang aus. Er wälzte seinen kalten Zigarrenstummel im Munde, wie er das seit zehn Jahren machte, wenn er nachdachte. Er schob sich ein kleines Stück vor, weil er den Eingang der Höhle sehen mußte, um den richtigen Moment zu erwischen. Er wollte sehen, wie die beiden mit den Minen hochgingen. Der Sand über den Minen und Handgranaten war wieder hell geworden. Es war alles in Ordnung. Er wollte sehen, wie Umpfinger hochging, und er wollte sehen, wie der begleitende Friseurgermane hochging. Es war ihm ein Bedürfnis, das zu sehen.

Aus dem Dorf hörte er in regelmäßigen Abständen kurze Feuerstöße aus einer Maschinenpistole. Er hörte es sechs- oder siebenmal. Er dachte, daß er eines Tages seiner Frau schreiben würde, daß er bei nächster Gelegenheit Onkel Leo besuchen wolle. Sie hatten das für den Fall vereinbart, daß ihm nichts übrigblieb, als in Gefangenschaft zu gehen. So kitzlig das war. Er hätte das Mädchen gerne gesehen, das er ihr vor anderthalb Jahren im Urlaub gemacht hatte. Sie hatte ein neues Radio gekauft, und als sie es zum erstenmal anstellten, da hatte Hitler geschrien, daß der russische Koloß zerschlagen sei und daß er sich nie mehr erheben werde.

Er hörte aus dem Dorf noch einmal den Feuerstoß aus einer Maschinenpistole und gleich danach ein leises Schießen in der Nähe. Er spuckte den Zigarrenstummel aus und drückte seine Backe in den feuchten Sand. Er sah Umpfinger in die Höhle kriechen, die Maschinenpistole um den Hals gehängt, er hörte ihn keuchen, und er sah ihn drei, vier Meter näher kommen. Er dachte, daß er ihn mit dem Bajonett erledigen müsse, wenn nicht bald der andere käme, und er verfluchte sich, daß er bei seinem ganzen Ia-Plan nicht an die Möglichkeit gedacht hatte, daß die beiden Halunken einzeln kämen. Er sah Umpfinger aufstehn, die Maschinenpistole entsichern, und er dachte, daß es jetzt auch für das Bajonett zu spät wäre. Er war erleichtert, als er den andern im Eingang der Höhle auftauchen sah. Sie standen im Gegenlicht, und Pötter dachte, daß sie jetzt das eingewickelte Kinderzeug entdecken müßten, und er wartete bis sie auf die Wand zugingen, wo das Kinderzeug lag und wartete, bis sie ganz dort waren. Er zog die Drahtschlaufe auf sich zu und zählte. Er sah, wie sie vom Boden hochgehoben wurden, und er sah, wie sie auseinandergerissen und an die gegenüberliegende Wand geschmettert wurden, ehe die Höhle einstürzte und sie begrub und nichts mehr zu sehen war. Er riß den Draht heraus und klaubte den Zigarrenstummel auf, ehe er den Weg zurückkroch, den er sich vorher angesehen hatte. «Es ist alles bestens», sagte er, als ihm Rudat entgegenkam.

«Im Hohlweg ist SS», sagte Rudat, «mindestens drei Wagen. Sie kriegen mich nicht lebendig.» Er öffnete das Schloß seines Maschinengewehrs und legte einen vollen Gurt ein. «Sie kriegen uns überhaupt nicht», sagte Pötter, «sie sind zu dußlig, um uns überhaupt zu kriegen. Komm.» Er dachte, daß die SS-Wagen unmöglich wegen ihnen hier sein könnten, und daß sie zirka fünf Minuten Zeit hätten, einen anderen Ausgang zu finden oder auch ein gediegenes Versteck, ehe irgendein Kommando aus dem Dorf an der Sandgrube sein konnte.

Er zog Rudat durch Gänge und Höhlen, die sie nie betreten hatten, dunkle, sinnlos angelegte Labyrinthe, die irgendwie nach oben führten. Er hatte das Gefühl, daß oben ein Ausgang sein müsse, wo Büsche waren, Kaninchenlöcher und Vögel, und es waren die Büsche, Kaninchenlöcher und Vögel der Sandgrube, in der er als Junge gespielt hatte, die ihm dieses Gefühl eingaben.

Jedenfalls mußten sie hier raus.

Sie hatten sich bis in eine zusammengestürzte, kniehohe Höhle vorgearbeitet, da fühlten sie plötzlich Wurzeln über sich und in der Wand große Feldsteine, die wie vermauert waren. Sie mußten unmittelbar unter der Erdoberfläche sein. Sie legten sich auf den Rücken und begannen mit ihren Bajonetten zu graben. Da hörten sie über sich Schritte. Eine Suchstreife vermutlich, und sie warteten, bis sie vorüber war. Sie begannen von neuem zu graben und hörten neue Schritte und hörten, wie sich der Bau unter ihnen zu beleben begann. Entfernte Geräusche, Stimmen, die sich zu nähern schienen und die sich wieder entfernten, Schritte, die über sie wegeilten und dann ein paar Sekunden vollkommener Ruhe. «Sie kriegen mich nicht lebendig», wiederholte Rudat und Pötter sagte: «Wenn du doch einmal die Schnauze halten könntest.»

Er arbeitete jetzt an der Wand mit den Feldsteinen, die sich als sehr fest erwies. Er riß große Steine aus der Wand und stopfte sie in den Eingang, durch den sie hereingekrochen waren, so daß sie wie in einem Grabe lagen. Der aufgewirbelte Staub war dicht, und sie mußten schon nach kurzer Zeit mächtig pumpen, um genügend Sauerstoff in die Lungen zu kriegen. Ihre Luftwege brannten, als hätte man Pfeffer hineingekippt. Die Geräusche unter ihnen waren zu einem entfernten Rumoren geworden, und sie konnten sich ausrechnen, ob sie in zwanzig oder erst in dreißig Minuten erstickt wären, wenn sie besonders ruhig und besonders flach atmeten zwischen den Hustenkrämpfen.

Rudat erinnerte sich gelesen zu haben, daß der Mensch nach Gott rufe angesichts des Todes und in den Abgründen der Verzweiflung, und er dachte, daß das ein alter Hut für erbauliche Schriften sei, und er rief nach gar nichts. Er spürte, daß ihm der kalte Schweiß ausbrach und über den Körper lief in kalten, angenehmen Rinnsalen, und daß es zu mühsam war, weiterzuatmen. Er strengte sich an, an die drei, vier Leute zu denken, die ihn ein paar Monate lang vermissen würden, und er dachte, daß er für nichts starb, und daß er gegen nichts starb, und daß die zweiundzwanzig Jahre, die er hatte, unnütz vergangen waren. Und etwas anderes in seinem umnebelten, sauerstoffverarmten Gehirn dachte, daß man ihn um diese zweiundzwanzig Jahre beschissen hatte, daß er sich nicht um den Rest bescheißen lasse, daß er leben wolle, daß er etwas machen müsse. Er wurde von einem neuen Hustenanfall geschüttelt und riß sich die Jacke auf. Er drehte sich auf den Bauch, um die Brühe abfließen zu lassen, die aus den Lungen hochkam und die vielleicht Blut war, und griff instinktiv nach dem MG. Er hörte, daß sich Pötter erneut an die Wand mit den Steinen herangearbeitet hatte und immer wieder mit seinen Stiefeln gegen diese Wand trat, und er dachte, daß Pötter wahnsinnig geworden sei. Er kroch in seine Nähe, um ihn zurückzuhalten und hörte plötzlich, wie ein Teil der Wand tatsächlich nachgab und eine Lücke war, durch die Luft einströmte, die irgendwie nach einem Desinfektionsmittel roch. Sie arbeiteten mit ihren Bajonetten, bis die Lücke groß genug war durchzukriechen. Sie arbeiteten so leise und vorsichtig wie möglich. Einmal mußten sie eine Pause machen, weil jemand unter ihnen in der Nähe ihres verrammelten Höhleneingangs war. Es hörte sich an, als ob ein großes Tier an einer Spur herumschniefte und Rudat dachte, daß das Ziemer sein könnte, der in dem Bau herumsuchte und sich nach seiner Gewohnheit den Rotz durch die Finger schneuzte.

«Die können uns für heute nicht einmal mehr den Arsch auslecken», sagte Pötter.

Er gab Rudat die Drahtrolle, zwängte sich durch die Lücke und ließ sich an dem Draht herunter. Es war nicht tiefer als zweieinhalb bis drei Meter. Er ließ sich seine Klamotten nachwerfen und sagte: «Ich halte dich an den Füßen. Komm!»

Rudat brauchte ziemlich lange, um durch das Loch zu kommen, weil er sich das sperrige MG umgebunden hatte. Er tastete mit den Füßen nach unten und konnte Pötters Hände nicht erwischen. Er sagte: «Geh weg, ich springe so. Weg!»

Er kam auf festgestampftem Lehmboden zu stehen und sah sich im Finstern nach Pötter um. Pötter schien schon weitergegangen zu sein. Rudat machte das MG los, ging ein paar Schritte und merkte, daß er in einem ziemlich breiten Gang war, der im Bogen nach unten führte. Es stank wirklich irgendwie nach einem Desinfektionsmittel, nach Karbolineum oder auch einfach nach Pisse. Er stieß mit dem Fuß an etwas Weiches und dachte, daß es Pötters Klamotten sein müßten. Er bückte sich danach und fühlte, daß da ein Toter lag. Er wollte nach Pötter rufen, um ihm das zu sagen, und hatte plötzlich zwei Hände um seine Gurgel. Er stürzte hintenüber auf einen Mann, der mit ihm zu Fall gekommen war und seinen Hals zusammendrückte. Er schlug seinen Kopf nach hinten, wo das Gesicht des Mannes sein mußte und traf, und traf ihn noch einmal mit der Kraft der Verzweiflung und kam frei und dachte, daß die SS-Bullen ihnen hier aufgelauert hätten, und daß die SS-Bullen Pötter fertiggemacht hätten, und daß sie ihn, Rudat, nicht lebendig kriegten. Er suchte das MG, das auf den Boden gefallen war, und er kriegte es zu fassen. Er sah den Mann erneut auf sich zuspringen und schoß und lief den Gang zurück. Er kam an eine Bunkertür und hörte Schritte aus der Tiefe des Ganges und schoß abermals. Er warf sich gegen die Bunkertür, brachte sie tatsächlich auf und stürzte eine vier bis fünf Meter hohe Grasböschung hinunter. Er griff nach dem MG und dachte immer nur, daß ihn die Bullen nicht lebendig kriegten, und hörte ein Sturmgeschütz anrollen, das in den Bunker reinschoß, und begriff erst jetzt, daß er, Rudat, in einen der gesuchten Partisanenbunker geraten sein mußte, daß er, Rudat, ihn für die Bullen entdeckt hatte. Es fuhren weitere Sturmgeschütze heran und Schützenpanzer, Sprengtrupps und Flammenwerfertrupps, eingearbeitete Leute, für die es eine Routinesache von zwanzig Minuten war, bis der Bunker geknackt und der Widerstand aus dem Bunker niedergekämpft war. Die Sonne brannte so heiß, daß sich die unbeschäftigten Soldaten auf den Panzerplatten Spiegeleier braten konnten. Zwei Flammenwerfertrupps fegten die Gänge leer, und alles, was vor den Flammenstößen aus den eingestürzten Löchern herauskrabbeln konnte, verbrannt, verstümmelt, wahnsinnig, wurde von den MG-Posten erledigt, die vor den Ausgängen in Deckung lagen.

Es mußte sich bei dem Bunker um eine Art Partisanenlazarett gehandelt haben, mit fünfzig bis sechzig Kranken und Schwerverwundeten belegt, schätzungsweise. Dazu einiges Pflegepersonal, meist junge Frauen und Kampfmannschaften von etwa Gruppenstärke. Vielen der Toten fehlten Arme oder Beine und viele mußten Verbände gehabt haben, was an den Streifen nicht verbrannten Fleisches zu bemerken war.

«Einfach nicht zu glauben, wie das Zeug an einem Sommertage stinken kann», sagte ein älterer SS-Mann, der die Eingänge mit Sand zuschippte wegen der Seuchengefahr.

Die einzige Verzögerung verursachte eine Gruppe von acht bis zehn Partisanen, die sich durch einen unentdeckten Notausstieg auf das oberste Plateau eines ehemaligen Steinbruchs gerettet hatten. Von Dornengestrüpp gedeckt, herumliegende Felsbrocken als Wechselstellungen geschickt ausnützend, war einfach nicht an sie heranzukommen. Die Schützenpanzer verreckten im Treibsand des Steilhanges, und die ausgelutschten Sturmgeschütze konnten nicht operieren, weil die Stellungen im toten Winkel ihrer Geschütze lagen, sobald sie das enge Plateau erreichten. Ein Sturmgeschütz, das einen Stoßtrupp an die Stellung heranbringen wollte, wurde von den Partisanen durch eine Haftmine bewegungsunfähig gemacht. Der Stoßtrupp hatte einen Toten und zwei Verwundete, als er sich zurückziehen mußte. Die Partisanen beschossen nachfolgende Angreifer mit ihren Teller-MGs aus dem Wrack des deutschen Sturmgeschützes. Sie beherrschten aus dieser Position den ganzen Hang, so daß tatsächlich die Pak das eigene Sturmgeschütz in Brand schießen mußte.

Ein Scharführer, Gemischtwarenhändler aus Plauen i. V., sagte: «Es kann den trüben Idioten doch scheißegal sein, ob die jetzt oder in einer halben Stunde fertiggemacht werden. Blöd bis zur letzten Patrone. Da kann man sehen, was Kadavergehorsam ist.»

Der Mann war wegen des Zeitverlustes verbittert, denn es hieß, daß echtes Bier ausgegeben werden solle, sobald die Aktion im Dorf beendet sei. Einer wollte sogar die Fässer gesehen haben, Pilsener, original aus Pilsen, er habe die eingebrannte Schrift gelesen. Und jetzt der Aufenthalt wegen diesem Bäckerdutzend fanatisierter Drecksäcke! Man müsse sie von Rechts wegen in einer Abortgrube ersäufen. Er trinke Bier nur aus Steinkrügen und mit einer Temperatur von genau zehn Grad, was die gesündeste Temperatur sei.

«Das Bier wird ausgesoffen sein, ehe wir es überhaupt gerochen haben», sagte der Gemischtwarenhändler.

Als aus dem Dorf ein Panzer des schweren Typs mit aufmontierten Flammenwerfern anrollte, die lächerliche Partisanenstellung endlich zu erledigen, waren genug Soldaten da, die mit von der Partie sein wollten. Hase kam im Auftrage von Fühlmansch, zu sehen, ob noch was mit Vernehmungen zu machen sei. Er versprach sich nichts davon, gar nichts! Hirnschmalzverschwendung an Kanaken! Es machte ihm eine Genugtuung, daß Fühlmansch mit seiner hochgestochenen Ansprache und seinen Ordensjunkertricks auf den Hintern gefallen war. Was Fühlmansch jetzt mit dem zurückgelassenen Zivilistenschamott machen mußte, das hätte er, Hase, ihm schon vor einer Stunde sauberer und billiger geliefert. Die würden doch jetzt verrückt spielen. Nach diesem Zirkus. Er konnte bei Exekutionen keine Hysterie ertragen, auf den Tod nicht. ‹Na ja, das soll Fühlmansch auslecken. Schade um Umpfinger, ein Kamerad, mit dem man Pferde stehlen konnte. Keiner machte saure Kuddeln so gut wie der.› Hase fand, daß es im Sinne des Toten liegen müsse, wenn jetzt er die Umpfingersche Besteck- und Münzsammlung übernähme. Umpfinger mußte ein anständiges Begräbnis kriegen. Das war er ihm schuldig. Immer die falschen, die es erwischte. «Da wollen wir mit den Brüdern da oben mal ein paar Freiübungen machen», sagte er zu dem Panzerkommandanten. «Wenn ihr sie aus den Löchern rausgeblasen habt, dann bleiben drei oder vier für mich.»

Rudat richtete sich auf, als er aus dem Dorf massierte Panzerabschüsse hörte. Er lief auf die Grasböschung des ehemaligen Bunkers zu, die schwarz war und aschig und irgendwie an Negerhaar erinnerte. Er krabbelte die steile Böschung hinauf, hartnäckig, sooft er auch zurückrutschte, bis er ganz oben stand und in das Dorf sehen konnte. Er sah die Phosphorgranaten in die Schule und in die Maschinenschuppen einschlagen, und er sah die weißen Flammenstöße aus den Panzern in die Menschentrauben fahren, die aus Fenstern und Türen quollen und sie mit Fleisch verstopften. Er hörte die Maschinengewehre, und er hörte dünnes Schreien, das wie von einem entfernten Sportplatz kam. Er sah es und hörte es. Er sah eine Wolke Rauch aus dem Dorf Treblowka aufsteigen, schwarz und fett und von eigenartiger Form. Er dachte, daß er sich die Wolke einprägen müsse. Sie erinnerte ihn an ein durchschnittenes, in Formalin gelegtes Gehirn. Er sah, daß der Panzer das obere Plateau des Steinbruchs erreicht hatte, und daß sein Flammenwerfer zu arbeiten begann. Er hörte ihn in kurzen Atemstößen fauchen, und er hörte das Geräusch von Teller-MGs und Maschinenpistolen dünner und seltener werden. Als es ganz verstummte, kamen vier Leute aus einem Steinloch durch brennendes Gestrüpp gekrochen, die Waffen weggeworfen, die Hände hinter dem Genick verschränkt, soweit sie die nicht brauchten, um sich fortzubewegen. Sie wurden von Hases Leuten zusammengeschlagen und aufgejagt und wieder zusammengeschlagen und wieder aufgejagt, den Hang hinunter, bis sie nicht mehr aufstehen konnten und auf allen vieren weiterkrochen. Sie wurden unterhalb des Bunkers von Kosaken in Empfang genommen, die russisch auf sie einschrien und ihnen die Lumpen vom Leibe rissen und die mit Peitschen auf sie einschlugen.

Rudat sah, daß unter den Partisanen eine Frau war, die auf den Bauch und auf die Brüste geschlagen wurde, und er erkannte, daß diese Frau Tanja war. Ihre Haare waren abgebrannt und ihre Augenbrauen und ihr Gesicht waren eine rote, nässende Brandwunde. Sie torkelte und versuchte mit den Händen den Leib und die Brüste zu schützen, die verschwollen waren und blutunterlaufen. Sie schrie, und er konnte nicht verstehen, was sie schrie. Einem einarmigen Partisanen, der Schluß machen wollte und einfach auf dem Rücken liegenblieb, der Schläge ungeachtet, sprang der glatzköpfige Kosakenhetman mit beiden Füßen auf den Bauch und schrie ihm etwas zu. Der Einarmige hob den Kopf, als versuche er, die Worte zu verstehen. Er öffnete den Mund, als wolle er antworten, und es kam eine Handvoll helles Blut herausgespritzt, ehe er zu Ende war.

«Macht Schluß mit dem Dreck», sagte Hase. «Einmal muß ja doch Feierabend sein. Jagt sie auf den Bunker.»

Er sah einen verblödet vor sich hin starrenden Landser auf dem Bunker stehen und rief hinauf, ob der Landser eine Grabinschrift in Gold- oder Silberbronze wünsche. «Dalli, dalli, zack, zack!»

Rudat rutschte die Böschung herunter, die die Partisanen hinaufgeprügelt wurden. Die Partisanen versuchten, ihm auszuweichen, da er noch immer das Maschinengewehr trug und sie ihn für einen neuen, ausgeruhten SS-Bullen hielten. Tanja kam zu Fall und rannte auf allen vieren um ihn herum. Er erkannte die unmodernen, gelben Spangenschuhe wieder, die sie meistens getragen hatte.

Unten war überraschend ein Schützenpanzer mit zwei Bierfässern angekommen. Das gab ein großes Gejohle, und keiner kümmerte sich mehr um die drei Partisanen, die da auf dem Bunker standen und die sich aneinander festhalten mußten, um nicht umzufallen.

Hase hatte Mühe, ein paar Leute einzuteilen, die ihr Bier schon im Kochgeschirr hatten. Es war tatsächlich originales Pilsener. Die Soldaten des Exekutionskommandos tranken und deckten das restliche Bier in den Kochgeschirren mit ihren Stahlhelmen ab, damit es nicht verunreinigt würde. Einer sagte versonnen: «Menschenskind, wenn wir das wieder alle Tage saufen!» Sie brachten das MG in Richtung auf die Partisanen in Stellung.

Rudat sah zu den Partisanen hinauf, die sich eng aneinandergedrängt hatten, nackt, verbrannt und zerschlagen, Tanja in der Mitte. Sie hatten alle drei Schuhe an, und einer bückte sich, um sich ein Schuhband festzuknoten, das während des Laufs aufgegangen war. Er erinnerte Rudat flüchtig an seinen Vater, mit seinem dürren Hals und seinem kahlgeschorenen, verbeulten Eierkopf. Sie warteten fast verlegen, da die SS-Leute ziemlich lange an dem MG-Schloß rummurksten, das ihnen in den Dreck gefallen war. Als sie soweit waren und den Gurt drin hatten, richteten sich die zerschundenen Körper der Partisanen für einen Moment auf und hoben ihre rechten Fäuste. Sie sahen wie ein allzu detailliertes Denkmal aus minderem Material aus, und sie begannen etwas zu singen, das Rudat an die Schalmeienkapellen der Arbeiter in seinem Heimatort erinnerte, neben denen er als Junge hergelaufen war. Sie sangen zwei oder drei Zeilen, dissonant und grell, daß die Internationale das Menschenrecht erkämpfe und so weiter, bis das MG zu schießen anfing und sie mit dem ersten Feuerstoß zusammenschoß.

«Bier? Du hast doch noch kein Bier gehabt, Mensch!» sagte einer zu Rudat, der leer und kaputt und antriebslos herumstand. Er füllte Rudats Kochgeschirr und Rudat trank das Bier herunter. ‹Du mußt doch jetzt was fühlen›, dachte er, ‹irgendwas, irgendwas muß doch jetzt in dir vorgehen, verflucht, irgendwas Entscheidendes, irgendwas, irgendwas, irgendwas...› Und er fühlte, wie das kalte Bier die Speiseröhre hinunter in den Magen lief. Er ließ das Kochgeschirr fallen und war unfähig, zu irgendeinem Entschluß zu kommen, zu gehen oder sich hinzusetzen oder sich den Mund abzuwischen. Er setzte zu einer Bewegung an, und der Impuls versiegte, ehe er die Bewegung ausgeführt hatte. Er setzte zu einer Wahrnehmung, einer Empfindung, einem Gedanken an, und er war ausgelöscht, ehe er ihn ordnen und vollziehen konnte. Er suchte den Ausgangspunkt und konnte ihn nicht wiederfinden und wußte nicht mehr, was er suchte. Er fühlte sich abgesperrt, verödet, abgeschnitten. Als sei ein kompliziertes Kabel mit einem Beil durchgeschlagen und falsch aneinandergeschweißt worden. Als sei ein elektronisches System verrückt geworden und liefere einen Sturm von Impulsen, die sich in die Quere kamen, blockierten und keinen Zusammenhang ergaben. Er wollte eine Zigarette rauchen, nahm die Schachtel aus der Tasche, öffnete sie und wußte plötzlich nicht, was er mit der Schachtel wollte, ließ sie fallen und fragte sich, wieso da eine Schachtel gefallen sei, klebte an der Frage, vor sich hin starrend, hartnäckig und blöde, bis ihn die Angst wegriß, daß seine Füße unförmig groß geworden seien, so daß sie in den Stiefeln keinen Platz mehr hätten, und daß auch die Lungen riesig geworden seien und den Brustkorb aufsprengten, so daß er keine Luft mehr kriegte. Er fuhr sich mit der Hand nach dem Hals und fragte sich, wieso seine Hand nach dem Hals fahre und wieso sie schwarz sei und blutig.

«Mensch, Rudat, du sollst zum Alten kommen! Der Alte läßt dich wie verrückt suchen, wie verrückt!»

Es war Ernst Muhle, der das Rudat zurief. Er kam mit einem Krad angefahren, bugsierte Rudat in den Beiwagen und fuhr den Obersoldaten Rudat zu seinem Kompaniechef. Muhle mußte ziemlich stark getrunken haben, er war aufgekratzt und von ungekannter Herzenswärme. Er fuhr wie ein Narr über die unebenen, ausgekarrten Sandwege und redete ununterbrochen auf Rudat ein, der starr und reaktionslos im Beiwagen saß.

«Mensch, Junge, wer hätte das gedacht, was? Rudat, der Held von Treblowka. Tolles Ding, das ihr da gedreht habt. Zwei Mann, die mutterseelenallein einen Partisanenbunker ausnehmen. Das soll euch mal einer von diesen Klugscheißern nachmachen! Du brauchst mir nicht zu sagen, was da los war, ich sehe dich an, und ich verstehe ohne Wörterbuch, Pötter war ein prima Kerl, alles was recht ist, ein prima Kerl. Schicksal, alles Schicksal, ich kenne einen Haufen Arschlöcher, die ich leichter entbehren könnte, ehrlich. Nimms leicht, Junge, es gibt noch immer Kameraden, die dich nicht im Stich gelassen haben, und die dich nicht im Stich lassen werden. Auch nicht, wenn du – – na also, ich soll es dir ja nicht sagen, weil dich der Alte damit überraschen will, du hast also keine Ahnung, aber ich muß es einfach loswerden, ich kann es einfach nicht für mich behalten: Du kriegst das Deutsche Kreuz in Gold, wirst Kapo und Leiter des Kompanietrupps, mit Urlaub und allen Schikanen. Ist das eine Nachricht? Das ist eine Nachricht, auf die man mit dem alten Muhle einen Schluck echten Jamaika-Rum trinken muß! Ich gratuliere dir, Junge, und wenn sich einer darüber freut, dann ist das Ernst Muhle, ein Kamerad, auf den man Kirchen bauen kann.»

Er hatte das Krad gestoppt und hielt Rudat seine Feldflasche hin. Sie enthielt den Jamaika-Rum, den er gestern von Ziemer für die Nachricht bekommen hatte, daß er, Muhle, die gestohlenen Daunendecken des SS-Zahlmeisters in Korolenko gesehen habe, und zwar im Quartier von Pötter und Rudat.

«Na sdarowje, Herr Unteroffizier!» sagte Muhle und Rudat trank. Muhle schwadronierte, daß Ziemer, das alte Rindvieh, jetzt so klein sei, so klein mit Hut, daß Rudat ihn wegwischen könne wie einen Dreck, da auch der Alte Ziemer gefressen habe, seit der hinterhältigen Meldung an Hase, und daß Rudat bei Wille jetzt ja sowieso alles erreichen könne, alles, sogar, daß Wille ihn auf einen Lehrgang als Offiziersanwärter schicke. Ob das keine Sache wäre, he, drei Monate deutsche Heimat, deutsche Weiber, deutsches Kino, ob das nicht ein verflucht guter Gedanke von Ernst Muhle wäre.

Er redete laut und schulterklopfend auf Rudat ein, und auf seiner Stirn standen kleine Schweißtropfen. Sie wurden von der Sorge um seinen Putzerposten ausgepreßt. ‹Wie habe ich mich bloß mit diesem westfälischen Dorftrottel einlassen können, wo ich weiß, daß der Alte auf den Jungen scharf ist wie ein Rasiermesser. Das ist Wille jetzt natürlich ein gefundenes Fressen, «Held von Treblowka», «Ehre der Kompanie», große Kinoschau und stille Größe. Das kann mich glatt den nächsten Urlaub kosten. Ob der hintersinnige Hund tatsächlich pervers ist? Wie soll ein Mensch aus dieser verkniffenen Fresse klug werden?›

Muhle hatte das Gefühl, gegen eine Wand zu reden, als ob Rudat das alles nicht interessiere, als ob er nicht zuhöre und an was ganz anderes denke. Unheimlich. Kein Wort, keine Bewegung, leere Augen. Das einzige war, daß er ihm den Rum ausgesoffen hatte.

«Na ja, da wollen wir mal wieder», sagte Muhle. «Du hast es jedenfalls geschafft.»

Sie fuhren durch das Dorf Treblowka, das sehr still war. Auf ein paar Lastwagen wurden von Soldaten Koffer und Sachen geladen. Die Wagen rückten von einem leeren Haus zum andern. Vor dem weitläufigen Platz mußte Muhle einen Umweg machen, da die Schule und der Maschinenschuppen noch immer stark qualmten und Panzer die Zufahrtsstraßen gesperrt hielten. Es roch intensiv nach Petroleum.

Rudat fühlte, daß eine große Kälte über ihn gekommen war und mit der Kälte auch etwas Klarheit. Obwohl er noch immer zäh und langsam dachte, häufig an einem Detail klebend (‹Was hat das mit den Glassplittern zu tun›), häufig den Faden verlierend, gelang es ihm, ein bißchen Ordnung in eine Geschichte zu bringen, die nicht erst in einem Keller begonnen hatte, und die auch nicht auf einem fleischverstopften, ausgebrannten Bunker zu Ende gegangen war. Es war eine ekelerregende Geschichte, und er wußte, daß er sie irgendwie zu Ende bringen mußte. Obwohl ihm alles bis zum Erbrechen gleichgültig war und fremd und ihn nicht betreffend. Er kam sich wie ein ausgenommener Kadaver vor, eine auseinandermontierte Kampfmaschine, von der man ein paar Funktionen erhalten hatte, das Bewegen der Klauen zum Beispiel, die noch immer das MG mit dem eingelegten Gurt umkrallt hielten, die Fähigkeit, sich zu erinnern, und die Fähigkeit, zu verneinen mit jedem erschöpften Muskel, mit jedem erschöpften Nerv, mit jeder erschöpften Hirnzelle. Sie fuhren den Berg hinauf, und der blühende Ginster war ein gelber Ausschlag auf einer grindigen Welt.

Die Kompanie Wille, zusammengestückelt aus verschiedenen Einheiten seit Chabrowsk, lagerte auf einem leicht ansteigenden Rasenplatz unter großen Bäumen. Es waren Gänse gebraten worden (vier Mann eine Gans), und es gab genügend Bier, die Stimmung der Truppe zu heben. Sie fluchten etwas weniger auf die SS, die versorgungsmäßig immer bevorzugt wurde und etwas weniger auf den Krieg im allgemeinen. Die Liquidierungsaktion war vielen an die Nieren gegangen. Irgendwo war das Gerücht aufgetaucht, daß die Division verlegt werde, wahrscheinlich nach Italien. Einige wußten Einzelheiten. Auch von Urlaub war die Rede. Wille hatte zwei Stunden Ruhe angeordnet. Die Landser schliefen oder töteten Läuse. Einige spielten Fußball mit einer ausgestopften Schweinsblase. Wille gab sich kameradschaftlich und stellte sich eine Zeit ins Tor der einen Seite. Durch die unerwartete Aktion von Pötter und Rudat war er Fühlmansch gegenüber in eine viel günstigere Lage geraten. Fühlmansch war der Meinung, daß die beiden auf Willes Befehl gehandelt hätten. Es freute Wille, daß er gerade Rudat auszeichnen konnte, das freute ihn wirklich. Es gibt Dinge, die eben nur in solchen durch und durch originellen Jungen drin stecken. Er hatte ein paar Soldaten einen Wink gegeben, damit die Verleihung nett und herzlich würde.

Ziemer schmeckte nicht einmal das Bier. Er sah sich ausgebootet und marterte seinen Kopf, wie er seine Fehlspekulation ausschaukeln könnte. Er kam zu dem Entschluß, sich bei Rudat zu entschuldigen, sobald ihm Wille das Ding angesteckt hätte. So schwer ihm das auch wurde.

Als Muhle mit dem Krad auf den Rasenplatz rollte, unterbrachen die Soldaten das Fußballspiel und die Entlausungsarbeiten. Ein halbes Dutzend Landser lief, nach Willes Instruktion «hipp-hipphurra» schreiend, zum Beiwagen und trug Rudat auf den Schultern zu einer vereinbarten Stelle, wo ein großer Teil der Kompanie einen zwanglosen Halbkreis bildete. Zwei Spaßvögel imitierten eine Kapelle und andere Spaßvögel sangen nach dieser Begleitung das Lied der 2. Kompanie, die kein Zurück kenne und der Schrecken des Feindes sei oder etwas Ähnliches. Sie hörten zu singen auf, als jemand «Achtung» schrie und Wille angekündigt wurde. Er hatte einen langen Auftritt und blieb vor Rudat stehen, der die alte Unruhe wiederkehren fühlte, das Abgesperrtsein, die unmotivierbaren Angstgefühle. Wille ließ die beiden Soldaten rühren und begann eine vorbereitete Ansprache. Er sah Rudat auf acht Schritt vor sich, drecküberkrustet, starr, erschöpft, und doch noch das MG vor der Brust. Er war von dem Anblick gerührt, von Sympathie bewegt und warf seine geplante Einleitung über den Haufen. Er hatte es locker und volkstümlich machen wollen und sprach auf einmal von dem neuen Menschentyp, den unser Jahrhundert hervorbringe, dem Frontmenschen, der die Feuer der Kriege durchschritten und die Tiefen der Schmerzen durchmessen habe, gehärtet und unerschütterbar, verlassend die Gestade alter Moralität und in seine harten Hände nehmend die Zukunft, das elementare Abenteuer. Er sprach davon, daß man ihn sehen lernen müsse, daß er zu entdecken sei tausendfach in den unbemerkten Heldentaten der unbekannten deutschen Frontsoldaten, und daß er in Rudat nicht nur die ganze Kompanie ehre, sondern auch die Abertausende unbekannter, grauer, dreckverkrusteter Soldaten, denen keine Lieder gesungen würden und deren Taten eine neue Saga darstellten und eine neue Odyssee. Die Landser langweilten sich und sahen auf die Uhr. Wille sprach leise und wohlgesetzt, menschliche Zwischentöne und persönlichen Kontakt zu Rudat suchend, als er dessen Charakter und dessen Verdienste schilderte. Er gedachte auch Pötters und nahm die leichte Feldmütze ab, ehe er weitersprach.

Rudat sah, daß Wille sein straffes, blondes Haar geschickt kämmen mußte, um die beginnende Glatze zu verbergen, und daß er frische Wäsche angezogen hatte. Es war ihm, als könne er das Parfüm riechen. Er sah ihn weitersprechen, das Standbein wechseln und elegante Haltung einnehmen, er sah ihn lächeln und die ebenmäßigen kleinen Zähne zeigen. Wenn er an Wille vorbeisah, sah er den Zugführer Ziemer in strammer Haltung einige Schritte zurückstehen, und wenn er an Ziemer vorbeisah, sah er das Dorf Treblowka und den Rauch der Schule und des Maschinenschuppens. Er hörte die helle Kastratenstimme Willes wie man einen immer bellenden Hund hört oder eine immer lärmende Straße, und sie verkündete, daß sie den Obersoldaten Rudat für heldenhaften Einsatz in Treblowka zum Unteroffizier befördere und mit dem Deutschen Kreuz in Gold auszeichne. Wille schnippte mit den Fingern, Muhle spritzte mit zwei Unteroffiziersklappen und einem Ordenskästchen heran, und die beiden Spaßvögel intonierten ‹Eroica›. Er sah, daß Wille das Kästchen öffnete und ihn gerührt anlächelte, und daß auch Muhle lächelte mit seinen trüben Fischaugen und Ziemer, das rote Gesicht ein wenig zur Seite gelegt, die dicken Lippen bewegend als memoriere er die Heeresdienstvorschrift. Und erst in diesem Augenblick begriff er, daß das hier keine Phantasterei war und kein Jokus, und daß er, Rudat, tatsächlich ihr Held war, daß sie ihn rechtens feierten. Er machte eine spähende Bewegung, als müsse er sich von einem unglaublichen Tatbestand überzeugen, und seine entsetzten Augen waren das einzige Lebendige in einem toten Gesicht. Das schien einen humoristischen Eindruck auf die drei zu machen, sympathiegewinnend, da der bescheidene und tapfere Junge vor ihnen die übergroße Ehre offenbar noch nicht fassen konnte, die ihm in diesem Augenblick zuteil wurde. Rudat sah ihre lächelnden Gesichter aufblühen und Wille auf sich zukommen in gelöster Feierlichkeit vor einem blauen Sommerhimmel und sah ihre Gesichter ausgewischt von den Gesichtern der Partisanen auf dem verbrannten Grasbunker, verschwollen und unkenntlich, Tanja in der Mitte, und sah sie die Münder aufreißen, blutverkrustet, und hörte das Maschinengewehr losrattern, und es war das Maschinengewehr in seinen Händen. Er hatte die Finger am Abzug und stemmte sich gegen den Rückschlag, der auf seine Rippen hämmerte. Er sah Willes erstauntes Albinogesicht grau werden und vor sich hinstürzen und sah Ziemer hinstürzen und schoß und sah die Garbe durch den wegspringenden Muhle durchfetzen und schoß bis das MG leer war.

In der provisorischen Haftanstalt des Divisionsfeldgerichtes in S. wurde am Abend des 6. Mai 1943 ein junger Soldat in einem stuporähnlichen Abwesenheitszustand bewegungslos auf einer Tragbahre liegend eingeliefert. Er hatte die Augen geöffnet, sprach aber nicht und zeigte keinerlei Reaktion allen Versuchen der Kontaktaufnahme gegenüber.

Da glaubwürdige Motive für seine Tat nicht erkennbar waren, er hatte seinen Kompaniechef, einen Zugführer und einen Kameraden getötet, als ihm das Deutsche Kreuz in Gold für ungewöhnliche Tapferkeit verliehen werden sollte, überwies ihn der untersuchende Divisionsarzt der heerespsychiatrischen Abteilung in K. zur Begutachtung seines Geisteszustandes vor Verfahrensaufnahme.

Der Deserteur

Rede des Hauptsturmführer Max Halske, Leiter des Häftlingseinsatzes D II. Wenn ich einen Ballon steigen lassen will, meine Herren, dann muß ich was in ihn hineintun. Und wenn ich eine neue Sache steigen lasse, dann lasse ich sie groß steigen oder gar nicht. Da kann ich kein Ladengeschäft eröffnen. Da brauche ich Linie, Aufmachung und 20. Jahrhundert. Denn eine Zehndollarnote oder auch ein Paß ist nicht irgendein Kunstdreck, der auf beliebige Weise herzustellen ist, sondern eine Qualitätsware, zu der es eins braucht: Vollendung. Eine ziemlich gute Zehndollarnote ist Schund, und ein ziemlich guter Paß ist Selbstmord. Da kann ich mir nicht zwanzig zweitklassige Figuren hinsetzen, die vielleicht ganz nett zeichnen können und am Essen sparen und an den technischen Einrichtungen. Da kann nur Provinz rauskommen. Da soll man die Sache lassen, da ist die Idee zu gut. Ich denke, meine Herren, an wenigstens hundert internationale Fachleute, die haben wir in unseren Lagern sitzen, und die kriegen eine erstklassige technische Ausrüstung und erstklassige Bedingungen. Da ist mir egal, ob das Berufsganoven sind oder Itzigs oder politische Verbrecher. Das sind für mich Fachleute, denen ich ein Interesse an ihrer Arbeit machen muß, so lange ich diese Devisen brauche und diese Pässe für unsere nationalen Aufgaben. Da heiligt der Zweck die Mittel, da kriegen sie anständige Unterkünfte, ehrliche Arbeitszeit, intelligentes Wachpersonal, Butter, Zigaretten und Lederschuhe. Als Prämien Kinovorstellungen, Alkohol und Bordellbesuch. Das kostet uns keinen Pfennig, das kann man mit einem Frauenlager regeln. Wenn wir das so hochmodern aufziehen, dann haben wir hier in fünf Monaten einen Musterbetrieb mit allen Schikanen, um den sie uns angeschissen kommen werden von Auschwitz bis Mauthausen. Denn es soll, ich höre, Leute geben, die den rein wirtschaftlichen Nutzen der Krematoriumsarbeit bezweifeln (pro Nase 75 Mark Rohstofferlös) und die auch die Vermietung der instand befindlichen Häftlinge an die Industrie nicht für das Gelbe vom Ei halten (4 Mark für Gelernte, 3 Mark für Ungelernte). Ich spreche nicht von unserem Selbstkostenpreis an Personal- und Sicherungskosten. Ein Konzentrationslager, meine Herren, ist in diesem fünften Kriegsjahr mit seinen unvermeidlichen Schwierigkeiten eben doch nicht nur eine ideelle Einrichtung, sondern muß ein wirtschaftliches Unternehmen werden, das rentabel zu sein hat und expandiert, und das den Schnitt selber macht in diesem nationalen Aufbruch und für unseren Staat. Da können Sie sich an mich halten, da mache ich mich dafür stark, und da macht sich das Wirtschaftshauptamt stark in der Person des Sturmbannführer Socker.

Briefe. Halske an Socker. Das kleine Essen war erfolgreich, lieber A., Standartenführer Kluetezang entschuldigte sich vorzeitig mit seinen beliebten Kopfschmerzen, nachdem er vorher zu mir hin gemurmelt hatte, daß er die Idee für erstklassig halte. Die Kritik an den Häftlingstaxen hat ihn irritiert, ich höre aus der Adjutantur, daß er gleich zu Euch nach Berlin will. Das ist nun Deine Sache jetzt. Das Projekt ist die Sorte von Arbeit, die wir brauchen. Es ist so zeitgemäß, daß wir in Kürze unentbehrlich sind.

Mit den herzlichsten Grüßen, auch an Deine Frau und die Kinder, Dein Max.

Kluetezang an X im Sicherheitshauptamt. Bitte beschaffen Sie Originalakten im Mordprozeß Bogatzka und Hintergrund der Versetzung von Halske, Max, aus dem Wirtschaftshauptamt, Abt. jüd. Vermögen in SD-Einsatzkommando.

Heil Hitler! Ihr Kl.

Kluetezang an seinen Schulfreund Bloombach, Aufsichtsratsmitglied der MONA AG. Lieber Walter, um Mißdeutungen den Boden zu entziehen, habe ich das Wirtschaftshauptamt neuerlich ersucht, die in Kategorie 1 und 2 festgelegten Sätze der Häftlingsentlohnung betriebswirtschaftlich zu überprüfen und in allen KL möglichst einheitlich zu gestalten. War doch etwas bedrückt, bei Eröffnung des zweiten Bauabschnittes MONA niemand hier zu sehen, nicht einmal ein Telegramm der Geschäftsleitung und niemand vom Wirtschaftshauptamt. Es wird von SS-eigenen Unternehmungen geredet. (!) Möchte Dich jedenfalls sprechen. Dein Arnold.

Kluetezang an Obergruppenführer v. B.: Lieber Freund, es wird für einen sensiblen Menschen immer schwerer die Entscheidungen hier zu tragen. Sagen Sie mir bitte, für wen wird eine Fabrik gebraucht, falsche Pässe herzustellen und falsche Valuta? In dieser Schicksalswende denke ich mehr als je, ob mein Platz nicht ein Kommando an der Front wäre. Beginnt nun auch bei uns die Zeit für Zyniker und Parvenues? Ich hätte doch von Ihnen gern ein Wort der Orientierung, wenn ich in Berlin bin. Ihr alter Kluetezang.

Aus dem Sicherheitshauptamt an Halske. Es hat hier, lieber Max, ein bemerkenswertes Interesse an den Akten im Mordprozeß Bogatzka (Berlin 1931) eingesetzt, die ja durch Kriegseinwirkungen leider verlorengingen.
    Anschreiben bitte vernichten.

Aus dem Sicherheitshauptamt an Kluetezang. Akte Bogatzka auf Behördenwege verlorengegangen. Anweisung SA-Führung. (Prostituiertenmilieu Scheunenviertel). Kontenbewegung Halske 1941 anliegend, Grunderwerb Clara W., geb. Halske, Kontenbewegung Clara W. anliegend (Halbschwester). Interessiert der anliegende noch ungeübte Lebenslauf? Ein jugenderbauendes Bild. 1923 sittenpolizeilicher Hinweis auf Clara W.

Bloombach an Kluetezang. Es ist, lieber Arnold, die reine Romantik im gegenwärtigen Zeitpunkt SS-eigene Industrieanlagen zu erwägen. Wer die neue Produktionsanalyse des Wirtschaftsrates liest, läßt einen derartigen Plan fallen wie eine heiße Kartoffel. Von unserer Seite wäre dabei nichts einzuwenden, denn probieren geht über studieren. Man käme da schnell zu sachverständigeren Urteilen,

z. B. bei den variablen Kosten (Häftlingslöhne). Du hast als Offizier mit diesen wirtschaftlichen Fragen gottlob nichts zu tun, wie wir als Wirtschaftsunternehmen nichts mit der Führung des Lagers zu tun haben. Sei da ganz unbesorgt. Von der Kompetenzverteilung her würde ich auch die von Dir erwähnte Scheu der Geschäftsleitung sehen, denn es handelte sich doch um Lagerbauten.

Für das Wochenende ist C. B. in Ostpreußen zur Jagd und wird die Frage einer weiteren Zersplitterung im Rüstungsbereich sicher anschneiden können. Wollen wir uns nicht vielleicht das Wochenende darauf bei Dir zu Hause sehen?

Wie immer herzlich Dein Walter Bloombach.

Socker an Halske. Lieber Max, aufgrund seiner Industrieverbindungen kam Kl. hier in Berlin noch auf ziemlich hohem Roß an. Unglücklicherweise gelang es ihm dann aber nicht, einen der leitenden Herren im Wirtschaftshauptamt zu sprechen. Sie waren verreist oder in Sitzungen oder einfach unerreichbar. Ich ließ ihn wissen, daß sich unsere Verabredung wegen eines Chefgesprächs (!) in der Sache verschiebe, er möge bitte in seinem Hotel auf eine Nachricht von mir warten. Gegen Abend ließ ich dann mitteilen, daß ich zu einer Besprechung in den Führungsstab des Reichsführers befohlen sei und unsere Verabredung um eine Woche zu verschieben bitte. Ein Referent aus dem Sicherheitshauptamt, mit dem er zu Abend aß, übermittelte ihm vertraulich Wirtschaftsinformationen. Die nachfolgenden Telefongespräche, von uns auf Schallplatten aufgenommen, zeigten ihn in ziemlicher Verwirrung. Ich vermute, daß er schnell mit Dir ins Wirtschaftshauptamt gerufen wird. Alles Liebe Dein Socker.

ps Eine interessante Zahlenkombination, die mir aus Zürich zugespielt wurde (Nummernkonto Elfie Kl.), halte ich für eine Übertreibung.

Elfie Kluetezang an Arnold Kluetezang. In den Mondnächten, Liebster, kann ich seit meiner Kinderzeit nicht schlafen, wandere im Haus herum und ängstige mich leicht um allerlei Hirngespinste. Ich hatte auf einmal das Gefühl, ich müsse Dich beschützen, rief an, aber Du meldetest Dich nicht. Da mußte ich im Bett lange weinen. Ich träumte dann, die schönen Porzellane sollten mit den Gerichten ausgestellt werden, die auf ihnen serviert wären, auf einem Meissener Zwiebelmuster zum Beispiel schlesische Steinpilze, die herrlich rochen, obwohl sie ganz eingetrocknet waren. Du mochtest aber keine Steinpilze, verbotest mir sogar, daran zu riechen. Da mußte ich wieder weinen und schämte mich.

In Liebe, Deine Elfie.

Kluetezang an Bloombach. Lieber Walter, es war ein bißchen peinigend mit einem stark schwitzenden, stark parfümierten SH-Referenten im Kaiserhof zu Abend zu essen, aber ich konnte doch manches erfahren: Es gibt tatsächlich den waghalsigen Plan, die KL stufenweise in wirtschaftlich arbeitende SS-Unternehmungen umzuwandeln. Sonderbehandlungen konzentriert in den dafür speziell ausgerüsteten Lagern. Die Häftlingsverträge mit der Industrie sollen gekündigt, die KL industriell ausgerüstet werden. (Industrie soll verstärkt auf Fremdarbeiter und Kriegsgefangene zurückgreifen.) Angebliche Vorteile: Ausweitung der Produktion, Stärkung der Staatsfinanzen, bessere Geheimhaltung und Sicherheit vor Luftangriffen. Die Sache liege bei Himmler zur Unterschrift, die Industrie sei auf seine Weisung nicht dazu gehört worden. Für mich steht plötzlich alles auf dem Kopf, und Du kannst Dir denken, daß ich mir große Sorgen mache. Wenn nicht sehr schnell etwas geschieht, sehe ich hier das Unterste zu oberst. Um von meiner Seite mit Tatsachen operieren zu können, habe ich ein technisches Gutachten in Auftrag gegeben, in welcher Zeit und mit welchen Kosten das Lager hier in einen industriellen Betrieb umzuwandeln wäre.

In alter Verbundenheit Dein Arnold.

Häftling Heinrich Rapp. Bunker. Ich hatte vier Monate Bunkerhaft hinter mir als ich auf Transport nach B. kam. Die Bunkerstrafe war verhängt worden, weil ich konspirativ über den Spanischen Krieg gesprochen hatte. Die Vorträge sollten militärische Taktik und Widerstandsformen vermitteln. Ich sagte über den Spanischen Krieg nicht alles, aber es gab einen Genossen, der uns verraten hat.

Ich hoffte jetzt, in B. in das allgemeine Lager zu kommen. Der Lagerälteste, früherer Organisationsleiter der Kommunistischen Partei in Solingen, wo ich als Instrukteur gearbeitet hatte, zwinkerte mir zu, als er die Front von uns Neuangekommenen abschritt. Bald danach wurde meine Nummer und die aller anderen Bunkerhäftlinge ans Tor befohlen. Wir wurden in den Bunkerbau geführt und mußten uns im Zellengang aufstellen. Der Hauptscharführer des Bunkers fragte jeden, wie lange er im Bunker hinter sich hätte und warum. Ich sagte, vier Monate wegen Zersetzung der Lagerdisziplin. Der Hauptscharführer teilte uns mit, daß wir in zehn Monaten bei ihm nicht mehr leben würden.

Jede Zelle für sich war ein Zementsarg, zwei Meter lang und ein Meter zwanzig breit. Eine Eisentür mit Schieber, Spion und Fahne, ein unzugängliches Fenster gegenüber. An der Wand ein hochgeklapptes Bett, auf dem Zementboden ein Kübel. Das Brett wurde um neun Uhr abends heruntergelassen. Es war ein Meter siebzig lang und neunzig Zentimeter breit. Auf diesem Brett mußte ich ohne Decke und ohne Strohsack schlafen. Ich benutzte die Holzschuhe als mein Kopfkissen. Es gab keinen Schemel, und wer sich tagsüber auf den Boden setzte, wurde mit 25 Stockhieben bestraft. Das Bett wurde im Sommer um vier und im Winter um fünf Uhr hochgeschlossen. Wenn die Zellentür aufgeschlossen wurde, rannten wir mit Kübel und Kanne in den Latrinenraum und den Waschraum. Wer zehn Minuten später nicht in seiner Zelle war, wurde mit Essensentzug bestraft. Es wurde im Bunker still und es begann die Tagesewigkeit, die Schnur der Minuten und Stunden. Jeder Häftling wußte, daß es für ihn tödlich war, über eine lange Zeit nur zu stehen. Er mußte also gehen, vier Schritte zum Fenster, vier Schritte zur Tür, stundenlang, tagelang, monatelang, im Frühjahr, im Sommer, im Herbst. Wir hatten keinen Hofgang, keine Arbeit, nichts zu lesen und niemanden mit dem man sprechen konnte. Ich zählte die Schritte, die Meter, die Kilometer, legte am Tag sechzig Kilometer zurück, war nach vier Monaten am Baikalsee. Ich zählte die Sekunden, Minuten, Stunden, 60 mal 60 Sekunden sind 3600 Sekunden. Ich zwang mich, in mein Gedächtnis zu schreiben wie man auf Papier schreibt, ich lernte die formulierten Worte und Sätze, wiederholte die Sätze von gestern, von vorgestern, den Anfang: MEIN LEBEN. Es mußten kurze Texte von beeindruckenden Episoden sein, wenn ich sie wortwörtlich behalten sollte. Ich konnte die Wörter leichter behalten, wenn sie rochen, wenn sie sich sehen, hören und tasten ließen. Es mußte der genaueste Ausdruck gefunden sein und der einfachste, wenn ihn mein Gedächtnis nach Monaten hergeben sollte. Hilfreich für das Behalten war, wenn in mir beim Ausdenken eine Sperre durchbrochen worden war, eine Zensur, und wenn aus den Sachen selber etwas über mich hervorgegangen war, das ich vorher nicht so gewußt hatte. Für das Behalten gut schienen mir also die folgenden Eigenschaften: Kurz, dinglich, genau, einfach, verletzend, aus sinnlicher Verstrickung ans dunkle Licht gebracht. Es halfen mir auch wechselnde, meist unbewußt bleibende Rhythmen, sie mußten aber aus der Begebenheit selber kommen, ihr jedenfalls entsprechen. Wenn sie zum Beispiel dem Rhythmus meiner Gänge entnommen waren, halfen sie mir für das Erinnern nichts.

Eine längere Zeit dachte ich mir perfekte Systeme der konspirativen Arbeit auf allen Ebenen aus, dann Frauen, Frauengesichter, Frauenkörper, die Einzelheiten der Behaarung, die Farbe der Schamlippen, dann Pflanzen, die Namen aller Pflanzen, die ich kannte, ihr Aussehen, das Anlegen eines Botanischen Gartens, dann dachte ich mir den Langen Marsch der Achten Roten Route Armee durch Westchina von Kiangsi nach Yenan im Herbst, im Winter, im Frühjahr.

16 Stunden täglich ging ich acht Monate lang von der Eisentür zum Fenster des Zementsarges meiner Bunkerzelle. Eines Morgens wurden unsere Nummern aufgerufen. Wir gingen auf Transport nach M. Es gelang mir in M. in eine Arbeitskolonne zu kommen, ich nahm Verbindung zur illegalen Lagerleitung auf, der ich später selbst angehörte.

Häftling Jakob Hartel, Erinnerungen. Im Mai 1943 arbeitete ich den fünften Monat im Nebenlager I, MONA AG, Sprengstoffe. Ich wog noch achtzig Pfund. Ich konnte die Suppe nicht mehr bei mir behalten, die wir uns aus gehackten Brennesseln und Kartoffelschalen kochten. Wässeriger Stuhl lief mir im Gehen die Beine hinunter, ich wußte, was das hieß. Ich brachte die Füße nicht mehr in die Holzpantinen vor Wasser. Wenn ich mich krank melden würde, hieß das Selektion. Ich hatte keine Angst vor dem Tode, vor dem Sterben aber doch. In der Mittagspause kroch ich unter einen Haufen Putzwolle in einem Verschlag des Maschinenschuppens, und ich stand nicht mehr auf. Sogar als ich spürte, daß jemand die Putzwolle über mir weggeschoben hatte, blieb ich unbewegt liegen.

Rekonstruktion eines Gespräches in schlesischer Mundart:

«Sieh der die Lerge oan, den Verrecker, liegt derhier ei der Putzwulle und macht Fuffzehn. He! He! Kumm ock, Jingla, uffstehn, arbeiten, raboti, he!»

Er stieß mich mit dem Fuß in den Bauch und, weil ich noch immer nicht aufstand, trat er mich in den Hintern.

«Willste nich arbeiten, magste nich arbeiten, doas brauchste blossig zu sagen. Büsstra, raboti, büsstra! Sull ich der Beene machen?»

Ich sah einen schnurrbärtigen Maschinisten mit einem Knüppel auf mich zukommen, versuchte aufzustehen, fiel aber in die Putzwolle zurück.

«Wenns ock a Stickel Brot hätte.»

Ich hatte vielleicht 15 Jahre nicht mehr schlesisch gesprochen. Jetzt war es der Kinderdialekt, der mir das Leben rettete, die Sprache der Mutter, die zwanglose, unformelle, die nicht richtig sein muß, den Handreichungen nahe, dem Tastgefühl, nützlich von Gleich zu Gleich.

«Vo wo bistn du her?»

«Vo Nysch. Der Hartel, der Hartel Jakob vo Nysch.»

«Aus Nysch biste, sowas, wo sie die Pfefferminzkichel machen, und ich bin aus Wilkau, wenn de die Zuckerfabrik kennst. Nu wort ock.»

Er kam mit einem Napf zurück, richtete mich auf und stellte mir den Napf zwischen die Knie.

«Nu siehste, nu wart ock, doa hoats was Scheenes drinne, woas Verträgliches, doa hoats Milchreis drinne, den tuste jetz essen ganz alleene und nich zu hastig, gell ock, und wenn de dann und du hast dich ausgeruht, dann nimmste doas Ölkänndel dahier, und da geh mer mitsamm nieber, als wenn de das geholt hättst von mir, nu siehste, nu iß ock.»

Ich aß den süßen Reis kornweise und tropfenweise den süßen klebrigen Saft. Der Genuß überschwemmte mein Gehirn, und was ich in diesem Augenblick empfand, war Glück. Ich nahm die Ölkanne, ich zwängte die Füße in die Holzlatschen, ich lief in die Maschinenhalle. Ich sah den Elektrokarren die Laderampe herunterkommen, ich stolperte, ich streckte im Fallen mein linkes Bein unter das Rad des beladenen Karrens, und ich fühlte den Schmerz des brechenden Knochens wie eine Befreiung. Mit Hilfe des Maschinisten aus Wilkau wurde ich als unfallverletzter Häftlingsarbeiter in den Chirurgie-Krankenbau eingeliefert und entging der gewöhnlichen Vernichtung durch Arbeit.

Ein Beschluß der illegalen Parteileitung des Lagers ermöglichte, daß ich nach meiner Genesung in die Postabteilung des Scharführers Schramm kam, denn ich war gelernter Graveur, für die Tätigkeit dieser Spezialabteilung also vorbereitet. Im Vernichtungslager wurden damals täglich wenigstens ein, manchmal auch zwei Transporte abgefertigt, die aus Italien oder Frankreich kamen. Deshalb stellte die Postabteilung zusätzlich Häftlinge ein, die französisch oder italienisch sprachen. Ich hatte 1933 eine Zeit in Frankreich gearbeitet und gut Französisch gelernt.

Für unseren Dienst, der körperlich nicht anstrengend war, bekamen wir Häftlinge die doppelte Suppen- und Brotration, neue Häftlingskleidung, Seife und zwei Zigaretten pro Transport.

Die Abfertigung war in jedem Arbeitsgang genau festgelegt, so daß die speziellen Fahrpläne der Reichsbahndirektion eingehalten werden konnten. Die Laderampen waren mit Blumenkästen, Pelargonien und Petunien überwiegend, geschmückt. Auf einem Podest spielte eine Zigeunerkapelle. Die Türen der Güterwagen wurden von Häftlingen geöffnet. Jeder der Insassen bekam einen Laufzettel in französischer bzw. italienischer Sprache, genaue Instruktionen enthaltend, sowie einen Bon für Kaffee, Mittag- und Abendessen. Das Gepäck wurde gegen numerierte Quittungen an Gepäckschaltern abgegeben. Wertsachen am Wertsachenschalter.

Für jeden Güterwagen waren ein langer Tisch und zwei Bänke vorgesehen. Kaffeeausgabe durch junge weibliche Häftlinge. An diesem Ruhepunkt erfolgte die Ansprache des Kommandanten, Standartenführer Kluetezang, oder in seiner Abwesenheit von dessen Stellvertreter, die von einem von uns übersetzt wurde. Kluetezang wünschte, daß sie vom Übersetzer in einer sachlichen, zugleich aber militärischen Diktion vorgetragen würde. Wir bekamen den bis auf die Anrede meist gleichen Text schriftlich im voraus.

Jüdische Bürger aus Lyon!

Ich spreche zu Ihnen als der Kommandant des Arbeitslagers Waldheim, dem Sie zukünftig unterstehen. Die Reichsregierung, der ich als Offizier diene, hält es im Interesse der allgemeinen Ordnung für erforderlich, Sie für die Zeit des Krieges hier zu internieren. Ich möchte Ihnen reinen Wein einschenken: Ein Arbeitslager ist kein Erholungslager. Alle arbeitsfähigen Männer und Frauen werden hier zu arbeiten haben, in Fabriken, in der Landwirtschaft und in den Lagereinrichtungen selbst, den Küchen, Kindergärten, Wäschereien und so weiter. Dort werden sich besonders die Älteren unter Ihnen nützlich machen können. Ihre Lebensbedingungen, Unterbringung und Verpflegung, sind kriegsbedingt einfach. Ich glaube aber sagen zu können, daß sie eine große Verbesserung gegenüber Ihren bisherigen Umständen darstellen. Wenn Sie unsere Anweisungen befolgen, wenn Sie die Lagerordnung einhalten, wenn Sie Ihre Pflicht tun, wie wir die unsere, dann werden Sie keinen Grund zur Klage haben, und es werden Ihnen alle Erleichterungen zuteil, die möglich sind.

Ich bitte Sie zu verstehen, daß es im Interesse der Lagerhygiene notwendig ist, daß alle Kleider desinfiziert werden, und daß sich jeder einzelne einem Duschbad zu unterziehen hat. Ich bitte, den Anweisungen der Ärzte und des Pflegepersonals Folge zu leisten. Wer den Wunsch hat, seine Angehörigen von der Ankunft hier zu benachrichtigen, kann dies jetzt auf den dafür vorgesehenen Karten tun. Ich hoffe auf eine gute Zusammenarbeit.

Von Kluetezangs Rede, dem wohlorganisierten Empfang und uns ging Vertrauen aus. Die Zigeunerkapelle spielte «Liebesgeschichten sind immer sehr schön, das sind Geschichten, die alle verstehn...» Wir gaben die Karten aus, wir informierten die Leute, was geschrieben werden durfte, um die Zensur zu passieren, wir sammelten die Karten ein. Die Zigeunerkapelle spielte «Ja, das sind halt Wiener G'schichten, die täglich bei uns hier passiern...», und die jungen Mädchen, die den Kaffee ausgeschenkt hatten, gingen voraus zu den Sperren, wo die Ärzte und Pfleger nach ihrem Eindruck über die Arbeitsfähigkeit entschieden.

Rekonstruktion eines Gesprächs.

«Was ich Sie fragen wollte, Herr, ich kenne Ihren Namen nicht, ob es sich nicht empfiehlt, ob es sich nicht auch für uns ältere Leute empfiehlt, sagt mein Mann, daß wir uns als arbeitsfähig melden, um hier zu bleiben, um hier unsere Ruhe zu finden?»

«Sicher, Madame.»

«Aber ich habe nie in einer Fabrik gearbeitet und nie in einer Landwirtschaft, auch Gustave nicht, er ist Uhrmacher, er hat sein Werkzeug bei sich – ob er sich nicht besser als Uhrmacher meldet?»

«Sicher, Madame.»

«Aber wird es hier genügend Uhren geben? Es gibt vier oder fünf Uhrmacher in diesem Transport, die wir kennen, wird es genügend Uhren für sie geben?»

«Sicher, Madame. Keine Sorge.»

«Nicht, daß wir eine Ausnahmestellung wünschen, was ich nur fragen wollte, Gustave ist Elsässer eigentlich, er war im ersten Krieg, er hat eine deutsche Kriegsauszeichnung und er verlor sein Bein auf deutscher Seite, ob er die Auszeichnung nicht vielleicht hier anstecken sollte?»

«Das wird nicht schaden, Madame. Wenn Sie hier die Nummer 5500 hinschreiben, das ist die Postsammelnummer, und Ihre vollständige Unterschrift bitte, Vor- und Familienname.»

Funktionshäftlinge.

Wie wurde man Funktionshäftling, wer bestimmte das? An sich natürlich die SS, daß dieser Häftling für die SS arbeitet, aber das ging ja auf die Dauer nur, wenn er als Kapo auch irgendwie mit den Häftlingen auskam, sonst war er eines Tages weg, war ihm was zugestoßen. Ein Funktionshäftling mußte das Vertrauen sowohl der Häftlinge wie der SS haben, und das war manchmal schwer. Was uns anging, die Politischen, da bestimmte das die illegale Lagerleitung, mußte jedenfalls zustimmen.

Kam man als Funktionshäftling nicht manchmal in Gewissenskonflikte?

Zwangsläufig. Es lag in der Natur jeder Funktion als Häftling, auf bestimmte Weise an Verbrechen beteiligt zu werden einerseits, so wollte das die SS, andererseits hatte der Funktionshäftling die Möglichkeit, bestimmte fürchterliche Sachen abzuwenden, zu mildern, mehr und mehr zu einer Selbstverwaltung zu kommen, denn die SS, jedenfalls doch viele, die wollten schließlich auch nur, daß alles reibungslos läuft.

Haben Sie Beispiele für Konflikte?

Ein Blockältester in den Kriegsjahren, sagen wir, das Essen war erbärmlich, kaum Essen noch zu nennen, der Blockälteste hatte die Essensausgabe zu organisieren. Der Hunger war so, daß er die Menschen in Tiere verwandelte. Also kam es vor, daß sich die Hungernden über die Essenskübel warfen, und er mußte Leute hinstellen, die zuschlugen und selber mit zuschlagen, um das Essen geordnet ausgeben zu können. Da hat er sich das Schlagen so angewöhnt, daß er sich nicht mehr beherrschen konnte, und er brauchte dann selber Leute, die ihn beschützten. Der war dann als Blockältester nicht mehr tragbar, das illegale Lagerkomitee hat die Sache behandelt, und er mußte da weg, kriegte vielleicht eine andere Funktion oder lag eines Morgens da vor der Baracke, wenn er nicht gewollt hat.

Oder in meinem Fall, als Kapo im Desinfektionsblock, ich war von der illegalen Lagerleitung dazu bestimmt, es war ganz klar, daß wir dazu gezwungen wurden, an der Auslese der Häftlinge teilzunehmen, von uns aus entscheiden mußten, daß dieser Häftling durchkam und der andere eben das Bett frei machen mußte, ein aussichtsloser Fall oder vielleicht auch einer der vom Häftlingsstandpunkt aus weniger wichtig war. Natürlich auch persönliche Sympathien oder auch Vorurteile. Wer mir sagt, daß er das Konzentrationslager mit denselben sauberen Händen verlassen hat, mit denen er hineingegangen ist, dem sage ich ins Gesicht, daß er lügt.

Jakob Hartel, Erinnerungen. Wir hatten alle Karten auszusortieren, die verschlüsselte Mitteilungen enthalten konnten. Zeichen, Abkürzungen oder in ihrem Sinn mehrdeutige Sätze waren nicht zugelassen. Wenn es möglich war, wenn die vorliegenden Schriftproben ausreichten, wurden die aussortierten Karten von unseren Spezialisten neu geschrieben. Die Verwaltung wünschte die einwandfreie Benachrichtigung der Angehörigen vor allem im Hinblick auf spätere Transporte. Unachtsamkeiten oder Fehler konnten die Ablösung des Häftlings, d. h. dessen wahrscheinliche Vernichtung auslösen. Als gelernter Graveur, später Lithograph, hatte ich mir bald durch Übung eine gewisse Fähigkeit in der Nachahmung fremder Schriften erworben. Sie reichte für einfache Korrekturen, die ich im Anfang Hielscher, dem Abteilungskapo, vorzulegen hatte.

«Liebe Helene, wir freuen uns, Dir mitteilen zu können, daß wir hier in Waldheim gut angekommen sind, und daß Du dir keine Sorgen machen mußt. Papa findet das Klima für sein Asthma eher günstig. Wir sind, nach der doch recht anstrengenden Fahrt, sehr erleichtert. Deine Dich liebende Mama.»

«Die Kunst des Fälschens ist eine Frage der Einfühlungskraft, sowie der unermüdlichen Übung», sagte Hielscher und lehrte sie mich gegen meine jeweilige Zigarettenration.

«Schau, gut, jeder Buchstabe richtig, auch die Bindungen, aber der Duktus, das sieht vollständig künstlich aus. Es kommt nicht auf die Einzelheiten an, schau, auf den inneren Rhythmus einer Schrift, nicht das e, das u, den Duktus, schau.»

Hielscher setzte sich an den Tisch, machte ein paar Proben und schrieb die ganze Karte in einem Zug neu.

Kluetezang, Arnold, brasilianische Niederschriften (1956–58). Wenn ich heute aus der zeitlichen Distanz (und auch aus der historischen) darüber nachdenke, wie es gekommen ist, daß ich mich wenigstens zeitweise in die furchtbare Pflicht zwingen ließ, als Kommandant von M. an den Vernichtungsprogrammen verantwortlich teilzunehmen, so möchte ich meine Herkunft aus einer alten Offiziers- und Beamtenfamilie vorrangig anführen, die Sicherheit, die ich nach Erziehung und Ausbildung der Autorität gegenüber empfand, und zwar der staatlichen so gut wie der religiösen oder familiären. Die gedankliche Zuwendung zum Nationalsozialismus erfolgte ja bei mir und Leuten meiner Herkunft gerade weil sich der Nationalsozialismus zu den Ordnungsprinzipien bekannte, die nach dem verlorenen ersten Weltkrieg mit seinen sozialen und wirtschaftlichen Erschütterungen unwiederbringlich dahin schienen. Mein Vater, ehemaliger aktiver Offizier, war als Teilhaber in eine kleine Fischmehlfabrik eingetreten, und mir sind die Gefühle der Erniedrigung der ganzen Familie sehr gegenwärtig, als die Firma fallierte und das in der Inflation schon zusammengeschmolzene Familienvermögen meiner Mutter ganz verloren war. Die Erschütterungen kamen für mich immer von außen, durch fremde Mächte, denen die uns beherrschenden Ideale und Überzeugungen abgingen. Es war für mich selbstverständlich, an deren Wiederaufrichtung zu arbeiten, sobald das möglich war, und es war der elite- und geheimbundhafte Charakter, der mich zur SS zog, das Empfinden in entsagungsvollen Diensten einem Orden anzugehören, der die Welt zu verlorenen Idealen und Ordnungsprinzipien zurückbrachte und deren Feinde unschädlich machte. Die abscheulichen Realitäten eines Lagers, die ununterbrochene Teilnahme an massenhaften Verbrechen, die nicht weg zu reden ist, begriff ich für mich als besonders schwere dienstliche Gegebenheiten, als eine zusätzliche Verantwortungslast, die ich im Dienst der Sache zu tragen hätte. Die Sache selbst zog ich nicht in Zweifel, denn ich stand in der schützenden Hierarchie der Rangordnungen und der Befehlsvollzüge, die eine Art von religiöser Macht ausübten, deren Weisheit ich in den Einzelheiten nicht zu untersuchen hatte, wie der Gläubige die Weisheit göttlicher Handlungen nicht untersucht. Die Geheimhaltung erleichterte mir das Gefühl der Erwähltheit, und ich hielt sie auch meiner Frau gegenüber durch. Das war erleichtert durch die Erziehung, die meine Frau erfahren hatte, daß die Arbeit, gar diese Art von Dienst, der Sphäre des Mannes angehört, in die man nicht einzudringen wünscht. Heute frage ich mich aber auch, wenn das so war, warum war ich dann so froh, als sich mir die Möglichkeit bot, das Lager in eine Art von Munitionsfabrik mit Häftlingen umzuwandeln? Denn ich betrieb das doch schon hinter dem Rücken von Bloombach, ehe ich von ihm die mich damals doch sehr wundernde Ermunterung dazu erhielt. Ich begriff damals den rein taktischen Charakter seines Rates nicht.

Wieso war ich eigentlich froh, die Gelegenheit zu bekommen, mich in einer geschäftlichen Aufgabe nach Brasilien zu retten? Waren die Gedanken an Selbstmord nicht vielleicht doch nur ein Schutz, mein Gesicht zu wahren? Warum machte ich auch später nie den Versuch, meine Haltung in dieser Zeit meiner Frau oder den beiden Söhnen zu erklären?

Jakob Hartel, Erinnerungen. Schuld? Natürlich. Wenn es jemandem gelungen war, sich heimlich zwei Kartoffeln zu kochen und in der Nacht zu essen, so waren sie aus der Häftlingsküche gestohlen, also den Häftlingen. Von einem Schlafplatz näher am Barackenofen im Winter, näher am Fenster im Sommer, mußte ein anderer vertrieben werden. Die von der SS eingesetzte und ihr verantwortliche Häftlingsverwaltung hatte unvermeidlich ein System kleiner und kleinster Begünstigungen zur Folge, von denen das Leben abhing. Im Interesse des Überlebens der Häftlinge mußten die von der SS eingesetzten Funktionshäftlinge dazu gebracht werden, im Häftlingsinteresse zu handeln, eine Art von Selbstverwaltung wahrzunehmen, die das Vertrauen der Häftlinge hatte, das Vertrauen der SS gleichzeitig aber behielt, an deren Verbrechen also beteiligt blieb. Im Lauf der Jahre gelang es, die Selbstverwaltung des Lagers immer mehr in die Hand der illegalen politischen Leitung des Lagers zu bekommen. Die wichtigen Funktionen konnten in der Mehrzahl von ihr besetzt werden, und die Funktionshäftlinge wurden von ihr zur Rechenschaft gezogen, wenn sie, ohne Zwang, gegen die Interessen der Häftlinge verstießen. Es gab illegale Informationen, eine illegale Gerichtsbarkeit, eine illegale Widerstandsorganisation, die sogar über Waffen verfügte. Durch die Organisation wurden Überlebensmöglichkeiten geschaffen, das Leben vieler Häftlinge gerettet. Geeignete Genossen wurden in Funktionen dirigiert, die entscheiden konnten, wer zu retten war und wer nicht.

Kluetezang, brasilianische Niederschriften (1956–58). Es war möglich, die Realitäten des Lagers zu verwalten ohne sie tatsächlich zu sehen. Die Häuser der Stabsoffiziere lagen vom Lager weit entfernt, bewacht von einer speziellen Postenkette. Es kam vor, daß ich vom ganzen Lager über Wochen hin nur das Verwaltungsgebäude betrat oder mir die Vorgänge nach Hause bringen ließ. Auch die Tötungen erreichten mich in der Regel nur verwaltungsmäßig, als Meldungen, als Vorgänge, als Rechnungen. Eine arbeitende Vergasungsanlage sah ich nur einmal, als ich eine ranghohe Delegation selbst zu führen hatte. In der ersten Zeit hatte ich als Kommandant die Begrüßungsreden bei neu eintreffenden Transporten zu halten, die in die jeweilige Sprache übersetzt wurden. Ich mußte mich danach schnell entfernen.

Briefe. Fernschreiben Wirtschaftshauptamt an Kluetezang. Erbitten Unternehmen D auch Vorgesetzten gegenüber als geheime Reichssache zu behandeln. Erbitten Liste aller mit D vertrauten Personen, um Geheimhaltung sicherzustellen. Schlagen vor, Unternehmen D direkt dem Wirtschaftshauptamt zu unterstellen. Erwarten vorrangige Unterstützung und schnelle Rücksprache WHA. Terminabstimmung erfolgt mit Stab des Reichsführers. Pollster.

Bloombach an Kluetezang. Lieber Arnold, C.B. ist bei G. (Göring?) an eher kalte Schulter geraten, H.H. schwärmt, es scheint, nach der militärischen Hausmacht von einer wirtschaftlichen. Realistische Heeresbeschaffungsämter hüllen sich in Schweigen, und die Spitze im Rüstungsministerium will direkten Draht zu H. «gerade jetzt nicht strapazieren». (Panzerproduktionszahlen suchen einen Schuldigen.) So sehe ich wenig Sinn darin, sich auf unserer Ebene gegen die Wogen zu stemmen. Ich höre auch, Du hast sehr positive Gutachten. Da soll ich Dich nicht an falsche Rücksichten binden. So gerne ich Dich sehen würde, es scheint mir gerade jetzt nicht zweckmäßig. Da sich der Pudding beim Essen erweist, muß man einen herstellen. Immer Dein alter Bloombach.

Kluetezang an Bloombach. Lieber Walter, es tut mir unendlich leid, mit diesen doch ganz anders motivierten Gutachten zu Mißverständnissen beigetragen zu haben. Meine Haltung ist klar und eindeutig. Im Hintergrund der Sache stehen zwei strikt entgegengesetzte Konzeptionen im Wirtschafts- und im Sicherheitshauptamt, das ist es, was Dich wohl interessieren könnte. Ich hatte Dich übrigens so verstanden, daß Du mir zu der Initiative zu-, nicht abgeraten hattest. Die Gutachten sind ein Eiertanz. Es gibt, wie ich schon andeutete, weitergehende Initiativen und offen wie das berühmte Scheunentor. Ich brauche das freundschaftliche Gespräch mit Dir unbedingt, auch Elfie wäre untröstlich, und so schlage ich das nächste Wochenende vor. Immer Dein Arno.

Max Halske, Reflexionen. Wir hatten Kluetezang überfahren. Wir hatten die ganze Sache mit lässigen Tricks über die Bühne gebracht. Eine unausgegorene Idee, ein paar Fühlungnahmen in den Führungsstäben, die auf ungewöhnliches Interesse stießen, sonst hatten wir nichts in der Hand. Mit Kluetezang, vom WHA nach Berlin befohlen, zog Socker noch einmal die gleiche Veranstaltung durch. Jetzt wurde Kluetezang zwar in allen Referaten empfangen, doch zeigte sich jeder gefaßt, wollte Kl. auf Unternehmen D kommen. Betretenes Schweigen, geheime Reichssache. Da er aber deswegen doch herbefohlen war, mußte er annehmen, die Sache sei auf höherer Ebene schon gelaufen und gegen ihn. Sockers beste Fähigkeiten sind seine Verbindungen. Im Hotel lagen für Kluetezang zwei Briefe. In einem bat das WHA für den nächsten Tag zu einem Gespräch über Sofortmaßnahmen zu Unternehmen D mit Pollster, Socker, Halske und einem ungenannten (!) Vertreter aus dem Stab des Reichsführers. In dem andern stand auf einer Briefkarte nur eine siebenstellige Nummer. Kluetezang schien die Zahl erst für eine Telefonnummer zu halten, ließ sie wählen und erschrak, da es eine derartige Nummer in Berlin nicht gab. Er habe ein Gespräch mit seiner Frau angemeldet, aber keine diesbezügliche Frage gestellt. Ein Vertrauensmann berichtete Socker, Kluetezang habe in der Adjutantur des Reichsführers eine Gutachtenvorlage zu KL-eigenen Rüstungsbetrieben unterbreitet. «Wie schlecht muß ein Gewissen sein oder wie überempfindlich, daß er auf diese Touren hereinfällt. Bei seinen Industrieverbindungen. Er kann doch bei nüchterner Überlegung nicht annehmen, daß das Wirtschaftshauptamt der großen Industrie in der Frage der Häftlingsnutzungen an die Karre kann», sagte Socker. Wir hatten aber am Abend durch Pollster das direkte Interesse des Reichsführers an D signalisiert bekommen.

Socker schlug vor, daß wir die Grundsteinlegung einer aufstrebenden Firma in einem privaten Etablissement in Grunewaldsee begehen. Die Liebe sei eine Himmelsmacht bekanntlich, besonders die gelernte. Wir brauchen jetzt Einfälle.

Die Aussicht ein Unternehmen aufzubauen, das meinen schöpferischen Neigungen endlich ganz entsprach, hatte in mir ein lange nicht gekanntes Glücksgefühl erzeugt. Ich wußte, daß ich dabei etwas wirklich Erstrangiges leisten konnte. Es war unglaublich zeitgemäß. Wie es stand, hielt ich den Krieg für verloren. Wenn es danach für uns, die wir nicht aussteigen konnten, einen Wechsel auf die Zukunft noch gab, dann würde der in unseren Werkstätten mit unseren Pässen und unseren Devisen ausgeschrieben. Endlich eine unabhängige Tätigkeit mit klarer Perspektive.

Das Haus in Grunewaldsee, in einem Park mit seltenen Bäumen und Gewächshäusern gelegen, übertraf in seiner Großzügigkeit meine Erwartungen. Es gehörte einer japanischen Diplomatenwitwe (?), die Wärme und Freundlichkeit ausstrahlte. Wir waren von Socker angemeldet, der gut bekannt schien, und wir wurden wie Freunde empfangen, die unvermutet von einer langen Reise zurückgekehrt waren. Das Haus war im alten japanischen Stil errichtet, nichts Talmihaftes, Pseudo-Fernöstliches. In dem traditionellen Vorraum half uns ein Diener aus den Kleidern. Wir zogen Kimonos an und weiche Pantoffeln. Wie Kleidung das Lebensgefühl ändert! Das Gemüt wird weich in weichen Kleidern und der Sinn leicht in leichten Schuhen. In einem kleinen Raum, bis auf einige Sitzkissen leer, aber mit entzückenden Blumenarrangements ausgestattet, reichte uns die Hausherrin zeremoniell einen eigentümlich gewürzten Tee, ein Aphrodisiakum enthaltend. Danach führte uns ein anderer Diener in das Familienbad, ein temperiertes Bassin, von exotischen Gewächsen in Porzellankübeln umstanden. Dorthin kamen auch die Mädchen, die in ihrer ausgesuchten Verschiedenheit, in ihrer Anmut, in ihrer selbstverständlichen, gesunden Sexualität erste Klasse waren. Eine Welt der Heiterkeit, wie sie in ihren weißen Musselinschleiern aus kleinen Orchideenwäldchen traten. Wirklich exklusiv. Nichts Schwüles, nichts an Geschäft oder Körperhygiene Erinnerndes, was auch gut geführten Bordellen leicht anhaftet. Wenn ich an die Dinger meiner Kellnerzeit denke, mit den Amateurmiezen, die da rum saßen, Bockwurst, ein Bier, und dem Wirt pro Freier zwei Mark zu zahlen hatten, Zimmer extra. Oftmals junge Frauen mit Kindern zu Hause. Mutter gefallen, Vater Gefallenenrente, wie der Witz damals ging. Die unerbittlichen Kämpfe, einfach zu existieren, minimal, bei schlechten Mahlzeiten in verstunkenen Hinterhauswohnungen. Die Schlachten, die geschlagen werden mußten um einen neuen Anzug, im Schlamm dieser riesenhaften unerkannten Hinterhausghettos nicht zu versinken wie die hunderttausend anderen in jeder großen Stadt, die von ihrem 20. Lebensjahr nichts anderes mehr tun, als unmerklich unterzugehen, arbeitend und nicht verzweifelnd. Wie leicht hätte mir das passieren können. Was hat mich davor bewahrt? Auf netten Ottomanen am Beckenrand warmen Reiswein trinkend, bedächtig das richtige Mädchen auswählend oder auch mehrere, bekam ich den Weg durch das Dickicht, den ich in den vergangenen 15 Jahren zurückgelegt hatte, deutlich in den Blick. Und was ich erreicht hatte, das war, von diesem Abend aus betrachtet, nicht das Ziel, sondern der Ausgangspunkt zu einem eroberbaren Gipfel. Ich hab mir meinen Aufstieg aus der Tiefe einzig mit meiner Kraft freigehauen und ausgestattet mit einer einzigen Waffe: meiner Intelligenz, die die Ideen erkannt hat in ihrer wahren Bedeutung, nämlich als Transportmittel der sich selbst schaffenden Persönlichkeit. Es klingt für einen Hauptsturmführer vielleicht seltsam, aber ich bin kein Nazi. Ich wäre in jedem System hochgekommen, und ich bin nicht willens mit irgendeinem unterzugehen. Wenn ich etwas verachte, dann sind das die sogenannten Idealisten, die auf dem Kopf spazierenden Dummköpfe, die am unerträglichsten sind in ihrer dümmsten Variante, als Märtyrer. Ich bin, was ich brauche, mich fortzubewegen. Und ich bewege fort, was mich fortbewegt. Die Rückführung der Ideen auf ihre materielle Benutzbarkeit, das ist die einzige intelligente Idee dieses Jahrhunderts. Die Güte einer Idee ist zu messen an der Güte des Geschäfts, das mit ihr zu machen ist. Der Nationalismus als Geschäftsidee geht zu Grunde an den dogmatischen Nationalsozialisten, und zwar an deren Unbeweglichkeit, Hitler an der Spitze, und nicht an Professionals wie Schacht oder Flick oder auf unserer Ebene Socker oder mir. Eine Idee, die etwas Lebendiges darstellen will, muß ihre Ideenträger rechtzeitig totschlagen. Ich nehme zum Beispiel nicht an, daß Socker überhaupt weiß was das ist eine Idee, und deshalb ist er mit allen seinen deprimierenden Eigenschaften ein Mensch, ein eloquenter Partner, den ich mir an seinen Interessen errechnen kann. Socker, physisch und psychisch mein ziemliches Gegenteil, hatte sich, wie von mir erwartet, eine zierliche Blondine ausgesucht, zart, zerbrechlich mit großen Kinderaugen und allerdings bedeutenden Brüsten. Ich begriff in dieser Nacht, was wirkliche Körperkultur ist, wirklicher Lebensgenuß, wirkliches Glück. Vor allem die Erfahrung: Es (das Glück) ist lehrbar, es ist, wie alles andere, eine Frage der fachlichen Ausbildung. Die Liebe ist ja in unseren körperfeindlichen Breiten (ein Erbe des Puritanismus) in der Regel so deprimierend, weil sie von ungelernten Kräften ausgeübt wird. Psychisches Brachland, dem Zufall überlassen und somit ohne Kultur. Seltsamerweise wird der leistungssteigernde Effekt der Liebe in körperlicher wie auch besonders in geistiger Hinsicht gerade von staatlicher Seite so gut wie nicht beachtet. Die Möglichkeit, das Glück für viele aufwendig und wirklich billig zu organisieren, wird in ihrer staatspolitischen und volkswirtschaftlichen Bedeutung einfach nicht bemerkt. Bestenfalls sieht man, das Pferd vom Schwanz aufzäumend, die Vermehrung, eine unvermeidliche Folge ausreichender Ernährung. Kann es sich die moderne technische Massengesellschaft aber leisten, ausgerechnet das Glück Privatsache sein zu lassen? Ich nahm mir vor, in dieser Sache in unserem Unternehmen zu experimentieren. Ich sehe in ihm überhaupt so etwas wie ein Modell für künftige Organisationsformen der Arbeit, nicht auf Häftlinge beschränkt übrigens. Die Grenzen sind fließend, und die gegenwärtig in Deutschland sehr überschätzte Methode des äußeren Zwanges ist eigentlich unmodern und unrentabel. Die Folge einer unterentwickelten Arbeitspsychologie und einer allgemeinen Interesselosigkeit der fortgeschrittenen psychologischen Wissenschaft gegenüber, deren Aufgabe es ist, die Umwandlung des äußeren Zwanges in einen inneren zu ermöglichen. Indem der Häftling dazu gebracht wird, seine Lage zu bejahen oder wenigstens für unabänderlich zu halten, hat er sich in einen wesentlich billiger kommenden Arbeiter verwandelt, wie sich umgekehrt ein sozial gesehen unruhiger Arbeiter in einen Häftling verwandelt hat, sobald er seine Lage innerlich bejaht oder für unabänderlich hält. Beides stellt einen Sprung in eine neue Rentabilität dar. Während die Umwandlung des Häftlings als eine noch unbewältigte Aufgabe vor den Fachleuten steht, ist die Umwandlung des Arbeiters in den entwickelten Kulturstaaten bereits auf gutem Wege. Diese innere, ideelle Befreiung, durch ein sich ständig verfeinerndes Erziehungssystem begünstigt, durch ein Verständnis in menschlicher, sozialer und sogar materieller Hinsicht belohnt, hat den äußeren Zwang früherer Jahrhunderte so gut wie überflüssig gemacht und mit ihm die äußere, materielle Befreiung. Die Vorteile des fast überall in Gang gekommenen Avancements des Arbeiters zum Staatsbürger sind evident und nicht nur in ökonomischer Beziehung, wenn auch dort besonders leicht feststellbar. Denn es sieht ja an einem neuen Gedanken jeder sofort dessen einträgliche Seite ein, den nervus rerum sozusagen. Und jeder weiß, was für ein horrendes Geld die im Grunde doch unproduktiven Apparate zur Erhaltung der inneren Ordnung – ich nenne nur die Polizei und das Militär – gekostet haben oder sie in Deutschland noch kosten. Das geht ins Aschgraue, und dabei sind die direkten Bewachungs- und Aufsichtsorgane in den Betrieben selbst noch nicht gerechnet, die ja auch unproduktiv sind. Das geht anzahlmäßig in die Millionen, und genau besehen sind diese Millionen unproduktiver Erhalter der äußeren Ordnung ebensoviel Millionen produktiver Arbeiter, sobald die äußere Ordnung sich von einer aufgezwungenen in eine innerlich bejahte verwandelt hat. Alle die unschönen, auch unwürdigen Maßnahmen äußeren Zwanges, die der Arbeit großenteils noch heute anhaften, übernimmt der innerlich befreite, der in einen verantwortungsbewußten Staatsbürger verwandelte Arbeiter zunehmend selbst, und er tut das fröhlich und mit der seiner Klasse anhaftenden Gründlichkeit, was wieder nicht nur einen ästhetischen sondern auch einen ökonomischen Aspekt hat. Denn ein fröhlicher Mensch arbeitet klarerweise weit produktiver und ausdauernder als ein noch so perfekt gezwungener. ‹Arbeit macht frei› ist ein für nationalsozialistische Verhältnisse guter Slogan, aber man muß ihn auch ernstlich verwirklichen wollen. Wenn es die Aufgabe des modernen Staates ist, die Klassen in der höheren Form der Volksgemeinschaft aufzuheben, ohne gleichzeitig die Eigentumsverhältnisse aufzuheben, dann muß er den Arbeiter vor allem an seiner Seele aktivieren. Der Mensch hat einen Anspruch darauf, zu wissen was er will, und die fortgeschrittene Wissenschaft, nehmen wir die Werbepsychologie, kann diesen Anspruch erfüllen. Ohne jeden Zwang. Ich sehe da auch für die schönen Künste Aufgaben liegen, deren Unbehagen sich, tiefer gesehen, auf ihrer gegenwärtigen gesellschaftlichen Aufgabenlosigkeit gründet. Gerade die indirekte, sinnliche Verführungskraft der Kunst kann aber Wunder tun, wo dürre Gedanken nicht hinreichen. Kein Knüppel der Welt kann ein verhärtetes Herz bezwingen, die Musik aber mühelos. Gewisse Dinge, sogar äußerliche, lassen sich überhaupt nicht erzwingen. Wenn ich zum Beispiel an die tristen, stundenweise ganze Städte verschandelnden An- und Abmärsche schlecht gekleideter Arbeitsheere zu und von den düsteren Fabriken denke, welcher Zwang kann dem abhelfen? Ich kann die Vorstädte und die Fabriken nicht unter die Erde bringen, und ich kann den Arbeitern nicht die Kleidung oder den Gesichtsausdruck vorschreiben. Wie fröhlich, wie unbemerkbar aber kann das in bunten, kräftesparenden Werksomnibussen vor sich gehen, bei heiteren Weisen, oder noch besser in eigenen, täglich Stolz erzeugenden Fahrzeugen, auf bequeme Teilzahlung (ich messe dem Gedanken des Volkswagens große Bedeutung bei). Die Leute tragen automatisch Hüte und Krawatten und frohe, dem Konkurrenzkampf Rechnung tragende Mienen, die sie als Staatsbürger, nicht als Arbeiter kennzeichnen. Ohne dazu aufgefordert zu sein, und ohne daß ihnen wer die Zeit bezahlt, die sie jetzt für das zweimalige Umkleiden brauchen. Sie rasieren sich, wenn nötig, im Tag zweimal, sie benutzen Kölnisch Wasser gegen den Schweißgeruch, und sie haben an die Rockaufschläge die Abzeichen der Automobilclubs gesteckt, nicht die der Gewerkschaften oder Arbeiterbünde. Und was für herrliche, bis zum letzten Pfennig entschlossene Käufer sind sie, wenn sie sich einmal auf die richtigen Bilder hin orientiert haben. Ihre Freude an Neuigkeiten ist gewaltig, und sie ist auf Waren zu lenken. Dabei hat sich nichts Entscheidendes geändert, denn ein modernes Arbeiter-Großblockviertel oder eine moderne Arbeitersiedlung ist im Wesen das Ghetto geblieben, das es war, und ein technisch-psychologisch vollkommener Betrieb, Werkszugehörigkeitsgefühl erzeugend, ist natürlich das ihnen nicht gehörende Werkzeug auch geblieben, das ihre Produktionskraft verschlingt. Aber es wird nicht mehr bemerkt. Das Leben ist objektiv schöner, die Rentabilität höher, die Sicherheit größer geworden. Ohne jede Gewalt. Diese einfache Erfahrung zeigt doch, daß die extremen Methoden äußeren Zwanges, wie sie gegenwärtig in Deutschland geübt werden, ohne wirkliche Zukunft sind. Sie werden nicht benötigt, und ein aufgeklärtes Wirtschaftsdenken wird sie zum alten Eisen werfen, weil sie zu teuer sind.

Im kleinen Rahmen will ich das mit meinem Unternehmen D beweisen. Ich sehe in ihm ein Stück angewandter psychologischer Wissenschaft, die diesem Lande so sehr fehlt.

Nach dem Frühstück ging Socker noch einmal mit der zierlichen Blonden auf das Zimmer. Das Mädchen schien nicht entzückt, und mich erinnerte sein Verhalten an die Gewohnheit der Kleinbürger, schon im Aufbruch befindlich ihr bezahltes Bier auszutrinken. Es war neun Uhr, und wir hatten einen anstrengenden Tag vor uns.

Meine Siamesin, aus dem katholischen Trier stammend übrigens, zeigte mir in der Bibliothek chinesische Farbholzschnitte. Erlesene Pornografie mit allen Finessen einer alten Kultur. Zwei Pflanzen zum Beispiel, und dabei große, unglaublich schweinische Kunst. Die Brüder sind ein paar tausend Jahre vor uns von den Bäumen geklettert. Es ist ein verfeinerter, durch Realität nicht ernüchterter Genuß, die verborgenen Delikatessen solcher Blätter gemeinsam zu entdecken und im Geiste nachzuempfinden. Schweinisch ist der Geist, nicht der Körper. Auch hier ist das Primat der Idee. Hunger frißt Kommißbrot, Sexualnot malt Geschlechtsteile in öffentliche Bedürfnisanstalten. Kultur ist eine Sache des Überflusses. Die Anstrengung, die gemacht werden muß, nicht satt zu werden, erbringt eine Eßkultur.

Wochenend-Gespräch Bloombach und Kluetezang:
«Es freut mich, daß du doch gekommen bist, daß menschlich, wie wir zueinander stehn, kein Schatten zwischen uns getreten ist mit diesem Unfug, wirtschaftlich gesehen, der im Gange ist, und den ich als Offizier dennoch durchführen muß.»

«Ich würds nicht Unfug nennen, garnicht, Arnold, zu anderer Zeit vielleicht wärs hoch vernünftig, die Rüstungskapazitäten auszudehnen, auch in den Lagern.»

«Sachkundig mit den Leuten, die das verstehen, der Wirtschaft, die in den Lagern investiert hat, und die man jetzt erpreßt mit unserem Arbeitskräftemonopol. Ich kann verstehn, daß dich das verbittert.»

«Verbittert nicht, ich mache mir Sorgen. Weil es nicht gut geht. Ich kenn die Zahlen, und ich höre Radio. SS-eigene Betriebe mit Produktionsanlagen neu auszurüsten, milliardenmäßig, wie soll das gehn?»

«Es ist nicht irgendwer, der dahinter steht, Walter.»

«Ich weiß. Doch woher nehmen?»

«Für uns in M. hieße es: von euch, der MONA. Als Stock, von dem man ausgeht.»

«Hast du das schriftlich?» – «Ja.»

«Dann mach das, Arnold.»

«Ernstlich? Ich sehe es als Katastrophe.»

«Von euch, vom Ganzen her gesehen, vielleicht doch nicht. Du mußt es machen. Ich höre, du baust?»

«Anweisung Wirtschaftshauptamt. Ich mach es nur, wenn du es gutheißt, Walter. Eher sonst ein Frontkommando.»

«Unsinn. Ich sehe es als ein Experiment an, und wenn es einer schafft, dann du mit deiner Energie. Wie weit die Decke reicht, sieht man, wenn man darunter liegt, und es ist kalt.»

«Ich sehe das so wie du.»

Max Halske. Es scheint im Sicherheitshauptamt plötzlich ganz entgegengesetzte wirtschaftspolitische Konzeptionen zu geben. Eine Zeit lang waren die Fronten undurchsichtig, und die für jede tiefergehende Loyalität ausschlaggebende Frage: wer erledigt wen? war nicht entschieden. Hohe Beamte in KL-Verwaltungen, gewohnt exakt gegebene Anordnungen durchzuführen, sahen sich tagelang divergierenden Weisungen und deutbaren Befehlen ausgesetzt, fernmündlich erteilt, oft einander aufhebend. Weisungsberechtigte Vorgesetzte, bekannte I-Punkt-Menschen, um Aufklärung ersucht, erwiesen sich als unzuständig, überlastet, unauffindbar oder abgesetzt. Andere nannten andere Vorgesetzte oder befanden sich auf Dienstreisen. Eine unproduktive Verantwortungsscheu breitete sich aus, unter der auch wir zu leiden hatten, bis das ausdrückliche Placet des Reichsführers kam. Jetzt sahen wir unseren Plan plötzlich in Dimensionen gestellt (und mit Mitteln ausgestattet), die wir uns nicht erträumt hatten. Wir waren dem Wirtschaftshauptamt direkt unterstellt, also unsere eigenen Chefs. Geheime Reichssache gegenüber jedermann, der Reichsführer und Pollster, WHA, ausgenommen. Dennoch interessierte Anfragen aus allen Referaten. Als wir Pollster verließen, waren wir mit allen erforderlichen Vollmachten und Sonderausweisen ausgestattet. Die Kommandanten aller KL waren angewiesen, uns vorrangig zu unterstützen. Der Reichsführer erwartete Vollzugsmeldung für D zum 1. Oktober. Wir fuhren in Sockers Büro und stellten zwei Arbeitsstäbe zusammen. Einen aus Architekten, Technikern und Baufachleuten, der für den fristgemäßen Aufbau der unterirdischen Anlagen verantwortlich war, einen zweiten, aus psychologischen und kriminalwissenschaftlichen Fachleuten bestehend, der uns helfen sollte, die intelligenten Spezialisten auszuwählen, mit denen das Unternehmen steht und fällt. Wenn alles läuft, gehen wir schon morgen mittag mit unserem engeren Arbeitsstab auf Inspektionsreise, die Lager nach Fachkräften durchzukämmen, erst die großen, dann die kleinen. Die Kartei der Falschmünzer, Fälscher und Bankspezialisten erweist sich als nachlässig und lückenhaft geführt. Unterlagen über Inhaftierte aus den grafischen Bereichen (Lithographen, Retuscheure, Drucker, Radierer, Metallstecher, Graveure, Chromolithographen etc.) gibt es sowenig wie über bildende Künstler (Restaurateure, Miniaturmaler, Schriftspezialisten und Assignatenfälscher etc.). Unsere Arbeit ist ohne Vorbild, überall ist Neuland zu bearbeiten. Endlich aus der Routine der Lagerarbeit heraus. Ich tendiere dahin, auch originelle Zeichner und andere Künstler einzustellen. Phantasie ist mir sogar noch wichtiger als präzises Handwerk. Das Angebot an Künstlern scheint groß.

Aus dem Tagebuch des Scharführers Willi Schramm, Konzentrationslager M., Transportabteilung. Seit zwei Tagen, der Kommandant ist auf Dienstreise, herrscht im Lager ein uns allen unerklärliches Durcheinander. An den Laderampen stehen drei auf Befehl nicht abgefertigte Transportzüge und niemand will in Abwesenheit des Kommandanten die Verantwortung übernehmen, die Transporte auf seinen Kopf umzudirigieren. Was nützt der beste Transportplan, wenn man ihn nicht mit eigenem Verantwortungsgefühl erfüllt. Wie soll denn eine reibungslose Abfertigung der Transporte durch uns noch möglich sein, wenn die Leute verrückt sind vor Angst? Wo alles hier auf dem Vertrauen aufgebaut ist. Wozu die ganze vorbildliche Organisation? Warum wird auf uns so wenig Rücksicht genommen? Da sollen doch die Herren einmal selber einen Transportzug ausräumen mit Hunden und Lederpeitschen, wenn sie zu gedankenlos sind, eine reibungslose Organisation in Gang zu halten. Wie soll ich anständige Karten an die Angehörigen herstellen, die man von mir verlangt, wenn ich nicht einmal eine Schriftprobe habe! Wozu die ganze mustergültige Poststelle, wozu die 20 Spezialisten, die ich mir in Schriftsachen herangebildet habe? Hält man die Juden für blöde? (Datum)

Die Arbeit noch nicht aufgenommen. Und vier Transportzüge auf den Gleisen, ein fünfter wird erwartet. Rund 200 Güterwagen, die brach liegen, wo unsere Sommeroffensive in Rußland täglich erwartet wird. Gestern hieß es, die halbe Lagerführung soll abgelöst werden. Der Kommandant, gerade von seiner Dienstreise zurückgekehrt, ist sofort wieder nach Berlin. Er soll nichts davon gewußt haben. (Datum)

Die Häftlinge, die in der MONA AG arbeiten, 5000 Mann, sind auf Anweisung des Kommandanten heute nicht ausgerückt. Ein Stab von Technikern vermißt das Gelände zwischen dem Lager und der MONA AG. Es ist von Munitionsfabriken die Rede, direkt dem Lager angegliedert, wegen der Luftangriffe im Reich. Andere reden von Geheimwaffen, die hier produziert werden sollen. (Datum)

Kluetezang hat angeordnet, daß die Transporte wie sie stehen nach A. umgeleitet werden. Es ist klar, wie sie dort ankommen. (Datum)

Ich ärgere mich nicht mehr, ich mache meinen Achtstundendienst und fertig. Gegenwärtig beaufsichtige ich Erdarbeiten, was jeder Idiot machen kann. Alles was Beine hat, das ganze Lager, schachtet bis zum Umfallen Fundamente aus. Habe ich mir dazu die unersetzbaren Spezialisten herangebildet, daß sie mir jetzt in vierzehn Tagen zuschanden gemacht werden? Die sind doch körperliche Arbeit nicht gewohnt! Ich kann mir auf diese ganzen Verwirrungen keinen Vers machen. Wie es weitergeht, das steht noch in den Sternen. Einer meiner Häftlinge, ehemaliger Landtagsabgeordneter der bayerischen Volkspartei, hat mir ein wissenschaftliches Horoskop gestellt. Es spricht – wie übrigens auch ein früher gestelltes – von einer unvermutet steilen Karriere. Ich frage wann? Ich bin 38 Jahre alt. (Datum)

Ein Lichtblick. Der Hauptsturmführer Halske, einer der wenigen Offiziere, die sich für meine Arbeit interessieren, ist in das Lager zurückgekehrt und leitet eine Kommission, die mit besonderen Vollmachten ausgestattet ist. Acht Zivilisten (Wissenschaftler), haben ihre Büros in der Verwaltung aufgeschlagen, und prüfen dort Häftlinge bestimmter Berufsgruppen für eine Spezialeinheit.

Halske kam auf die Baustelle und begrüßte mich mit Handschlag. Wir mußten die Arbeit stehen und liegen lassen. Er ist ein echter Kamerad geblieben, der nicht nach Äußerlichkeiten geht, sondern nach dem fachlichen Können. Vor allen Dingen hat er Humor.

Von 200 Häftlingen, die er in M. hat prüfen lassen, sind nur 18 durchgekommen, 14 von meiner Abteilung. Das war mir eine kleine Genugtuung. Die Prüfung der ernsten Kandidaten hat Stunden gedauert, und mancher Universitätsprofessor hätte sich da als Versager gezeigt. Die Deutung eines Klexbildes aus verschiedenfarbigen Tinten oder anderer Tests, ich war baff, was daraus für Schlüsse gezogen werden können, psychologisch. Da kommen die geheimsten Dinge ans Licht, die einer verbergen möchte. Ich habe mich auf Halskes Anregung hin ebenfalls prüfen lassen, getrennt von den Häftlingen, denn Halske will, daß ich bei meinen Leuten bleibe.

«Intelligenz ist Anpassungsfähigkeit. Ich nehme nichts, was im Intelligenzquotienten unter 1,6 ist, das ist mehr als der Schnitt der Heidelberger Dozentenschaft», sagte Halske. Entscheidend für die Auswahl gerade meiner Leute ist aber deren Überlegenheit in der Praxis. Fälschung ist zu 95% Übungssache. Die in der menschlichen Natur liegende Begabung muß durch Training herausgeschafft werden. (Datum)

Besonderen Erfolg bei Halske hatte ein Häftling namens Heinrich Rapp, Hersteller eines Schmutzwerkes der Systemzeit. «Der Mensch bekennt im Dalles, / fließt aus der Nase Blut, / die Wahrheit jedenfalls: / Der Mensch, der Mensch ist gut.»

«Ist das so?» fragte Halske.

«Jawohl, Herr Hauptsturmführer!»

Halske befahl ihm, das sogenannte Zuhälterfinale aufzusagen.

Abortverse – ‹Fut ist gut› – sind Gold dagegen. Ich begreife von meinem Empfinden aus nicht, wie so etwas als Kunst bezeichnet werden kann. Kloakenschau, alles Höhere und Echte zu sich in die Tiefe reißend. Mir will nicht in den Kopf, daß das derselbe Mensch ist, der in meiner Abteilung die ergreifenden Briefe verfaßt hat. Da ist kein falscher Ton und Gemütstiefe in jeder Zeile. (Datum)

Halske sagt, daß er alles SS-Personal, das er übernimmt, um einen Dienstgrad befördern lassen will. Oberscharführer, das wären im Monat 110 Mark mehr mit Trennungszulage. Auch sollen wir alle vor dem Eintritt in Urlaub gehen. (Datum)

Jakob Hartel. Über Nacht hatten wir alle Privilegien verloren und wurden den Arbeitskommandos zugeteilt, die morgens zu Erdarbeiten für neue Industrieanlagen ausrückten und abends auf dem Rückmarsch zwanzig bis dreißig Tote ins Lager trugen. Es standen keine Maschinen zur Verfügung, und die Arbeit im schweren Lehm wurde mit Schreien und Schlägen unerbittlich angetrieben. Der Kommandant selbst prüfte den Fortgang der Arbeit und setzte Termine für bestimmte Abschnitte fest. Wenn jemand umfiel, so wurde er einfach an den Rand der ausgeschachteten Grube gelegt, aber die Arbeit wurde nicht unterbrochen, weil da ein paar Tote lagen.

Es fällt mir heute schwer, in meiner Erinnerung das Gefühl der Abgestumpftheit und gleichzeitig der Angst hervorzurufen, das nur den Trieb zu überleben übrig ließ. Leichter reproduziere ich den Gestank, der von uns ausging wie von einer Tierherde. Durch unseren besseren Ernährungszustand gelang es einigen von uns eine gewisse Zeit Verbindungen untereinander aufrecht zu erhalten und einander sogar zu helfen, dann hatten auch wir den gleichen auf den Boden gerichteten Blick und sahen bei einem Toten nur die Holzpantinen oder den Napf, der zu gebrauchen war.

Ich glaube, es gelingt niemandem länger als vier oder fünf, vielleicht auch sechs Jahre, zu widerstehen, wenn der Druck so groß ist.

Max Halske. Der Mensch ist das Produkt seiner Aufgaben. In einem Tümpel wachsen ihm Schwimmhäute, auf dem Prügelbock Schwielen, als selbständiger Unternehmer Schwingen.

Als der Betrieb einen Monat vor der gestellten Frist stand, hatten wir 80 000 Flugkilometer zurückgelegt und eine Million Worte über die Fernschreiber gehen lassen. Es war uns gelungen sechs Arbeitsstäbe, die aus Dutzenden schwieriger Spezialisten und Hunderten von technischen Hilfskräften bestanden, schöpferisch selbständig operieren zu lassen, und deren Ergebnisse in unsere sich ändernden Fertigungspläne so einzubringen, daß alles wie eine organische Einheit wirkte. Es war die Regulierung eines Flusses während man ihn hinunterfährt. Von der Überwindung bürokratischer Hemmnisse und persönlicher Intrigen, die Sockers Feld waren, einmal abgesehen. Bei der Abnahme durchstreiften wir den Betrieb erschöpft und glücklich als unser Werk, die Arbeit, in der wir aufgegangen waren, und die uns ganz ausdrückte. Wir kümmerten uns um jede Schraube, jede Bürolampe und jeden Signalknopf. Aus dem Konferenzsaal ließen wir ungerührt das Holz herausreißen, weil man uns gebeiztes Tannenholz statt Rüster verbaut hatte. Rüster wäre in der kurzen Zeit angeblich nicht aufzutreiben gewesen. Am nächsten Morgen war es aber da, und der verantwortliche Architekt entschuldigte sich. Socker ließ ihm die entstandenen Mehrkosten vom Honorar abziehen. Der Mann hatte früher Luxusdampfer ausgestattet und arbeitete in der Architektengruppe, weil wir hier die gleichen raumsparenden Probleme hatten. Der Betrieb war in drei unterirdischen Etagen angelegt und erinnerte auch an ein phantastisches Schiff. Die Materialien, Plexiglas, Stahl und Edelhölzer, atmeten den Geist des 20. Jahrhunderts. Dazu eine sinnenfrohe Farbgebung und die rein funktionale Schönheit der Technik, zum Beispiel des fotoelektrischen Alarmsystems. 120 herausragende Begabungen auf den verschiedensten Gebieten, aus anderthalb Dutzend KL zusammengesucht, sollten hier schöpferisch arbeiten, von ebensoviel technischen Hilfskräften unterstützt. Kein Jahrhundert hatte bisher soviel Genie für eine einzige Aufgabe versammeln können. Wirkliches Führertum ist Kanalisation des Schöpferischen. Ein Genie weiß im Grunde nie, wozu seine Sache wirklich zu gebrauchen ist. – Die Führer geben einer Sache erst ihre Bedeutung, indem sie ihre Anwendungsmöglichkeiten erkennen und durchsetzen. (Benzinmotor = Panzerwaffe für den Bewegungskrieg; Radio = Führerstaat) Universales Schöpfertum ist vor allem Organisation.

Ganz unbewußt ändert der Besitz von 120 Genies unser Selbstgefühl und auch unsere Ansprüche. Socker sah die Listen von deren großen Taten und Untaten durch wie andere Leute ihr Geld zählen. Es waren ja tatsächlich unsere Gehirne, unsere Hände, unsere Inspirationen, da sie an unserer Karriere und an unserer Zukunft arbeiteten. Deshalb sollten sie sich wohlfühlen und auch von Luftangriffen nicht gefährdet sein. Ihre Unterkünfte, individuelle Zwei- bis Dreibettzimmer, schiffskabinenartig, lagen noch unter den wertvollen Maschinensälen der Spezialdruckereien und den Studios, denn auch die besten Maschinen sind zu ersetzen, gute Gehirne nicht. Die Unterkünfte der Wachmannschaften lagen direkt unter der Erde, natürlich aber ebenfalls betongeschützt, bepflanzt mit einem Birkenwald. Durch das erstmalig installierte fotoelektrische Alarmsystem kam das Unternehmen D mit 10 Mann aus. Natürlich lag es innerhalb der drei Postenketten des Lagers, was uns aber etatmäßig nicht belastete. In dem Geschoß der Wachunterkünfte lagen auch die weitgehend mechanisierte Küche, die Speise- und Restaurationsräume, die Bibliothek, der Kinosaal und das Gäste-Bordell. Der ganze Komfort kostete das Unternehmen keinen Pfennig. Alle Dienstleistungen wurden von Häftlingen ausgeführt, guten Fachleuten, die ihr ganzes Können aufboten, um zu überleben. Socker sorgte, daß auch jede der dienstleistenden Abteilungen in Kürze Extraprofite abwarf. In dem Bordell entstand eine Produktion von Schmalfilmen für den südamerikanischen Markt. Die von uns ausgesuchten Mädchen blieben nicht länger als drei Monate und wurden ausgebildet. Ihre Versuche, sich bei der Besichtigung von ihrer besten Seite zu zeigen, hatten etwas Rührendes. Wir suchten nur solche aus, die neben den körperlichen Vorzügen, auch seelisch und intelligenzmäßig etwas zu bieten hatten. Der Satz: ‹Über Geschmack läßt sich nicht streiten›, schien mir immer dumm. Nach meiner Überzeugung ist jede echte menschliche Leistung letztlich eine Frage des Stils. Geschmack ist Urteilsfähigkeit. Auch und gerade im

Geschäftlichen. Man kann sie an den Proportionen einer Tür erkennen. Die deprimierenden schmiedeeisernen Tore der KL, die geschmacklich das Letzte sind, verraten die deprimierende Geschäftsuntüchtigkeit ihrer Erbauer. Wir zeigten mit unserer Unternehmung das genaue Gegenteil.

Ein Freund, ein guter Freund. Magnetische Schallaufnahme des Gespräches Kluetezang-Halske nach dem verbesserten Philips-Miller-Verfahren.

«Es freut mich, Max, daß dus geschafft hast, hundertprozentig, du allein, von der Idee geleitet, mit deiner Willenskraft. Es ist bewundernswert, was du vollbracht hast. Ich gratulier als Freund, das macht dir keiner nach.»

«Wenn eine Sache in den Fundamenten stimmt, und man auf seine Freunde zählen kann im stillen, wie ich auf dich, ohne viel Aufhebens davon zu machen, ich vergeß es nicht, Arnold.»

«Daß ich dir nicht habe so helfen können, wie ich es gewollt hätte, hier im Lager, Max, es waren die Umstände. Die Umstellung, wirtschaftsmäßig, die nicht leicht ist, in der ich selber stehe und angefeindet, wo du es nicht für möglich hältst. Ich hoff, du nimmst das nicht persönlich.»

«Ich bitte dich, ich hörs von vielen Seiten, du hast dich angestrengt. Ich mache mir meinerseits Vorwürfe, auch Socker, daß wir dir nicht mehr zur Seite stehen konnten in deinem noch unvollendeten Werk, das kühn ist, mehr als kühn, Arnold.»

«Wenn die Idee der KZ-eigenen Betriebe heute ein gewisses allgemeines Echo in der Führung findet, du hast den Anstoß gegeben, du und Socker.»

«Du hast den Sinn fürs Große, Weitergehende. Ich hätte, ich gebs zu, die Sache nicht riskiert, in der du steckst jetzt. Daß du hier mit der MONA weiter gehst, auf Hauen und auf Stechen, ich bewundere das. Und wenn ich von Lakaien höre, im Wirtschaftshauptamt, die jetzt der Mut verläßt vor ihrer eigenen Courage, weiß ich, daß du nicht weich wirst, Arnold, und du packst es.»

«Es ist nicht ernstlich, Max, es ist mehr Nervensache.»

«Wenn ich dir helfen kann, als Freund, ich revanchiere mich.»
«Zuerst bin ich dran, ich habe nachzuholen.»

Max Halske, betriebswirtschaftliche Reflexionen. Es ist erstaunlich, wie jedes Geschäftsunternehmen die Menschen in seinem Sinne formt und verändert. Obwohl in jeder Hinsicht ungewöhnlich (Arbeitskräfte, hergestellte Waren, Produktions- und Lebensbedingungen), unterscheidet sich das Unternehmen D von einem beliebigen anderen Industrieunternehmen schon heute nur in den Äußerlichkeiten, nicht im Wesen. Wie sich eine Schuhwichsfabrik rein äußerlich natürlich von Schneider-Creusot unterscheidet, aber nicht im Wesen.

Die schnelle Verwandlung der Häftlinge, graugesichtige, nach Kohl und Urin stinkende Lagermasse, in ganz verschiedene Betriebsangehörige (Arbeiter, Vorarbeiter, Meister, Kontrolleure, Arbeitsplaner, Abteilungsleiter etc.) war atemberaubend und interessant.

Der Mann, der noch vor zwei Monaten in A. morgens im Laufen uriniert hatte, auf einen Latrinenplatz verzichtend, um einen Platz in der Waschbaracke zu ergattern (sein gleiches Recht mit anderen Gleichen auskämpfend – nur gab es viel zu wenig Wasch- und Latrinenplätze), meldete als Gütekontrolleur einen Facharbeiter, der Ausschuß machte, ungerührt seinem Abteilungsleiter, der den Mann beim erstenmal verwarnte, beim zweitenmal zurückstufte, beim drittenmal zu entlassen vorschlug, um seinerseits nicht entlassen zu werden, denn Entlassung aus D hieß meistens Tod.

Der Mann, der vor einem Vierteljahr im Lager Groß-Rosen zwei gekochte Kartoffeln, die er sich organisiert hatte, des Nachts ungesehen aß (es war ein Gesetz des Lagers, daß zusätzlich beschaffte Eßwaren nicht im Beisein anderer Häftlinge verzehrt werden durften), löffelte als Vorarbeiter im Unternehmen D dreimal wöchentlich sein Extra-Gulasch als ein rechtmäßiges Privileg der Vorarbeiter.

Übrigens war es im Unternehmen D wie in jedem anderen Betrieb von Anfang üblich, daß die Betriebsangehörigen annähernd gleicher Stellung miteinander umgingen, Facharbeiter mit Facharbeitern, Verwaltungsangestellte mit Verwaltungsangestellten, Techniker mit Technikern etc., ungeachtet der Nationalität und ungeachtet sogar der Sprache. Das wurde nicht besonders angeordnet, sondern ergab sich ganz natürlich aus der sehr spezialisierten, sehr fortgeschrittenen Arbeitsteilung eines modernen Unternehmens. Die sich aus der Teilung der Funktion ergebende Teilung der Belegschaft in kleine Gruppen mit unterschiedlichen Rechten und Pflichten und wohlbegründeten Sonderinteressen wurde aber von seiten der Betriebsführung durch zweckdienliche Maßnahmen begünstigt, entschiedener als in vergleichbaren Betrieben der Privatindustrie. So war es im Unternehmen D möglich, auch die in einem normalen Betrieb immer ziemlich groß und ziemlich interessensgleich bleibenden Gruppen der ungelernten und der gelernten Arbeiter durch gestaffelte Arbeitszeit, gestaffelte Prämien, gestaffelte Vergünstigungen in viele interessensungleiche Gruppen zu zerlegen. Aber auch diese Maßnahmen stellen im Vergleich zu anderen Betrieben nichts qualitativ Neues dar. Bestimmte Erkenntnisse der neueren Betriebswirtschaft werden nur konsequenter als anderswo angewendet, und das ist möglich, weil wir es mit Arbeitskräften zu tun haben, deren Lage sich mit dem Eintritt in das Unternehmen D auch in der schlechtesten Position jedenfalls verbessert hat. Das sei als Vorteil gegenüber freien Industrieunternehmungen zugegeben. Obwohl ein Betrieb, der Fremdarbeiter oder Arbeiter aus unterentwickelten Gebieten einstellt, schon in einer ähnlichen Lage ist. Oder in Zeiten starker Arbeitslosigkeit. Der Umstand, daß das Unternehmen D vom ersten Tag seiner Produktionsaufnahme nicht nur rentabel sondern mit Überschüssen arbeitet, ist für freiwirtschaftliche Betriebsformen interessant. Wichtiger aber ist, daß es durch die schöpferische Eigeninitiative aller Betriebsangehörigen (und die Betriebsangehörigen sind Häftlinge, großenteils Verbrecher!) täglich rentabler, täglich mit größeren Überschüssen arbeitet. Bereits heute, nach einer Anlaufzeit von drei Monaten, kann gesagt werden, daß das Werk die ungewöhnlich hohen Anlagekosten in zwei bis zweieinhalb Jahren amortisiert haben wird.

Es liegt nahe, die Ursache in der Einführung betriebswirtschaftlich neuer Prinzipien zu suchen, in Wahrheit handelt es sich aber nur um die konsequente Anwendung des guten, alten Leistungsprinzips. Freilich auch und gerade dort wo in der Praxis der großen Industrieunternehmen auf seine Anwendung verzichtet wird, nämlich vom gelernten Arbeiter abwärts. Gleicher Stundenlohn, gleiche Arbeitszeit, gleiche Urlaubstage etc. sind die Zeichen der Kapitulation vor einer stumpfen und undynamischen Gleichheit. Gleich und undynamisch wie steigende Wassermassen. Die Geschichte kennt Beispiele der destruktiven Kraft, die in stumpfen Gleichheiten schlummert. Das Leistungsprinzip, mutig und phantasievoll auf groß und eben nur gleich scheinende Massen angewendet, reguliert ihren stumpfen Druck, verwandelt ihn in die schöpferische Initiative vieler Einzelner zum Nutzen des Ganzen. Denn niemand will gleich sein, und die Möglichkeit, seine Lage dem anderen gegenüber zu verbessern, verwandelt auch die arbeitenden Klassen in die unruhig miteinander kämpfenden Kräfte, die ein moderner Betrieb braucht.

Gespräch Bloombach-Kluetezang.
«Wenn dieser Vorvertrag mit der MONA besteht über die maschinelle Ausrüstung aus diesem gebombten Betrieb in Castrop-Rauxel, von dem ich keine Ahnung habe, Arnold, was kann ich dann machen? Wir brauchen die Ausrüstung.»
«Ich brauch sie auch, und ich bin fertig, wenn ich sie nicht kriege! Abgelöst.»
«Wenn ich mich in deine Lage versetze, Arnold, als Privatmann, es gäbe da Wege, glaube ich, sie zu kriegen.»
«Wenn ihr Vertrag habt, wie denn?»
«Du könntest sie ja doch durch deine vorgesetzte Behörde, das Wirtschaftshauptamt, beschlagnahmen lassen, sagen wir. Das wäre ein unfreundlicher Akt, zugegeben, der Firma gegenüber, aber du hättest deinen Betrieb ausgerüstet, 8000 Häftlinge produktionsbereit, in einem mustergültigen KL-Betrieb.»
«Und ihr, was macht dann ihr?»
«Wir würden daraufhin gezwungen sein, nehme ich an, unsere Lagerbetriebe, die wir jetzt mit Fremdarbeitern unterhalten, not-

dürftig, als uneffektiv ganz aufzulösen. Weil wir sie nicht ausrüsten können.»

«Da würde ich, mal durchgespielt, Walter, euren Betrieb hier dem Lager unterstellen. Fremdarbeiter lagermäßig internieren, die Techniker, das Hilfspersonal dienstverpflichten, weil ich den militärischen Notstand gegeben sehe.»

«Bei dieser unvorhergesehenen Zuspitzung müßten wir, die Geschäftsleitung, unsere Produktionsverträge kündigen, unsere Rüstungsauflagen in Frage stellen, glaube ich. – Und damit käme die Sache zur Entscheidung an den Rüstungsrat.»

Zwischenbemerkung. Es ist den Unterlagen nicht deutlich zu entnehmen, wie es zu den großen personellen Veränderungen im Unternehmen D trotz erfolgreicher Tätigkeit und Beurteilung aus allen Stäben plötzlich kam, und warum der energische Versuch, zu SS-eigenen Rüstungsbetrieben zu kommen, gerade abgebrochen wurde, als die Werke in M. zu produzieren begannen.

Was D angeht, so scheint in Aleppo, Syrien ein V-Mann des deutschen Geheimdienstes verhaftet worden zu sein, weil er den anglikanischen Militärgeistlichen, Freund des britischen Militärattachés, mit falschen Pfunden bezahlt hatte, die von dem Unternehmen D geliefert waren. Dessen Leitung konnte aber beweisen, daß es sich um echte Pfunde gehandelt habe. Die der Abwehr nach Syrien gelieferten Pfunde seien durch eine gewagte Manipulation der Devisenabteilung der Reichsbank unrechtmäßig entnommen worden (echte Pfunde entnommen, gefälschte hinterlegt), weil eine ungenannte Quelle sie auf die Falle hingewiesen habe, die dem V-Mann in Aleppo drohe, um das Unternehmen D zu disqualifizieren. Obwohl rehabilitiert, wurde die Leitung des Unternehmens (Halske und Socker) aber wegen krimineller Bankmanipulationen abgelöst, dem SS- und Polizeiregiment Dirlewanger unterstellt. Das Unternehmen D arbeitete aber unter neuer Leitung bis zum Kriegsende und lieferte die Unterlagen (Pässe, Geld, Dokumente) auch für die Sicherung der Führungskräfte und deren Auswanderung über Italien nach Spanien und Südamerika. Auch die Unterlagen, die Kluetezang zu seiner Übersiedlung nach Brasilien benötigte, waren im Unternehmen D gefertigt. Kluetezang arbeitete unter dem Namen einer alten Einwandererfamilie in einer brasilianischen Tochter der MONA AG als stellvertretender Direktor, sah das Werk und seine Niederlassungen in der Provinz aber nie. Auf einer kleinen Ranch scheint er mit Erfolg deutsches Milchvieh gezüchtet zu haben. Sein wirklicher Name wurde nicht aktenkundig, bis er 1960 seine Erinnerungen einem deutschen Verlag anbot, der das Manuskript als zu privat und nicht kommerziell genug aber nicht drucken wollte.

Es scheint, die SS-eigenen Rüstungsbetriebe in M. wurden auf direkte Intervention des Rüstungsministers bei Hitler reprivatisiert, als die Offensive bei Orel zusammenbrach, die Heeresgruppe Mitte kollabierte und die Dnepr-Sosh-Linie wegen schlechter Ausrüstung und Versorgung nicht zu halten war. Auch der Reichsführer verurteilte das sinnlose Experiment in M. ausdrücklich. Kluetezang wurde als Kommandant abgelöst, nach einer Bandscheibenoperation mit 41 Jahren in den einstweiligen Ruhestand versetzt. MONA produzierte unter neuer Leitung mit Häftlingen und polnischen Zwangsarbeitern bis zur Befreiung des Lagers durch die Rote Armee.

Jakob Hartel. Briefe an Maria.
Liebe Maria, ich schreibe heute in einer Wachstube des Straflagers Sch., Ukraine, mein viertes Lager. Die Papierstreifen sind von den Bogen geschnitten, auf denen ich den Genossen der NKWD den parteimäßigen Gang meines Lebens beschreiben soll. Ich kann die schmalen Briefstreifen in den Stiefelsohlen deponieren. Die Stiefel durfte ich als Überläufer behalten. Letzte Nacht träumte ich, ich ging eine Treppe hinunter in eine Totenkammer, da lag nur eine einzige Leiche auf einem Seziertisch und ganz am Rand, die war in feine weiße Tücher gewickelt, und wenn ich eines aufgeschlagen hatte, kam das nächste wie bei einer Mumie, aber die Mumie warst Du, klein und kalt wie Stein, die Arme eng am Körper, die Hände auf die Oberschenkel gelegt, lockig die Schambehaarung. Einen Augenblick, von allen anderen unbemerkt, schlugst Du geheim

die Augen auf, aber aus einem Kinderfoto (schwarz-weiß), das sich sogleich von seiner Unterlage löst und sich an den Rändern einrollt. Da schrien alle los und wickelten die Mumie wieder ein. Ich erwachte und dachte, damit Dich die Briefe erreichen, brauche ich sie ja nur an Deine Kinderadresse zu schicken. Ich habe noch immer das Gefühl, in einer Welt des Todes zu leben, das Lager ist sein Stapelplatz, und es scheint nicht möglich, irgendwohin dem Lager zu entkommen. Der Igel ist immer schon da. Dem Lager in M. zu entkommen, meldete ich mich zu einer Frontbewährung und kam in den Warschauer Aufstand. Dem SS-Regiment Dirlewanger zu entkommen, ertränkte ich einen Mann in den Fäkalien der Altstadt Warschau und desertierte. Aber der Igel war auch schon in Praga, und dies ist mein viertes Lager.

Alle Entwürfe für die Zukunft haben mich mit einem Mal verlassen, wie die Vögel den Baum, in dem sie sich ausruhten. In den Heeresberichten lese ich mit Genugtuung die Namen deutscher Städte, der militärische Sieg scheint nahe, und es öffnen sich die Konzentrationslager durch die wir gegangen sind. Wie können wir aber dem Faschismus den Weg verstellen mit so vielen Straflagern im Rücken? Das Lager ist die Deformation unter dem Herrenblick, die Tätowierung, die Zerstückelung, der Tod, die Leblosigkeit. Ich wundere mich noch immer, in einem Dampfbad zu stehen, die runden, weißen Hintern der Gefangenen zu sehen, der Dampf und daß sie sich wirklich bewegen. Es scheint, die Realität der Gefangenschaft, des Lagers beherrscht unsere gesamte Zivilisation. Am Lagertor der rote Stern aus Plastik, der in der Dämmerung leuchtet, verhöhnt die Arbeiterdemokratie.

Zu Dirlewanger (Polizei und SS-Regiment) kam ich, als eine Kommission unser Lager nach Häftlingen durchkämmte, die eine militärische Ausbildung hatten und für eine Frontbewährung in Frage kamen. Die sollten sich freiwillig melden. Einer der Offiziere las in D ein Dutzend Namen vor, die er haben wollte (wie sich später zeigte auf Initiative von Hauptsturmf. Halske), darunter Heinrich Rapp und ich. Es hieß letztlich, sich freiwillig zu melden oder erschossen zu werden, besonders wir aus D, die wir soviel wußten.

Wir kamen nach Ostpreußen in ein Ausbildungslager und wurden drei Monate so geschunden, Partisanenkampf, Häuserkampf, Härtetraining, daß ich es ohne Halskes Protektion nicht durchgehalten hätte. Wer es nicht brachte, der kam ins Lager zurück. Dirlewanger war eine Bewährungseinheit, die sich in jahrelangen Partisaneneinsätzen den Ruf einer Eliteeinheit erworben hatte, vom SS-Hauptamt und sogar von Himmler gefördert. Nach starken Verlusten in den Kämpfen um Minsk sollte sie aus Straf- und Konzentrationslagern neu aufgefüllt werden. Die Einheit bestand aus straffällig gewordenen Leuten, Offiziere und Unteroffiziere kamen aus SS- oder Wehrmachtsgefängnissen. Der Standartenführer Oskar Dirlewanger selbst war ein Dr. rer. pol., der wegen Unzucht mit einer Minderjährigen bestraft und aus der SS ausgeschlossen worden war. Nachdem er sich in der deutschen Legion in Spanien bewährt hatte, bekam er von Himmler im Kriege die Erlaubnis, eine Truppe aus 2000 Sträflingen zur Bandenbekämpfung und zu Sondereinsätzen aufzustellen. Er bevorzugte Wilddiebe und Burschen, die wegen Gewalttätigkeiten verurteilt waren, auch Landsknechttypen, die wegen Gewaltverbrechen von Kriegsgerichten bestraft waren.

Wir waren in der 3. Kompanie, Hauptsturmführer Halske, neun politische Häftlinge, jedenfalls gaben sich so viele untereinander als Politische zu erkennen. Es war verboten, jemanden nach seinen Strafen zu fragen, und der politische Häftling tat gut daran, seinen Status zu verheimlichen. Ich habe aber schon im Lager die Einteilung der Häftlinge in Gruppen nicht akzeptiert. Viele sogenannte BVer waren gute Widerstandskämpfer und sie waren auch wie wir politische Opfer des Faschismus. Was die Politischen bei Dirlewanger unterschied, die Kommunisten, war ihre Absicht zu desertieren, obwohl sie einem SS-Regiment angehörten.

Es ist schwer, sein Leben zu opfern, Maria, aber es ist auch schwer zu töten, selbst einen Mann wie Halske. Während ich ihn umbrachte, dachte ich, daß er ein armes Schwein sei, daß sein Aufstieg der Aufstieg eines armen Schweines sei, aber ich drückte sein Gesicht mit der eisenbeschlagenen Stange unter den Flüssigkeitsspiegel der sich eindickenden Abwässer, wenn er in dem Bassin auftauchte und nach mir rief. Im Dunkeln suchte ich sein Gesicht mit der Stablampe, um es hinunter zu drücken und, wenn es ging, unten zu halten, bis er ertrunken war. Wie er begriffen hatte, ich wollte ihn umbringen, nannte er mich bei meinem Vornamen, versuchte von der Stange wegzutauchen. Als er um Hilfe schrie, zerschlug ich mit dem eisernen Stangenende sein Gesicht. Ich sah es im Lichtkegel untersinken und Blasen heraufkommen. Ich wartete zehn Minuten. Im Traugutt-Park, unterhalb der Zitadellenbrücke, traf ich Heinrich Rapp mit den Passierscheinen für Praga. Wir fragten uns zu den Resten der 73. Infanterie-Division durch und ergaben uns einem Posten der 47. sowjetischen Armee (1. weißrussische Front Rokossowskis).

Nahezu die Hälfte meines erwachsenen Lebens habe ich in Gefängnissen und Lagern verbracht. Ich habe soviel Gewalt erfahren, daß ich jedes Entzücken an ihr verloren habe, ihre Existenz macht mich taub und lähmt meine Lebensgeister. Wiewohl ich weiß, daß die Gewalt in unserer Kultur vermittelt oder unvermittelt aus der ökonomischen Unterdrückung hervorgeht und sie also erst mit deren Aufhebung (vielleicht) endet, peinigt mich ihr Dasein. Das klingt angesichts des Krieges widersinnig, besonders angesichts meiner Beteiligung an der Niedermetzelung der Bevölkerung Warschaus.

Ich gehörte zum 1. Bataillon Dirlewanger, 3. Kompanie, Hauptsturmführer Halske, wir kamen am 4. August in Warschau an, wurden der Kampfgruppe Reinefarth unterstellt und traten am 5. August, acht Uhr morgens zum Angriff auf die Vorstädte an, wir in Wola, die SS-Gruppe Kaminski (russische Hilfswillige) südlich von uns in Ochota. Der Hauptstraße entlang verteidigten die Aufständischen jedes Haus, jedes Stockwerk, jeden Keller. Wir wurden von einigen Sturmgeschützen und einem Übungs-Panzerzug auf der westlichen Ringbahn unterstützt. Vor den Barrikaden ließen wir polnische Zivilisten vor den Sturmgeschützen herlaufen. Die Bewohner der Häuser des Arbeiterbezirks Wola, die außerhalb der Kampfzone lagen, wurden von einer Gruppe der Sicherheitspolizei und des SD unter Hauptsturmführer Spilker zum Verlassen der Häuser aufgefordert, gesammelt und nach hinten geschickt. Sie wurden auf Fabrikhöfen, Plätzen, Gärten und Friedhöfen erschossen, meist mit MG. Es gab 12 bis 15 solcher Exekutionsstätten, und es hieß, in den ersten Tagen seien zwischen 20000 und 30000 Zivilpersonen erschossen worden. Befehlsgemäß wurde zuerst nicht unterschieden zwischen Kämpfern und unbeteiligten Zivilisten, zwischen Frauen, Männern und Kindern, Kranken und Gefängnisinsassen. In den Krankenanstalten in Wola wurden die Kranken in ihren Betten erschossen und im Radium-Institut Curie in Ochota die krebskranken Frauen. Später begann sich ein Befehl durchzusetzen, der die Exekutionen auf Kombattanten und bei den Zivilisten auf Männer beschränkte. Von der AK (polnischen Heimatarmee) wurden gefangene SS- und Polizeiangehörige und Ausländer in deutscher Uniform ebenfalls erschossen. Am Abend des ersten Tages hatten wir einen Raumgewinn an der Spitze von 800 Metern, die Gruppe Kaminski von 300 Metern. Wola war ein Meer von Feuer und Blut. – Wir brauchten fast einen Monat, um an dem Ghettobezirk entlang durch die Altstadt an die Weichsel vorzustoßen. (Die Brücken waren in deutscher Hand geblieben.) In dieser Zeit betrugen die Verluste Dirlewangers das Doppelte der ursprünglichen Mannschaftsstärke, also an 3000 Mann. Die Zivilbevölkerung aus Wola und Warymont war in das wabenartig miteinander verbundene Häusergewirr der Altstadt geflohen. Luftangriffe, Flammenwerfer und Artilleriebeschuß verursachten unlöschbare Brände. Auf engstem Raum zusammengedrängt blieb den Aufständischen schließlich nur noch das Kanalsystem nach Zoliborz. Diese Information eines polnischen V-Mannes an uns hatte die Inspektion des Kanalabschnittes mit Halske unter der Führung des Polen zur Folge. Sie gab mir und Rapp die erwünschte Gelegenheit zu desertieren, wie ich Dir schon schrieb und den Genossen in allen Einzelheiten dargelegt habe. Ich glaube nicht, daß ich imstande sein werde, Warschau wiederzusehen, der entsetzliche Gestank, die Fliegenplage in der von Leichen, Exkrementen, Schutt und Unrat verseuchten Stadt, die fast ohne Wasser war.

Ein Telegrammwechsel.
Ministerpräsident (Churchill) an Marschall Stalin. (4. Aug. 44)
Auf dringende Anforderung der polnischen Untergrundarmee werden wir – je nach Wetter – etwa 60 t Ausrüstung über dem Südwestteil von Warschau abwerfen, wo sich ein polnischer Aufstand im heftigen Kampf gegen die Deutschen befinden soll. Es heißt auch, daß sie um russische Hilfe bitten, die sehr nahe zu sein scheint. Sie werden von 1½ deutschen Divisionen angegriffen. Dies könnte für Ihre Operation von Nutzen sein.

Marschall Stalin an Ministerpräsident.
Ich habe Ihre Botschaft über Warschau erhalten. Ich glaube, daß die Ihnen von den Polen übermittelten Nachrichten weitgehend übertrieben sind und kein Zutrauen verdienen... Die Heimatarmee der Polen besteht aus wenigen Einheiten, die sich fälschlich als Divisionen bezeichnen. Sie haben weder Artillerie noch Luftwaffe, noch Panzer. Ich kann mir nicht vorstellen, wie diese Einheiten Warschau erobern sollen, für dessen Verteidigung die Deutschen 4 Panzerdivisionen eingesetzt haben, darunter die Division Hermann Göring.

Ministerpräsident an Marschall Stalin. (12. Aug. 44)
Ich habe nachstehende bekümmernde Botschaft von den Polen aus Warschau erhalten, die nach 10 Tagen immer noch gegen bedeutende deutsche Kräfte kämpfen, die die Stadt in 3 Teile aufgespalten haben: «An den Präsident der Republik (Polen)... Wir haben von Ihnen nur einmal einen kleinen Abwurf erhalten. An der deutsch-russischen Front ist es seit dem 3. still. Wir sind deshalb ohne materielle und moralische Hilfe, da wir, mit Ausnahme der kurzen Ansprache durch den (polnischen) stellv. Premierminister (von London), die am 8. Tag erfolgte, von Ihnen nicht einmal eine Anerkennung unserer Aktion erfahren haben. Die Soldaten und die Einwohner der Stadt sehen hoffnungslos zum Himmel auf und warten auf Hilfe von den Alliierten. Auf dem Rauchhintergrund sehen sie nur deutsche Luftwaffe...» (Zusatz Churchill) Sie bitten um Maschinengewehre und Munition. Können Sie ihnen nicht weitere Hilfe leisten, weil die Entfernung von Italien so sehr weit ist?

Marschall Stalin an Ministerpräsident.
...Ich habe mich weiterhin mit der Warschau-Affaire etwas näher vertraut gemacht und bin überzeugt, daß die Warschau-Aktion ein leichtsinniges und schreckliches Abenteuer darstellt, das der Bevölkerung schwere Verluste verursacht. Das wäre nicht eingetreten, wenn das sowjetische Kommando vor dem Beginn der Warschau-Aktion unterrichtet worden wäre und die Polen mit ihm Verbindung gehalten hätten. In der nun entstandenen Lage ist das sowjetische Kommando zu der Überzeugung gekommen, daß es sich von dem Warschauer Abenteuer distanzieren muß, weil es weder direkt noch indirekt die Verantwortung für die Warschau-Aktion übernehmen kann.

Ministerpräsident an Präsident Roosevelt. (18. Aug. 44)
Durch die russische Weigerung, der amerikanischen Luftwaffe Hilfe für die heroischen Aufständischen in Warschau zu gestatten, ist eine Episode von tiefer und weitreichender Ernsthaftigkeit geschaffen. Diese wird noch durch das eigene (russische) vollkommene Versäumnis verschärft, auf dem Luftweg Hilfe zu bringen, obwohl sie nur wenige Meter entfernt sind. Wenn, was so gut wie sicher ist, dem deutschen Triumph in dieser Hauptstadt ein Massaker folgt, sind die daraus entstehenden Konsequenzen überhaupt nicht abzusehen. ...Die glorreichen und gigantischen Siege, die von den Streitkräften der Vereinigten Staaten und Englands in Frankreich errungen wurden, haben die Lage in Europa weitgehend verändert, und es kann sehr gut sein, daß der von unseren Armeen errungene Sieg in der Normandie an Größe alles übertrifft, was die Russen bei allen besonderen Gelegenheiten erreicht haben. Ich glaube deshalb, daß sie vor dem, was wir bisher gesagt haben, einigen Respekt haben, wenn es einfach und offen dargelegt wird. Wir sind Nationen, die einer hohen Sache dienen, und müssen zum Weltfrieden ein echtes Bekenntnis ablegen, selbst auf die Gefahr hin, daß Stalin das übelnimmt. Es ist gut möglich, daß er das nicht tut.

Präsident Roosevelt und Ministerpräsident an Marschall Stalin. (20. Aug. 44)
Wenn die Anti-Nazis in Warschau wirklich sich selbst überlassen werden, denken wir an die Meinung der Welt. Wir glauben, daß wir alle drei das Äußerste tun sollten, um dort so viele Patrioten wie irgend möglich zu retten. Wir hoffen, daß Sie sofort Vorräte und Munition bei den Patrioten in Warschau abwerfen, oder sind Sie damit einverstanden, unseren Flugzeugen zu helfen, dies sehr schnell zu tun?

Marschall Stalin an Ministerpräsident (22. Aug. 44)
Die Botschaft von Ihnen und Herrn Roosevelt über Warschau habe ich erhalten. Ich habe dazu folgendes zu sagen: Früher oder später wird sich jedem die Wahrheit über die Verbrechergruppe herausstellen, die sich in das Warschau-Abenteuer eingelassen hat, um die Macht zu ergreifen. Diese Leute haben den guten Glauben der Einwohner Warschaus ausgenutzt, um viele nahezu unbewaffnete Leute den deutschen Kanonen, Panzern und Flugzeugen entgegenzuwerfen. Es ist eine Situation entstanden, in der jeder neue Tag nicht den Polen zur Befreiung von Warschau, sondern den Hitleristen zum Zusammenschießen der Einwohner Warschaus verhilft.
...Es kann kein Zweifel bestehen, daß die Rote Armee keine Anstrengungen scheut, die Deutschen um Warschau zu schlagen und Warschau für die Polen zu befreien. Das wird die beste und wirksamste Hilfe für jene Polen sein, die Antinazis sind.

Jakob Hartel. Briefe an Maria.
Liebe Maria, kannst Du Dich erinnern, wenn man den Weg von den Nußbäumen über den Bach ging, wo das Wiesenbergel dann anstieg, wenn man da rief: Was essen die Studenten? Warum Rufe auf größerer Entfernung so schön sind, und warum entzückt uns immer von neuem ein Echo? Auch aufgelöste Haare sind schön und Augen, die zugleich nach außen und innen sehen bei Gelegenheit. Wir gehen in die Beeren, wir gehen in die Pilze, ich erinnere Dich am leichtesten in der Kinderzeit, Kindersprache, Kinder-

gegend, und rufe mir die Namen ins Gedächtnis. Ich bin dann ziemlich sicher, Du lebst. Die letzte Nachricht war, Du wärst nach der Frankreichbesetzung zurück nach Schlesien und nur verhört worden.

In dem ersten Lager (Waffen SS) war mir der Gedanke entsetzlich, die Sache jetzt umzudrehen, daß ich jetzt die neue SS wäre, die neue Wachmannschaft und die Gefangenen mit Wachmannschaftsaugen sähe. Die fanden sich aber ganz wo anders. Es gibt Leute, die verstehen überhaupt nicht, daß man jemals etwas anderes als das Gewünschte fühlt, denkt oder tut. Es gibt hier Offizierslager für Gefangene. Die Offiziere werden aber nicht schlechter, sondern besser behandelt.

Wir rechneten damit, verhört und in jeder Hinsicht genau überprüft zu werden. Auch Rechenschaft ablegen zu müssen als Genossen. Da kamen zwei Leute an, die hatten auf dem Arm eine Häftlingsnummer und unter dem Arm die eintätowierte Blutgruppe der Waffen-SS. Was mich beeindruckte war, daß sich niemand für uns interessierte, daß wir zu Vorgängen der Lagerverwaltung und des NKWD wurden. Wir hatten nicht mit Genossen, sondern mit Beamten zu tun, die sich wie andere Beamte verhielten, bezahlte Konformisten, die zu tun wünschen, was man von ihnen erwartet. In unserem Falle wußte der Beamte nicht, was von ihm erwartet würde. So wurden wir von einer Stelle zur anderen geschoben, kein Risiko, keine eigene Entscheidung, abwarten. Die Partei schien von Leuten beherrscht, die ihr Brot nicht verlieren und ihr Fortkommen nicht gefährden wollten. Fühllose Büroherrscher, denen die Revolution zur Phrase geworden war, und deren gut gefütterte Lakaien.

Wir wurden getrennt verhört und unterschrieben immer neue Protokolle. Wir beriefen uns auf Genossen, die in die S. U. gegangen waren, man notierte deren Namen, stellte Nachforschungen an. Dann wurde ich über Genossen verhört, die ich zehn Jahre nicht gesehen hatte. Einige waren verurteilt oder verschollen. Rapp konnte nichts über die russischen Genossen erfahren, die mit ihm in Spanien waren, und er sah keinen von ihnen. Wir wollten der Partei mitteilen, was wir über die Konzentrationslager wußten, in denen wir inhaftiert waren, um deren Befreiung zu begünstigen. Man ließ uns Niederschriften anfertigen, von denen wir nicht wußten, wo sie hin kamen. In jedem neuen Lager begann alles von neuem.

Liebe Maria, gestern endlich erfuhr ich, daß ich die Gelegenheit bekäme, meine Sache der deutschen Partei vorzutragen. Ich wurde in das zentrale Untersuchungsgefängnis überführt und dort von einer jungen Untersuchungsrichterin vernommen, die gut deutsch sprach, freundlich und sogar lustig war. Sie telefonierte mit vielen Stellen und traf Verabredungen für mich. Ich wurde endlich meine SS-Uniform los, konnte duschen und bekam einen Zivilanzug in gutem Zustande, der einigermaßen paßte. Nur die Hose ist zu weit, so daß ich sie immer heraufziehen muß. Ich kam für die Nacht in eine saubere, aber sehr kleine Zelle, in der ein junger Häftling bereits schlief, ohne Notiz von mir zu nehmen. Für zwei Mann war die Zelle groß genug, aber es wurden im Laufe der Nacht neue Leute eingeliefert, und wir waren am Morgen zehn. Meine Untersuchungsrichterin hatte ein Treffen mit einem Beauftragten der deutschen Parteileitung in K. vereinbart. Wir fuhren einen ganzen Tag in einem unglaublich überfüllten Zug, wir aber in einem Sonderabteil. In einem Hotel, das Wohnzwecken diente, gab es ein deutsches Büro, es waren aber alle verantwortlichen Genossen auf Dienstreise. Die Untersuchungsrichterin telefonierte wieder mit vielen Stellen, teilte schließlich mit, daß wir am nächsten Tag in M. von dem verantwortlichen Genossen Koe. erwartet würden. Es gab tatsächlich am übernächsten Tag eine Zusammenkunft der deutschen Genossen Koe. und Ku. mit mir und meiner Untersuchungsrichterin. Koe. fragte mich, ob ich mich im Auftrage der illegalen Lagerleitung zur Frontbewährung gemeldet habe. Ku. erklärte, daß für einen Antifaschisten jedwede Kollaboration undenkbar sei, außer im Parteiauftrag. Koe. fragte mich nach Verbindungen zur polnischen Heimatarmee und warum ich nicht sofort desertiert sei. Ku. wollte wissen, warum ich bei Münzenberg gearbeitet habe, warum ich mich um Genossen bemühe, die als Trotzkisten verurteilt seien, ob ich W., ob ich F., ob ich U. kenne. Meine Unterlagen würden der Kontrollkommission unterbreitet werden. Was übrigens ich von Rapp ideologisch halte? Ich gab keine Antwort, weil ich ihm in die Fresse hätte hauen können. Ku. war einmal Instrukteur in der Roten Ruhr Armee gewesen.

Als wir hinausgingen, glaubte ich zu bemerken, daß Koe. mir zublinkerte, aber es kann auch ein nervöser Tick gewesen sein, der seine Augenlider zucken ließ. Bis zu meiner parteimäßigen Klärung wurde ich einem Antifa-Lager überwiesen. Ein junger Offizier der Paulus-Armee referierte über die Konvention von Tauroggen.

Die Partei, Maria, ist nur noch der Schatten der Büros. Mit Herrenaugen betrachten die Sekretäre der Partei ihre Mitglieder und kaufen in Torgsin-Läden. Die Lüge ist die Luft, die man einatmet. Die revolutionäre Generation ist niedergemetzelt, die Geschichte umgelogen, das revolutionäre Denken umgewandelt in die wörtliche Wiederholung oder die platte Erläuterung der Worte eines Mannes.

Nach einer neuen Hirnblutung (1923) konnte Lenin, obwohl bei vollem Bewußtsein, nicht mehr lesen und nicht sprechen. Er versuchte die Buchstaben neu zu lernen, indem er sich von Krupskaja die Überschriften der Prawda buchstabieren ließ. Als sich sein Befinden besserte, wollte er sein Arbeitszimmer im Kreml wiedersehen. Auf Krupskaja und Bucharin gestützt, betrat er sein Büro und setzte sich an seinen Arbeitstisch. Er nimmt einen Bleistift zur Hand und versucht eine Unterschrift. Die Karte an der Wand betrachtet er mit Entsetzen, weil er sie nicht begreifen kann. Was von unseren Träumen geblieben ist, erfüllt mich mit diesem Leninschen Entsetzen, ich sehe auf diese Wandkarte und begreife sie ebenso wenig.

Ich konnte Dich, Maria, nie weinen sehen. Bildlich habe ich mir die Revolution immer nur weiblich vorstellen können. Rosig schwellendes Fleisch, große Brüste, offenes Haar und ausgestreckte Hände.

Rapp, Heinrich

Fragment eines Romans

Rapp, Sohn

Heinrich Rapp, mein mir wenig vertrauter Vater, ist beim Schlittschuhlaufen auf einem der alten Rheinarme ertrunken. Mutmaßlich ein Unglücksfall, komisch anmutend bei einem Mann von 64 Jahren, der viel trank, der ein Trinker genannt werden muß. Nach Ansicht des Gerichtsarztes hatte die Leiche ungefähr drei Wochen im Wasser gelegen, und es gab Schwierigkeiten der Identifikation. Ich erkannte ihn an der schwarzgeränderten runden Metallbrille, deren flexible Bügel die Ohren nahezu umschlossen, so daß die Brille nicht heruntergefallen war. Es war ein Brillengestell, das die Krankenkassen in den Dreißigerjahren ihren Mitgliedern verordneten (vielleicht auch in den ersten Jahren nach dem Kriege erhältlich) und das ihm ein eulenhaftes Aussehen gab, etwas nach innen Blickendes, etwas von Helligkeit Verstörtes. Jetzt lagen die ziemlich vorgetretenen Augäpfel und deren wasserblaue Regenbogenhäute unmittelbar und insofern auch vergrößert an den Brillengläsern. Er hatte seine Wintersachen an, unverkennbar die gefütterte schwarze Steppjacke (innen weiß), die aus irgendwelchen Armeebeständen stammte, vielleicht aber auch später erworben worden war, als die Leute wieder anfingen, Militärzeug zu tragen. An den Schuhen steckten noch die Schlittschuhe, mit nach oben gebogenen Kufen, die mit Schlittschuhkurbeln an die Schuhe gedreht werden mußten. In einer Ledertasche an einem Riemen eine Flasche (Aquavit), ein Stück Salami (in Folie gewickelt), ein starkes Notizbuch, großenteils mit kaum noch leserlichen Eintragungen versehen, die wohl Stichworte oder Gedächtnisstützen zu beabsichtigten Niederschriften waren. Die Sektion ergab keine Hinweise auf Gewaltanwendung, auch schien der Ertrinkungstod sicher. Nachbarn, die wie er in meist provisorischen Behausungen an den verschilften Armen des früheren Rheinbettes wohnten, mutmaßten, er habe in der scharfen Frostperiode Anfang Januar auf Schlittschuhen die Stadt erreichen wollen, denn bis dahin gingen die eisbedeckten Rheinarme, die aber natürlich in Strömungsteilen offene Stellen hatten, wie jeder Ortskundige und bestimmt auch Rapp wußte. Tatsächlich gesehen hatte ihn niemand. Auch hatte ihn niemand vermißt. So war keine Vermißtenmeldung ergangen.

Für einen immerhin denkbaren Suicid sprachen einige Textstellen in einem Konvolut von Niederschriften, die er in eine gewisse Ordnung gebracht hatte, und deren Herausgabe oder wenigstens Reinschrift für seine Genossen und Freunde er ausdrücklich mir ans Herz legte, und zwar in einem testamentartigen Schriftstück, das dem Konvolut beigefügt war. Es bestimmte mich zum Verwalter seines literarischen Nachlasses, und das waren die Papierbündel in zwei Kanzleischränken, denn es war seit zwanzig Jahren zu keiner Veröffentlichung mehr gekommen. Die Zusammenstellung der Niederschriften, an der er in den letzten Wochen gearbeitet haben muß, war andererseits nicht abgeschlossen. Sie trug den Arbeitstitel ZERGLIEDERUNG EINER VERSTÖRUNG. Alle Niederschriften hatten mit seinem Leben zu tun, waren durch Notizen ergänzt oder zeigten in Stichworten, was sich der Verfasser an dieser oder jener Stelle dachte. Anmerkungen und Änderungen in Manuskripten, die er anderen Zusammenhängen entnommen hatte, zielten auf eine Rechtfertigung oder doch Erklärung seines zerstückten Lebens, das in starken Szenen abgelaufen war. Unglücklicherweise waren viele Notizen und auch einige längere Passagen in einer heute kaum noch gebräuchlichen Konferenzkurzschrift abgefaßt, die ich nicht beherrsche. Auf der ersten Seite stand in Maschinenschrift nur eine Zeile, und zwar ganz oben: Er starb im Elend.

Schreibt das jemand von sich, wenn er nicht den Tod vor Augen hat? Der Trunksüchtige allerdings, führt er nicht täglich den Tod herbei? Die Aufzeichnungen des Toten beschreiben den jahrzehntelangen Tötungsversuch.

Warum hat der Tote gerade mich mit der schwierigen Aufgabe der Herausgabe seines Nachlasses betraut? Ich bin in literarischen Dingen unerfahren, verfüge auch politisch nicht über genügend Wissen, die Papiere nach den Stichworten zu erweitern, bringe für die Arbeit nicht viel mehr mit als Neugier, als ein teilnehmendes Interesse an dem mir wenig bekannten Weg des Vaters, denn ich lernte Heinrich Rapp erst vor drei Jahren kennen, und ich sah ihn jährlich etwa vier- oder fünfmal, stets nach förmlicher Verabredung, aber gelegentlich auch mehrere Tage. Die Annäherung war von ihm ausgegangen. Wir verreisten gemeinsam, wenn wir uns treffen wollten, zum Beispiel nach Emsdetten. Ich hatte von dem Ort nie gehört, und es zeigte sich, daß ihn mein Vater auch nicht kannte. Er sagte, daß ihm die Neutralität des Ortes gefalle. Alles an meinem Vater war mir fremd, was er dachte, was er fragte, wie er lebte. Das interessierte mich an meinem Vater, dieses Fremdsein, und vielleicht interessierte ihn das auch an mir. Möglicherweise, denke ich, war ich der einzige, der sich für ihn interessierte. Seine Behausung, ein im Krieg gegossener Betonwürfel mit kleinen Puppenstuben und Glasveranda, das Ausweichquartier eines ausgebombten Zahnarztes, eine sogenannte Kull, hatte ich nie gesehen.

Rapp, Heinrich
Wo wir zu Hause sind

Das ist natürlich die Zukunft, wußte ich, wie ich mit Alfred von diesem vielstöckigen Hotel zum Kongreßzentrum ging, anläßlich der Internationalen Messe Druck und Papier DRUPA. Wir waren im Untergeschoß des Hotels in einen elektrischen Bus gestiegen, der uns durch eine Unterführung an das neu entworfene Messegelände gebracht hatte. Der Fußweg, mit rutschfesten Platten belegt, führte zur Linken an einer begrünten Böschung entlang, rechts war eine orangefarbene Leitplanke, dahinter Büsche hinunter zu einer Autostraße. Die Böschung, die unser Weg also unterbrach, war wegen Erdbewegungen durch ein großmaschiges ornamentales Betongitter vollkommen gesichert. Es war durch die Bepflanzung kaum wahrzunehmen. Ein bläuliches Grün zur Linken, die Böschung hinauf, von Pflanzen, die sich ziemlich am Boden hielten, und ein rötliches Braun zur Rechten, die Böschung hinunter. Genau gesehen unterschieden sich die Betongitter links und rechts, denn sie waren der Größe der Pflanzen gut angepaßt oder die Pflanzen ihnen. Ich kannte die Pflanzen nicht, die dornig, kräftig und regelmäßig links hinaufwuchsen, und auch nicht die rötlich braunen, baumähnlichen rechts hinunter. Einen Augenblick dachte ich, daß es in dieser Regelmäßigkeit vielleicht doch keine Pflanzen, sondern künstliche Produkte wären, aber mein Tastgefühl bewies mir den Irrtum. Es waren Züchtungen für die moderne Stadtarchitektur, wie meine Nachfragen ergaben, robust, wintergrün oder winterbraun, anspruchslos und ihr Wachstum selbst steuernd, ursprünglich japanischer Herkunft. Die orangefarbene Leitplanke führte uns zu dem orangefarbenen Eingang C und dieser in den großzügigen Umgang des Kongreßzentrums, der auf der Innenseite wiederum ganz mit Pflanzen ausgestattet war, baumartigen, architekturfreundlichen. Ein Innenwald um den Pilzturm der Kongreßkuppel, starr, ohne Wind und beleuchtbar. In einem großen Saal, amphitheaterhaft von blauen zu roten zu gelben Sesselreihen ansteigend, lasen vier Dichter der Messestadt (1 weibl., 3 männl.) anläßlich der DRUPA Subjektives und Ökologisches, nicht achtend der 59 Zuhörer in blauen Sesselreihen und Alfred und mir hoch oben allein in den gelben. Ich schloß sofort die Augen und sah einen Käscher, der mit Karpfen aus dem Wasser gehoben wurde, eine Backstube mit drei Bäckern, die Bleche mit Streuselkuchen aus dem Backofen holten, ein Kind mit einem Fahrrad einen Feldweg entlang fahrend, in der Hand eine blaue Emaillekanne. Erinnerungsvolle Bilder gegen das verwechselbare, zweckdienliche, kapitalverwertende, geruchlose, signalreiche Einheitsbild, das ich nicht verlassen hatte, seit ich in Alfreds Auto am Parkplatz der Autobahnraststätte gestern morgen gestiegen war: Autobahn, dreispurig, leichter Nieselregen, Stoplichter, Bremslichter, Abblendlichter, Blendlichterketten bei Fahrbahnwechsel, Pfeile, Schilder, Airport, Parkhaus, Domestic Flights, Flughalle, Einchecken, Durchsuchung, Gate 16, Rolltreppe, Förderbänder, Wartesäle, Einstiegsröhren, no smoking, fasten seat belt, zu dritt, zu zweit, Zeitung, Kaffee oder Tee, Kapitän W. and his Crew, Ausstiegsröhre, Förderbänder, Rolltreppen, Taxi, im Untergeschoß, Hotel Intercity, Reception, Einchecken 812, Lift, Klimaanlage, Bad, WC wurde für Sie desinfiziert, Trinken intercity, Schlafen und Frühstück intercity, Lift, Bus und Messegelände, Untergeschoß und Auschecken, Taxi, Autobahn, Airport, Einchecken, Auschecken, Parkhaus und Autobahn. Diesiger Himmel und Dämmerung. Es ist die Zukunft natürlich, auch wenn wir im Augenblick nicht leicht unterscheiden können, an welchem Orte der Zukunft wir sind.

Vielleicht, eines Tages, wird man die Gleichförmigkeit als Heimat empfinden, denn man kennt nichts anderes und erinnert sich des Bekannten.

Ich verabschiede mich von Alfred, der mich bis nach Hause gebracht hat, gehe den schmalen Heckenweg, lasse ihn nicht zu mir rein. Bruno ist im Haus, ich zeige ihm die neuen eleganten Schuhe, die ich auf Alfreds Rechnung im Hotel kaufen mußte, denn meine Schuhe, die ich zum Putzen auf den Gang gestellt hatte, waren am Morgen unauffindbar, vermutlich weggeworfen. Ich kam in Strümpfen aus dem Lift und Alfred kaufte mir neue, weiche, ziegenlederne Nappa-Herrlichkeiten für 250 Mark, an denen Bruno und ich genußvoll rochen, denn keiner hatte je denken können, solche Schuhe zu besitzen. Bruno bat, ihm den Flug in den Einzelheiten zu schildern, blickte mit schräg gehaltenem Kopf über den Fluß in den Abendhimmel.

Alfred Rapp

Der Geschäftsmann, der von meinem Vater, rücksichtsvoll und anonym, Alfred genannt wird, war ich, und die Reise war entsetzlich. Der Vorschlag, uns auf dieser Messe zu treffen, kam von meinem Vater. Alle Zusammenkünfte mit mir kamen an so neutralen Orten zustande, quasi in einem Menschenstrom, wo es von vornherein nicht ausgemacht schien, daß man sich miteinander beschäftigte. Es war zu der Messe nur noch möglich, dieses Interhotel zu buchen, und wir wußten wohl beide, daß schon die Erscheinung meines Vaters Aufsehen erregen würde. Nichts entsprach den Erwartungen, die an Hotelgäste gestellt werden, jede Handlung brauchte Erklärungen, um überhaupt stattfinden zu können. Er schien die Komplikationen mit einem grimmigen Humor zu beobachten. Es war eine Tortur. Als ich ihn anrief, um ihn zum Abendessen abzuholen, meldete sich niemand, als ich mit einem Hausdiener zu ihm hinauffuhr, weil er nirgends zu finden war, lief uns das Badewasser entgegen. Er war in der Badewanne eingeschlafen, weil er ganz ungehemmt die alkoholischen Vorräte der Eisbox zu sich genommen hatte. In der Dichterlesung war er so tief eingeschlafen, daß sich das spärliche Auditorium an seinen Schlafgeräuschen delektierte. Er stieg in Socken aus dem Lift in die Empfangshalle, um die Leitung des Hotels mit Schmähungen zu überhäufen. In der Hand hielt er ein Silberkännchen mit lauwarmem Wasser und schwang ein paar Teebeutel, die man ihm als Tee habe andrehen wollen, für ein Frühstück von zwölf Mark, jeder Inhaber eines Teeausschanks auf einem britischen Bahnhof würde sich selbstmörderisch in die Luft sprengen, wenn ihm nachgewiesen würde, daß er das als Tee ausgeschenkt hätte, und mit ihm der verantwortliche Stationsvorsteher. Wir kauften neue Schuhe, aber wir mußten das Hotel auch räumen, denn es war plötzlich kein Zimmer mehr für uns vorhanden. Er verlangte seine gestohlenen Schuhe zurück und verbot mir, die Rechnung zu bezahlen, solange die Schuhe nicht zurückgebracht seien. Auf unserem Rückweg war er unversehens bester Laune, berichtete die erlittenen Peinlichkeiten als Triumphe. Er lud mich aber auch diesmal nicht ein, in seine Wohnung zu kommen. Wir hatten bei dieser ganzen Reise nur wenig Möglichkeiten uns näherzukommen, aber ich fühlte mich von ihm beobachtet, sah mein den Konventionen einer privilegierten Klasse entsprechendes Verhalten seiner Prüfung ausgesetzt und sah mit ihm das Unsinnige dieses Verhaltens, das für so viel Geld so wenig Genüsse brachte. An diesem alten, zerstörten Manne, empfand ich, war alles durchtränkt von Sinnlichkeit geblieben. Auch der Prozeß seiner Zerstörung war sinnlich, auch die Partikel dieses Gossenlebens bewahrten eine bestimmte Einheit von Leben und Produktivität, es war eine Leidensfähigkeit da und eine Genußfähigkeit, eine Fähigkeit zum Rausch, zum Abenteuer, zum Untergang, die ich bei mir und bei meiner Umgebung vermißte, da ich sie mit neuen Augen sah.

Rapp, Heinrich
Alkohol

Bruno, es scheint, hat mich gestern nacht an dem Heckenweg zum Grundstück gefunden, wo nachts niemand mehr geht, und ins Haus gebracht. Er war im Zimmer, als ich gegen Mittag aufwachte, kaute einen Kaugummi. Er muß mich ganz ausgezogen, mutmaßlich auch gewaschen haben. Meine nassen Sachen hingen in der Küche. Konnte nicht zusammenbringen, wie ich nach Hause gekommen war, und mochte Bruno nicht fragen. Mein Fahrrad war auch im Schuppen, und ich sah Schneereste. Es muß in der Nacht oder später geschneit haben. Saß Bruno in der Küche gegenüber und löffelte mit ihm Hühnerbouillon aus einer Campbell-Dose. Versprach Bruno plötzlich, ab sofort nicht mehr zu trinken, und Bruno sagte: Glaube ich, ist zu schwer. Da mußte ich rausgehen, um vor dem Jungen nicht zu weinen. (Datum)

Konnte trotz starker Schlafmittel nicht schlafen. Schwitzte die ganze Nacht und lief herum. Zu unruhig, um etwas zu lesen. (Datum)

Das Gefühl zu schrumpfen, betrachtete im Spiegel die Zunge, um ihre Größe zu prüfen. Die Zunge war tiefrot, aber groß und rissig. (Datum)

Sie haben heute das Telefon abgeholt. Es rief niemand mehr an, und wen sollte ich anrufen? (Datum)

Habe in drei Tagen nur vier Scheiben Weißbrot gegessen. Trinke regelmäßig schon am Morgen. Kein Hungergefühl, vergesse zu essen. (Datum)

Ich nehme das Zittern der Hände, das ich nicht unterdrücken kann, zum Anlaß, gleich nach dem Aufstehen zwei, drei Aquavits zu trinken. Der oder jener soll nicht bemerken, daß meine Hände zittern. Wenn ich getrunken habe, gehe ich dann nicht hin, weil der oder jener nicht merken soll, daß ich getrunken habe. (Datum)

In allen Gastwirtschaften Schulden, besorge Getränke aus immer weiter entfernten Geschäften. (Datum)

Kann nicht mehr richtig einschätzen, wann ich aufhören muß zu trinken. Vertrage manchmal ganz wenig und vergesse alles. (Datum)

Ich fühle mich in der Lage eines Angeklagten, den man eines Verbrechens überführen will, und ich verhalte mich natürlich danach. (Datum)

Bruno ist aufgefallen, daß ich mich viel langsamer bewege, auch den Kopf langsamer drehe. Wenn ich ihn ansähe, habe er das Gefühl, ich sähe an ihm vorbei. Ich denke aber wahrscheinlich nur langsamer, bleibe so leicht im Denken bei was hängen, weiß nicht, zu was ich was denke. Kann im Grunde nur an das Trinken denken, suche nach Gründen, die mich dazu zwingen, die Abstinenz zu durchbrechen.
Juckreiz zum Beispiel, ich muß mir die Hosen ausziehen und kratze mir die Oberschenkel, bis Blut die Beine runterläuft. Oder das Gefühl, ich hätte mir die Hände verbrüht. Beim Zähneputzen im Spiegel sehe ich, jetzt zittert auch schon die Zunge. (Entziehungserscheinungen) Gab Zeiten, da konnte ich mich mit dem Trinken einrichten, morgens ein, zwei Glas, weiter dann nachmittags, wenn ich gearbeitet hatte. Wußte damals genau, wann ich aufhören mußte. Jetzt fehlt mir jede Kontrolle. (Datum)

Angst, keine Luft zu kriegen, nur noch einatmen zu können, nicht ausatmen. Muß aus dem Haus, sitze nachts auf der Türschwelle, atme ganz vorsichtig und flach, wage mich nicht zu rühren. Angst, Flusen einzuatmen. (Datum)

Laufe die ganze Nacht herum, friere trotz Mantel und Decke. Sitze ich am Tisch, kann ich die Hände und Füße nicht ruhig halten. Auch nicht die Gedanken, kann keinen Gedanken zu Ende bringen. Wie ich etwas aufschreiben will, kann ich meine Schrift nicht wiedererkennen, ist mir der Gedanke entzogen. Laufe im Kreis durch Glasveranden und Puppenstuben des ausgebombten Zahnarztes. Aus meinem Mund rinnt der Speichel. Trinke gegen Morgen in großen Schlucken eine halbe Flasche Brennspiritus und fühle die Ruhe zurückkehren, eine große Leere. Ich schlafe. Wache am Morgen auf mit dem Gefühl der Niederlage und der Zerknirschung. (Datum)

Ein Mann kam gegen Abend, um zwanzig Mark abzuholen, die er mir in der Gaststätte Läuffer geliehen habe. Ich kannte den Mann aber gar nicht, spielte, mich zu erinnern, und fand auch noch zwanzig Mark. (Datum)

Verlängerte tagelange Räusche. (Datum)

Von dem Schauspieler Friedrich G. wird erzählt, er habe sein Leben lang stark getrunken, es aber immer einzurichten gewußt, seine Vorstellungen glücklich zu Ende zu spielen und das GLÄSERNE ECK, seine Stammkneipe, Berlin, Albrechtstraße, zu Fuß zu erreichen. Die Alkoholmenge habe er auf den Proben nach der Rollengröße, der Länge des Stücks und den Schwierigkeiten der Aufbauten errechnet, gelegentlich erbeten, ihm im letzten Akt Treppen oder Kletterkünste zu ersparen. Er versäumte keine Vorstellung und keine Probe, seine heisere Stimme war berühmt. Als er schon alt war, bekam die Kellnerin vom GLÄSERNEN ECK, die er schätzte, von ihm einen Sohn, der ihm aufs Haar glich. Aus Liebe zu diesem Sohn suchte er auf vielfachen Rat einen Arzt auf, der ihm hinsichtlich des Alkoholmißbrauchs eine schlimme Prognose stellte. An diesem Abend trank Friedrich G. nach der Vorstellung in Gegenwart von Zeugen zwei Liter Zitronenlimonade und ward am Morgen in seinem Bett tot aufgefunden. (Datum)

Früher habe ich getrunken, weil ich Angst vor dem Schreiben hatte, denn ich schrieb nicht, wenn ich betrunken war, es taugte nichts. Auch später hielt ich daran fest, nur zu schreiben, wenn ich wieder nüchtern war. Jetzt fühle ich, daß mein Gehirn auch nicht mehr funktioniert, wenn ich nichts getrunken habe. (Datum)

Suchte nach meinem Wintermantel. Ging in die Kneipen, wo ich ihn wahrscheinlich hatte hängen lassen. Als ich ihn fand, sagte mir der Wirt, daß ich damit meine Zeche gezahlt habe. Hatte nicht das Geld, ihn zurückzukaufen. (Datum)

Beobachte ein Mädchen mit kurz geschnittenem Haar und großem Busen in einer erleuchteten Telefonzelle. Ihren Venusberg berührend, blickt sie auf mich, der ich unbemerkt im Dunklen stehe. Ich mache die Hose auf und onaniere. Fühle mich in meinem Voyeurismus nicht beschämt, weil er die Angst vor der endgültigen Vernichtung der Sexualität vermindert, die mich seit längerem plagt. (Datum)

Das Mädchen aus der Telefonzelle sah mich verwundert an, als ich es an der Omnisbushaltestelle grüßte. Entschuldigte mich, sie verwechselt zu haben, wir kamen so ins Gespräch. Ihr gegenüber im Omnibus stellte ich mir ihren Körper im einzelnen vor und achtete darauf, nicht in ihre Richtung zu atmen. Sie hielt mich für einen Wasserwirtschafter des wasserwirtschaftlichen Instituts, wollte aber nicht mit mir ins Kino gehen. War übrigens froh. (Datum)

Lernte bei den Anonymen Alkoholikern ein Ehepaar kennen, das sich meiner annahm. Walter und Rita nennen mich sogleich Heinrich. Sie erzählen mir, sie seien am selben Tag geboren, sogar in der gleichen Stunde und in der gleichen Stadt, ohne sich zu kennen. Es ist dies aber die einzige Merkwürdigkeit an ihnen. «Können Sie sich vorstellen, Herr Heinrich, daß Walter im Rausch auf einem Bahnsteig sein Geschlechtsteil gezeigt hat?» Ich kann es mir nicht vorstellen, aber ich habe Lust, Frau Rita mein Geschlechtsteil zu zeigen. Ich werfe meine Wohnungsschlüssel in einen Feuerlöschteich, besuche eine Stehbierhalle und kann mich bei den Anonymen Alkoholikern nicht mehr blicken lassen. (Datum)

Rapp, Heinrich

Er starb im Elend. Soll am Ende dieser Niederschrift stehen, dieser sehr mangelhaft zusammengestellten Materialien, diese vier Worte, allein auf einem weißen Blatt in einer Zeile ganz oben. Er starb im Elend. Wer? Heinrich Rapp. Wer also?

Heinrich Rapp   HEINRICH RAPP

Geboren am 16. 5. 1909 als Sohn eines Eisenhändlers in Patschkenau (Schlesien). Verließ das Gymnasium wegen schwacher Leistungen in Latein, Griechisch und Mathematik. Erlernte den Beruf des Gerichtsstenografen und wurde Reichstagsstenograf (Reichsgerichtsstenograf) in Berlin. Freundschaft mit Literaten, Dirnen und Drogen. Schoß in einem Verwirrungszustand auf sich und seine Geliebte und wurde zu 2 Jahren Gefängnis verurteilt. Veröffentlichte nach Verbüßung der Strafe: [Titel fehlt], Berlin 1932, trat der KPD bei und verließ Berlin in der Nacht des Reichstagsbrandes. Trat in Paris der illegalen KPD bei.

Anmerkung. Rapp möchte natürlich viel lieber der Sohn einer ledigen Näherin sein, die in die besseren Häuser zum Weißnähen geht und Heinrich ist immer dabei. Tötet man so seinen Vater in Erinnerungsspielen? Aber der Vater hieß Heinrich wie Heinrich Rapp.

Rapp, Heinrich
Kindheit

Der Mann hat die Hosen an, oder er ist ein Pantoffelheld.

Die Herrschaft, die mein Vater in allen Dingen meiner Mutter gegenüber behauptete, hatte wahrscheinlich mit dem Umstande zu tun, daß er der Sohn eines Altwarenhändlers war, der sich in den Eisenhandel hochgeheiratet hatte und niemals Zweifel an seiner Dominanz entstehen lassen durfte. Sein Vater war noch mit dem Fahrrad durch die Dörfer gefahren und hatte Felle von geschlachteten Tieren aufgekauft. Beim Radfahren hatte er einen Rohrstock mit silberner Krücke in der Hand. Er läutete eine Glocke und rief: «Falla, Falla!» Für ein Hasen- oder Katzenfell zahlte er 10 Pfennig, und er schenkte den Kindern Fingerringe oder Luftballons, wenn sie die Felle brachten. Jedermann in den Dörfern kannte ihn unter dem Spitznamen Karbspappe (Kürbisbrei), niemand wußte seinen wirklichen Namen. Wenn ein Kind aus der Entfernung «Karbspappe!» rief, stieß er leise Verwünschungen aus: Zuchthäusler! Sohn einer Hündin! Seine Flüche hatten etwas Hochgestochenes, Erwähltes. Wenn ihm das Kind, das seinen Spitznamen rief, jedoch erreichbar schien, sprang er mit dem Rohrstock vom Rad und lief unerwartet schnell hinter dem Kind her, verdrosch es unbarmherzig, wenn er es einholte. Niemand wußte, was Karbspappe im Zusammenhang mit ihm bedeutete, warum das den Mann in solche Wut versetzte. Vielleicht war das nur ein Name für große Armut, denn Kürbisbrei war ein Gericht, das sich auch ganz arme Leute leisten konnten. Das Thema der Herkunft meines Vaters wurde zu Hause nie angeschnitten, obwohl der Großvater, den ich selten sah, zuletzt einen ansehnlichen Schrotthandel betrieb, der während des ersten Weltkrieges viel Geld abwarf.

Als meine Mutter gestorben war, wurde von meinem Vater erzwungen, daß ihre verwesende Leiche länger als eine Woche in unserem Hause blieb, und wir Kinder durften uns nicht aus dem Zimmer entfernen, wo sie aufgebahrt war. Mein Vater, der die Mutter wie eine Dienerin und oft gewalttätig behandelt hatte, weinte sieben Tage und warf ihr vor, sich in ihrer Krankheit ihm nicht früh genug offenbart zu haben, so daß eine operative Behandlung nicht mehr wirksam werden konnte. Da während dieser Zeit nur einmal am Tage gegessen wurde, und zwar am Abend, aß ich heimlich auf dem Klo saure Gurken und zugesteckte Butterschnitten der alten Bernertmutter. Ich empfand allen anderen gegenüber schwere Schuld, am stärksten meiner Mutter gegenüber, bis ich merkte, daß auch die anderen Geschwister auf dem Klo aßen. Mein Bruder, der an dem Geruch eines Stückes Knoblauchwurst überführt wurde, der er nicht hatte widerstehen können, betete zu Mutters Füßen kniend drei Rosenkränze.

Von meinem Großvater ging etwas Wildes aus, und wenn er in unseren Ort kam, machte ich mich heimlich an ihn ran. Er fuhr damals das schnellste Gespann der Gegend, zwei wundervolle Füchse, die er billig gekauft hatte, weil der Schmied in Jordansmühl mit ihnen tödlich verunglückt war, als sie mit seinem Gespann durchgegangen waren. Niemand hatte die unberechenbaren Durchgänger mehr kaufen wollen, aber sie paßten zu Karbspappe, meinem Großvater. Er konnte sie halten, genoß die wilden Pferdejagden und hieß zu dieser Zeit schon der verrückte Rapp. Mein Vater lud ihn nie ein, denn der Großvater trank wie die meisten Fuhr- und Handelsleute damals, und mein Vater mißbilligte seine ungezügelte Art. Sie gingen sich aus dem Wege und trafen sich nur bei unausweichlichen Familienereignissen (Beerdigungen, Hochzeiten).

An einem Wintertag und für alle unerwartet, fuhr der Großvater mit einem Fuhrknecht vor unserer Eisenhandlung vor. Angetrunken verkündete er, er wolle jetzt seinen feinen Sohn besuchen. Es wurde ihm aber nicht die Tür geöffnet und getan, als habe man ihn nicht bemerkt. Da betrachtete er das Haus von oben bis unten, betrat die Eisenhandlung und verlangte als Kunde eine Wagenrunge. Er wurde aber von niemandem bedient. Er nahm einen großen Geldschein aus der Tasche, warf ihn dem stummen Gehilfen ins Gesicht und lärmte, daß er von seinem Arschloch von Sohn eine Wagenrunge zu kaufen wünsche. Nicht der Vater und kein Angestellter rührte sich. Da schmiß der Großvater eine Kette vom Haken, packte deren Ende und ging aus dem Laden, zerrte hinter sich die unendlich lange Kette über den Marktplatz bis zu seinem Gespann, befestigte die Kette am Wagen, stieg auf und jagte mit den Füchsen funkenstiebend über die Pflasterstraßen von Patschkenau.

Ich verzieh meiner Mutter nicht, daß sie mich nicht beschützen konnte, und mir nicht, daß ich sie nicht beschützen konnte.

Es folgen Stichworte: Frau als leibeigene Dienerin, Feudalismus im Familienmief, Schinkenschneiden, Brotscheibendicke, 2 Löffel Zucker in Tee, 1 Löffel in Kaffee, Kopfkissenhöhe, Essen mit dem Glockenschlag, Haushaltsgeldabrechnung, Geld von Mann zu erbitten, Kampf um den Bubikopf, Frisur bestimmt der Mann, Kleiderlänge.

Nennt die Frau Mutter, denn die Mutter ist die höchste Verkörperung der Autorität des Vaters. So schläft er mit seiner Mutter, erlaubt die Mutter die unerlaubte Sexualität. Madonna-Keuschheit und Mutter. Das Sexualgeflecht der bürgerlichen Familie, über das nicht nachgedacht werden darf. Die Ersatzinzeste. Auf dem Schoß des Vaters. Hitler als Bräutigam.

«Die Frauen lieben die Helden. Ohne den Mann fühlt sich die Frau völlig verloren. Der Held bietet der Frau das Gefühl, völlig beschützt zu sein.» (A. H.)

«Ich bin bereits verheiratet, meine Frau ist Deutschland.» (A. H.)

Die Dauerwelle, die ein halbes Jahr hält. Die liebliche Frau hat krauses Haar, der Wildheit verwegenes Bild.

Nach verlorenem Krieg und Schmachfrieden durchforschte ich immer wieder die verlorene Marneschlacht, die bekanntlich ein von der Obersten Heeresleitung leider nicht erkannter Sieg war. Wir litten mit Reserveoffizier Oberlehrer Wiesner, der uns das Drama durchleiden ließ, und fragten uns mit ihm, ob nicht schon da Verrat im Spiele war. Falscher Bericht von Oberstleutnant R. Hentsch an OHL in Luxemburg! Ich ging die Zeitungen nach Katastrophen durch, die sich in Frankreich, England etc. ereignet hatten, und konstatierte die Dezimierung des Feindes mit Befriedigung. Leider gab es auch in Deutschland immer wieder Zugunglücke und Bergwerkskatastrophen, die uns zurückwarfen. Die Lösung, die glückliche Revanche, schien mir in einem neuen Waffengang der Kinder zu liegen, die sich jedenfalls die Früchte des Sieges nicht wie die blöden Alten in der Marneschlacht würden nehmen lassen. Ingesamt schätzte ich die Kampfkraft der deutschen Kinder als wesentlich höher als die der Franzosenkinder ein. Fürchterlich, wenn einen bei dem Kriegspielen in der Sandgrube das Los ereilte, ein Russe zu sein, eher noch Engländer.

Der Nikolausabend war in unserem Hause ein Tag der Abrechnung, Gerichtstag über unsere Missetaten und Charakterfehler:

Bekenntnis, Strafe, Ermahnung und Belohnung, saßen wir Kinder still in banger Erwartung und aßen nicht, hatten im Ohr die wochenlangen Drohungen, daß alles dem Nikolaus gemeldet werde. Mit seinem Gefolge drang der Nikolaus herein aus dem Dunkel der Eisenhandlung, und es rasselten mit ihren Ketten seine tierischen Knechte, die über die Tische sprangen und sich unter seiner Rute duckten. Wir Kinder wurden einzeln vorgerufen, sagten Gebete und Gedichte auf. Da ich als kleinster zuletzt dran kam, beobachtete ich den Nikolaus genau durch meine gefalteten Hände, denn ich sah ihn zum ersten Mal. (3 oder 4 Jahre alt) Aber, sah ich auf einmal, der Nikolaus ist ja der Vater! Der Vater saß jedoch gleichzeitig am Tisch und beobachtete die vortretenden Kinder. Die Stimme und die Bewegungen des Nikolaus waren unverkennbar die Bewegungen meines Vaters. Also mußte mein Vater auch wohl im Himmel sein, ewiglich richtend. Das verstörte mich so, daß ich mein sehr kurzes Gebet nicht aufsagen konnte und mich, die Hand vor den Augen, sehr schämte. Da wurde ein Vergehen aufgezählt, das aber nur meine Mutter wissen konnte, das Essen des Streusels vom Kuchen, ehe er zum Backen kam. Ich duckte mich, doch er schlug nicht, und es erhob sich ein Lachen. Die Mutter zog mich zu sich, aber ich kroch unter den Rock der blinden Bernertmutter, die in unserem Hause das Gnadenbrot aß. Ich bekam mehr Äpfel, Nüsse und Pfefferkuchen als alle anderen, kam aber nicht hervor.

Die Ähnlichkeit erklärte sich aus dem Umstande, daß der Bruder meines Vaters gebeten worden war, den Nikolaus für uns zu machen. Es wurde von diesem Bruder nie gesprochen, er soll zur See gefahren sein, und es hieß, er habe im Gefängnis gesessen. Im Kriege hörte ich, er sei bei Scapa Flow gefallen, und ich empfand eine ziemliche Genugtuung, einen Familienhelden bei dieser berühmten Seeschlacht eingebüßt zu haben.

Vor dem Nikolaustage sangen wir Kinder immer sehr gern: Lieber Jusuf sei gebata, scheiß mer nich ufs Fansterbratla.

Rapp, Heinrich
Hunde

Wenn in Patschkenau jemand seinen Hund loswerden wollte, bestellte er den Bernert Korle (Kolle), einen ehemaligen Gutsarbeiter. Wo immer der von Arbeit verkrümmte, alte Mann entlang ging, meist einen Handwagen mit einer großen Kiste ziehend, bellten die Hunde hinter ihm her, angeblich weil sie den Geruch des Hundefleisches riechen würden, denn Bernert schlachtete die Hunde und aß ihr Fleisch, verkaufte das Fell und das ausgelassene Fett, das als Mittel gegen die Schwindsucht und den Rheumatismus gesucht war. Der Genuß von Hundefleisch war sehr armen Leuten vorbehalten und für uns mit Ekelempfindungen verbunden. Es wurden Geschichten erzählt, wie jemandem bei einem Gastmahl ohne sein Wissen Hundefleisch serviert worden sei, das ihm gut geschmeckt habe, bis er die Herkunft des Fleisches erfahren habe. Der alte Bernert verlangte zum Töten kleinerer Hunde im Hause nur eine feste Tür, bei größeren Hunden einen Hammer. Wenn er einen Hund allerdings noch für verkaufbar hielt, transportierte er ihn lebendig in der geschlossenen Kiste zu sich nach Hause, natürlich unter wildem Hundegebell, aber nur selten von Hunden wirklich angegriffen, sie schienen eine übernatürliche Kraft in ihm zu spüren. (Ihr Tod) Die zum Verkauf vorgesehenen Hunde (Jugendlichkeit, Rasse, Nutztiere) bot Bernert dem Hundefänger Czaschka an, der außerhalb des Ortes in einem aufgelassenen Sägewerksschuppen hauste und weit über Land sein Geschäft betrieb, man rühmte ihm nach bis Breslau. Von Czaschka hieß es, daß er sich die von ihm gewünschten Hunde von Kindern einfangen ließ, die bis zu fünf Mark Handgeld von ihm bekamen, eine erstaunliche Summe. Max Termer rühmte sich, von Czaschka gelernt zu haben, wie man jeden Hund, und ohne jedes Hilfsmittel, dazu bringen kann, sich einfangen zu lassen. Man brauche ihm nur am Genitale zu spielen und aufhören, bevor der Same spritzte, so folge einem jeder Hund, wohin man wolle. Er versprach, mir das am Hunde von Lehrer Maßen («Prügel nach Maßen!»), einem Dobermann, zu zeigen, was ihm auch gelang, von Lehrer Maßen allerdings beobachtet und als sodomitische Neigung schrecklich geahndet wurde. Prügel nach Maßen, Androhung von Anzeige und Erziehungsanstalt. Die Mutter kaufte an Martini zwei Hafergänse, die im Lehrerhaus abgegeben wurden. (Gewöhnlich Abgaben an den Lehrer, Bevorzugung der Kinder aus tributfähigen Familien. Armselige Lehrergehälter. Zum Beispiel waren die Geigestunden beim Lehrer so eine Korruption. Sie wurden auch nur zum geringsten Teil von mir wahrgenommen, denn es kam nur auf die Bezahlung an.)

Im Frühjahr, wenn der Lehrer Maßen, ein begeisterter Gärtner, Düngemittel, Saaten und Gartengeräte bei uns eingekauft und angeschrieben hatte, brachen bei uns Geschwistern die Geigestunden aus. Auch Lehrer Maßen haßte das Geigespiel, vermutlich, weil er ohne Unterlaß unwillige und für die Geige unbegabte Kinder unterrichten mußte. Der Geigebogen war neben dem Rohrstock sein bevorzugtes Prügelinstrument. Hörst du die Englein singen?

Der Sohn des Fleischers wurde in der großen Pause beauftragt, für den Lehrer Wurst zu holen, der Sohn des Bäckers Semmel, es wurde ihnen dafür Geld ausgehändigt, das aber niemals in Anspruch genommen wurde.

Der Sohn des Kolonialwarenhändlers bekam Geld und Auftragsliste für Lebensmittel von der Lehrersfrau für den nächsten Tag mit. Auch hier wurde das Geld zurückerwartet.

Warum wurden von Lehrer Maßen stets die Söhne beauftragt, nie die Töchter?

Mädchen und Jungen in der Klasse auf verschiedenen Seiten, auf dem Schulhof durch einen Zaun getrennt. Auch der Heimweg wurde von Mädchen und Jungen getrennt zurückgelegt.

Rapp, Heinrich
Die pulsche Marte

Erinnere mich einer Landarbeiterin, deren Namen niemand kannte, da er nicht gebraucht wurde, sie war die pulsche Marte. Ich weiß nicht, wo sie wohnte, denn sie tauchte bei uns nur auf, wenn sie einen ihrer Anfälle von periodischer Trunksucht hatte.

Eine alleinstehende stille und blasse Frau, in dunkler Kleidung, erinnere ich, mehrere Röcke. Ihre gezierte Redeweise kommt mir ins Ohr, süßlich, sie machte meiner Mutter Komplimente, wenn sie vom Garten aus ins Haus gelangt war, nannte sie gnädige Frau, junge Frau, schöne Frau, herzensgute Frau, lobte die Schönheit der Kinder, hob mich gar in die Höhe, was für ein engelschönes Geschöpf, und erbat ein Taschentuch, ein abgelegtes Stück Wäsche oder einen Kopfkissenbezug, vielleicht ein paar Pfennige Geld, war aber nie betrunken, wenn sie kam. Sie verneigte sich ernst und mehrfach, in so übertriebener Weise, daß ich zur Seite schauen mußte. Wenn ich sie wenige Stunden später wiedersah, lag sie an dem langen Bretterzaun des Sägewerks in den Nesseln oder am Ortsausgang in einem Straßengraben, unerweckbar, von Kindern umlagert, die sie nicht bemerkte und die sich mehr und mehr mit ihr anzustellen trauten. Sie riefen ihren Namen, warfen Steinchen, berührten sie mit Stöcken, hoben ein Bein, trauten sich gar, die Röcke hoch und höher zu schieben, bis ihre Schambehaarung zu sehen war, denn Hosen hatte sie nicht an. Es hieß, daß sie in verschiedenen Läden Brennspiritus kaufte, vergällten 100%igen Alkohol, die Literflasche zu 50 Reichspfennig, den sie in sich hineingoß, bis sie umfiel und zwei oder drei Tage schlief, todesnah. Dann stand sie unter Verwünschungen auf, brachte ihre Kleider in Ordnung und wusch sich an der Pumpe des Gemeindehauses. Sie ging auf das Vorwerk des Dittmanndorfer Gutes zurück und entschuldigte sich für ihr Fernbleiben mit unerwartetem Verwandtenbesuch. Wegen ihrer Bescheidenheit und ihres Fleißes stellte sie der Gutsinspektor immer wieder ein. Sie lebte für sich, sie hatte mit niemandem Streit. Einmal im Jahr beteiligte sie sich an der Wallfahrt nach Warta, hing ein in Flammen stehendes Herz an den Marienaltar. War eines Tages verschollen.

Rapp, Heinrich
Ein Pferd versinkt im Wiesenteich

Erwachte durch furchtbare Schreie und mußte also eingeschlafen sein oder abwesend. Wieso saß ich dann aber im Kohlebunker? Warum überhaupt schrieb ich im Kohlebunker? Hatte meine Schreibmaschine auf einem Hocker im Kohlebunker? Fühlte ich mich dort beschützt durch diese dicken Betonwände? Es war die Zeit, wo ich gelegentlich schon hörte, daß fremde Leute über mich redeten, wenn sie den Feldweg der Hecke entlang an meiner Behausung vorübergingen. Das war eine Rosenhecke, und ich dachte, das paßt doch gar nicht, eine Rosenhecke mit einem Rosentor, war aber da und blühte, daß ich kaum noch das Tor aufbrachte. Rapp, geh kaputt! Bist doch ein Fall für den Umweltschutz. Gehören die Beine abgesägt. Fragte mich aber doch noch, ob diese fremden Leute wirklich mich meinten, andererseits tarnen sich Detektive gern als Familienausflügler. Konnten die Schreie eine Sinnestäuschung sein, denn wer, wer konnte so schreien außer im Traume das Pferd, das geschlachtet wird, eine schwarze Riesenstute. Sah in der Dämmerung eine schwarze Riesenstute versinken im Wiesenteich. Da nur ihr Kopf hervorragte, sie sich mit gewaltiger Kraft immer tiefer in den Schlamm des begrünten Sumpfes arbeitete, hatte ihr der Eigentümer einen Gurt um den Hals geknotet und versuchte, sie mit dem Traktor herauszuziehen. Obwohl der Gurt sich nicht zusammenziehen konnte, kam der Traktor nur zentimeterweise vorwärts, denn die Riesenstute, ein ehemaliges Springpferd, stemmte sich mit aller Muskelkraft gegen die unverstandene Hilfe, die an ihrem Halse riß, an ihren Halswirbeln zog, so daß ihr die Augen aus dem Kopf traten, und es schrie das Pferd, daß auf der Landstraße die Autos stehen blieben und die Leute in die Richtung des Schreies gingen, wo ein Pferd im Schlamm an seinem Untergang arbeitete. Immer wenn das Pferd ermattete, gewann der Traktor an Boden, und das Schreien des Pferdes wurde zu einem Jaulen, das jedes Herz erweichte, so auch das Herz des Eigentümers auf dem Traktor, der ein lebendiges Pferd herausziehen wollte, keinen Pferdekopf. Also hielt er, also gewann die Stute ihre Kraft zurück, arbeitete sich in die Tiefe dieses begrünten Sumpfes, der sie getäuscht hatte, als sie aus der Koppel gebrochen war, von einem Lastwagen erschreckt auf die lockende Wiese gesprungen war, den Sumpf. Von neuem begann die Rettung, nunmehr in der Nacht, beleuchtet von Autoscheinwerfern, ein Schauspiel, und wieder versagte der Eigentümer vor diesem schrecklichen Schreien des gänzlich erschöpften Tieres, das zähnebleckend jetzt röhrte und Kräfte mobilisierte, während die Halswirbel knackten dieses geschleiften Kadavers, und wieder in die Tiefe kam, sobald der Traktor verharrte, schließlich verharren mußte, weil er sich seinerseits in den Boden gearbeitet hatte und kein anderer Rat war, als einen Raupenschlepper zu holen, der Traktor und Pferd herausziehen sollte, unerbittlich. Der Raupenschlepper kam, der Raupenschlepper zog Traktor und Pferd trotz unerhörter Gegenwehr Meter um Meter, denn in der Kabine des Raupenschleppers war jedes Geschrei unhörbar. Unaufhaltsam aus dem begrünten, täuschenden Sumpf herausgeschleppt wurde die Riesenstute Anka, konnte nicht auf die Füße kommen. Wie sehr man sie rieb und begoß, abwusch den Schlamm und den schaumigen Schweiß mit warmen Wasser, lag sie und rührte sich nicht vor Morgen. Dann, in den Stall geführt, fraß sie anderthalb Tage und starb. Mein eigenes Leben bedenkend, schien mir das Versinkenwollen des Pferdes ein stark symbolischer Vorgang. Nur ich versank ziemlich still, das ist ein Schreien jenseits der Schallgrenzen. O Falladah, da du hangest! Rapp, geh kaputt! Aber gern.

Rapp, Heinrich
Das Altern

Die schwarze Tolle erhält dem Gesicht des Bildhauers P. etwas Wildes, aber nur von vorn. Leider sehe ich das Alter von allen Seiten.

Für das städtische Schwimmbad hat P. eine rundliche Badende mit rundlichen, badenden Kindern entworfen. Aber unter dem Mädchennamen seiner Frau. Es seien bei näherer Betrachtung die Kinder als mongoloid zu erkennen, macht er geltend.

(Beobachtungen am Strand von Las Palmas)
In der starken Sonne läuft ein sehniger Mann unablässig und in angezogenem Schritt den Strand auf und ab. Er ist von Krampfadern ganz überwachsen, aber kupferbraun.

Eine Kaffeehauskassiererin mit mächtigem Hintern hat sich einen Bikini gehäkelt, weitmaschig und in pastelligen Farben. Ihr wird viel Aufmerksamkeit entgegengebracht. Da hab ich zu ihm so gemacht, so! erzählt sie einer Reisebekannten und hält sich die Augen zu.

Über ein Holztor klettern, herrje.

Ein krausköpfiger Schwede, jeder Muskel locker und ausgeprägt, bietet in scharfem Lauf und in Lockerungsübungen die Ideale von Körperbau und Charakter. 22jährig kämpft er erbarmungslos gegen den Verfall des zu Vollkommenheit erbauten Muskel- und Knochenapparats, gegen das stündliche Altern. Sonnenliegen umstreichend, denkt er an Liebesgymnastik.
Revidiere mich, als ich erfahre, der junge Mann ist einer der Berufsliebhaber, die hier überwintern. Jetzt hält er das Werkzeug instand, mit dem er entfremdete Arbeit leistet, sich. Auch ist der Schwede kein Schwede.

Es ist doch nicht sündig, sich von einem Mann streicheln zu lassen, sagte die Mutter Kampmanns, als er die Sterbende streichelte.

Den Hut auf dem Kopf im schwarzen Anzug in der Sonne sitzen und über das Orangental schauen.

Traum. Mein 1934 verstorbener Vater rief an, ob ich die mir überlassenen Schirmspitzen auch geputzt hätte. Ich sagte dreist ja, führte auf Nachfrage aus: mit Messingputzmittel. Fürchtete aber, daß er kommt, um das zu überprüfen.

Der Mohnkuchen auf dem weißen Porzellanteller auf dem Marmortisch vor der Stechpalme kann aus Erinnerungsgründen nicht gegessen werden. Der Alpakalöffel in der beringten Greisinnenhand, zweimal vergeblich betätigt, erzeugt einen warmen Ton. Die Frau blickt einmal zur Seite und wird im Profil gesehen. (Café Hamich am Ring gibt es wahrscheinlich heute nur noch in Jerusalem)

Über den nassen Hansaplatz, Hamburg, trägt ein rundrückiger Mann einen grauen Hirtenhund auf seinen Schultern spazieren. Erwehrt sich nicht mehr der Blicke. In den Schuhen keine Schuhbänder.

Wenn Leute nichts anderes machen, reiben sie sich die Hände. Was ist da abzuwischen? Wem wollen sie es jetzt geben?

Ist die Schönheit das Unmögliche? Heißt Erlösung Befreiung? Wer lacht, kann nicht verdreschen. «Die Lehrstunde der Nachtigall.» (Runge)

Rapp, Heinrich

In den «Rheinterrassen» beobachte ich einen Mann, der seinen eigenen Schwanz beim Pissen mit der Serviette anfaßt. Die Tür vom Pissoir zum Waschraum öffnet er mit dem Ellenbogen. Als ich am Waschbecken hinter ihn trete, trifft mich im Spiegel sein wilder, sein ratloser Blick. Er träufelt sich etwas ins Ohr, benutzt einen Rachenspray, eh er mir eilig entkommt.
   An den Tisch zurückgekehrt, beobachte ich eine Fliege, die sich auf eine Scheibe Blutwurst setzt, an meinem Glas entdecke ich einen winzigen Lippenstiftflecken. Über den rauchenden Gästen, sehe ich das Restaurant erfüllt von Bazillenarten. Ich esse die Blutwurst, ich trinke das Glas aus, fühle den Schwanz durch die Hosentasche. Zu Hause probiere ich, den Lichtschalter mit dem Ellenbogen zu bedienen. Denke im Dunkeln über Zusammenhänge nach.
   Dreck / Abschaum / Desinfektion / Weltreinigung / Erlösung von dem Übel / Reiner Tisch / Parteireinigung / Verfaulender Kapitalismus / Das Lichte / das Blonde / das Reine / das Jungfräu-

liche / Maria die Jungfrau / die Frau, die Unreinheit / rituelle Reinigungsbäder (Worms) / Armut / Schmutz / Krankheit / Bedrohung / Jude / Bolschewismus / Bedrohung der reinen Frau, der hellen, der schwesterlichen.

Flintenweib / Petroleuse / Furie / die geschlechtskranke Kommissarin / die polnische Judensau / Rosa Luxemburg, die Terroristin.

Herrenhandschuhe / Offiziershandschuhe / Herrendistanz / weiße Wäsche / Lackstiefel / Lackschuhe / kein Stäubchen darauf zu sehen.

Die Angst vor dem Geruch der Verwesung. Menstruationsblut. Die Angst der Arbeiterparteien (Proletarier aller Länder vereinigt euch) vor dem Lumpenproletariat.

Rapp, Heinrich
Gedanken

Ein Parlamentsstenograf muß notwendig ein Zyniker werden oder ein Revolutionär.
Ein Parlamentsstenograf muß notwendig ein Revolutionär werden.
Vielleicht ist es für einen Parlamentsstenografen leicht, ein Revolutionär zu werden.
Einige Gründe (Mutmaßungen), die mich auf die Straße des Revolutionärs brachten: (frühe Kindheit)
Entwurf des Vaters von mir.
Heinrich wie er / Schweigsam wie er / Verschlossen wie er.
Reinlichkeit, Körper, Klo und Spielzeugschrank.
Daß die Eltern immer Recht hatten.
Ihrer Hypnose unterworfen zu sein.
Mich zwingen zu wollen, ihre Hypnose weiter zu geben.
Die Reihe beim Turnen (Abgang und stehen!), die Reihen nach der Größe, nach dem Alphabet, nach den Zensuren (Klassenplätze), nach den Zwecken.
Zu welchem Zweck? Zu welchem Zweck? Alles Zwecken unterworfen und fremden.

Eisenhandel, Eisenhärte, Schwärze, Schubladen, hart wie Eisen, hart wie Kruppstahl, immer auf der Waage stehen, was zählt, das ist schwer.

Rapp, Heinrich
Weitere Gründe, ein Revolutionär zu werden

Die schöne Mutter darf (kann) sich keine schönen Kleider kaufen.
Die Größe des kleinen Blusenausschnitts wird als schamlos kritisiert.
Der Geruch von Kohlrüben.
Sich beim Waschen das Unterhemd ausziehen zu müssen, nasses Haar und Scheitel.
Frisur bestimmt der Vater, Schuhe bestimmt der Vater. Keine Knickerbocker.
Auf den Schulbroten der Gutsarbeiterkinder Zuckerrübensirup oder Mostrich. Fetzpaule ohne Schulfrühstück und ohne Schulinteresse.
Pferdeäpfel sammeln für die Erdbeerbeete.
Nicht mit Wimmerpaule spielen. (Der Russe)
Wimmerpaule schildert mir den Koitus meiner Eltern, den er belauscht habe, auf phantastische Weise.
Im Forschungsdrang, die Geschlechtsgeheimnisse aufzuklären, entwickele ich die wissenschaftliche Methode.
Wer war nicht in der Kirche? Was habe ich gepredigt?
Nach dem Vater jetzt noch Gottvater.
Die pulsche Marte erbettelt Taschentücher und trinkt Brennspiritus (Liter 75 Pfennig, vergällt). Schläft 12 Stunden im Graben an der Scholkmannfabrik. Viele Unterröcke.
Eiserner Kanzler, Blut und Eisen, eiserne Hand, eisernes Schweigen, eisern arbeiten, der Gott der Eisen wachsen ließ.
Auf dem Klo geschnittenes Zeitungspapier.
Die langen schwarzen Strümpfe und Bleyle Anzüge.
Nicht zwischen den Mahlzeiten essen, nicht naschen.
Laute Stimmen.
Gewalt, Gewaltanwendungen.

Unterwerfungen.
Die Sprungdeckeluhr meines Vaters.
Der Vater nimmt sich zuerst.
Der überhebliche Körper meines Vaters.
Lesen zum Zwecke des Lernens, nicht im Bett lesen und nicht unter der Bettdecke mit der Taschenlampe.
Die Mutter fliegt an den Türrahmen (mischt sich in Erziehung ein, Ordnen des Spielzeugschrankes als dieser zum wiederholten Male wortlos auf den Fußboden gekippt wird).
Vor jedem Größeren aufstehen, vor jedem Älteren die Mütze abnehmen, bei Ranghöheren nur auf Aufforderung sprechen.
Schweinenieren essen müssen und Kutteln.
Kritzel nicht rum! Immer denken wozu!
Die deformierten Hände der neunzigjährigen, blinden Bernertmutter auf meinem geschwollenen Kopf und ihr: Wort ock, mei Siehnla, wort ock.
Sie habe sich in der Äpfelkammer an ein Brett gestoßen, sagte die Mutter. (Brillenhämatom)
Der Wunsch auf die Erde zu scheißen.
Die Kinder des Barons von Richthofen im Schloßpark in weißen Tennisanzügen. Der Sohn heißt Kraft. Ist Kraft ein Name? Das Schloß und der Schloßpark darf nicht betreten werden.
Asst zahn Klißla, asst fuffza Klißla, aber gewählt wart rut. Entlassung des roten Gutsarbeiters mit den O-Beinen, der am 1. Mai die rote Fahne trägt. Kündigung der Gutswohnung und Vertreibung, da er von niemandem eingestellt wird.
Der Sportplatz ist abgeschlossen. Der Sportwart vertreibt die fußballspielenden Kinder.
Das behaarte Ohr des Pfarrers im Beichtstuhl mir zugeneigt.
Chorsingen für Kinder, die nicht singen können.
Geflickte Hosen, eingesetzte Flecke aus unverblichenem Stoff, die Angewohnheit, die Hände auf den Hintern zu legen, um die Flecke zu verbergen.
Rosa Luxemburg schwimmt im Kanal, Karl Liebknecht hängt am Laternenpfahl, lieb Heimatland ade.
Von einer Zigeunerin über den Kopf gestreichelt.
Im Kino ins Klo gesperrt, weil ohne Eintrittskarte. (Tom Mix)

Schuhkappenkontrolle, weil damit Fußball gespielt.
Warum kriege ich keine Brille. Der ärmere F. hat eine Brille gekriegt.
Die 1000fache Fundgrube. Nichts fortwerfen! 792. Eine alte Rasierklinge, in einen Korken gesteckt, ist ein ideales Trennmesser. 793. Seidenpapier nicht fortwerfen! Es eignet sich besonders gut zum Auftragen des Bohnerwachses und schluckt auch nicht soviel Wachs wie die Bohnerlappen. 794. Und am anderen Tage gibt das Bohnerpapier sehr gute Feueranzünder. 795. Ausgedrückte Zitronenhälften legt man ins Waschwasser auf dem Waschtisch. Sie machen dieses weich und verschönen den Teint und die Hände. 796. Gebrauchte Pfefferkörner werden durchgedreht und als äußerst wirksames Mottenschutzmittel in den Pelz gestreut. 797. Durchgebrannte elektrische Sicherungen geben nach Durchbohren der Füllung brauchbare Schlußquasten für die Gardinenschnüre. 801. Abgespielte Grammophonnadeln sind vorzüglich zum Vernageln von Bilderrahmen, Leisten, Möbelteilen. 805. Alte Schwamm- und Gummischwammstücke näht man in ein Mullsäckchen und gewinnt einen neuen Schwamm.

Rapp, Heinrich

Im Alter von wahrscheinlich neun Jahren schrieb ich mir bei einem Fieber ein eigenes «Ärztliches Verordnungsrezept: Das Kind ist in das große weiche Bett der Schwester Marie-Anna am Fenster zur Straße zu legen, wo es Besuch nur nach seinem Wunsche empfangen soll. Himbeersaft mit Eiswasser soll es immer am Bett haben. Kühle Umschläge. Bücher zum Lesen (vom Kind ausgesucht) und Farbstifte zum Malen. Zum Essen Weinschaumpudding und Zimtbirnen, unabhängig von der Tageszeit. Nachts soll das Licht brennen bleiben. Des Kindes Befehle sind, außer den gesundheitsschädlichen, leise und schnell auszuführen, da es sonst sterben kann.

Doktor von Boullion
Oberkindesarzt»

Rapp, Heinrich
Ein Traum, den ich mir so ins Gedächtnis gerufen habe, daß ich nicht weiß, ob das nicht die Literatur von ihm ist:

Bei einer Parteiversammlung in einem verrauchten Hinterzimmer (verbissene Positionskämpfe in der nationalen Frage) wurde, für alle unerwartet, an riesigen Brettertischen Essen aufgetragen, Schweinsbraten mit Klößen und Blaukraut. Schäumendes Bier und Aprikosentorten. Der Rauch vergeht, und es wird still und klar. Eine schöne Frau, die Parteisekretärin, zieht auf Ersuchen eines Genossen ihre weiße Bluse aus, zeigt ihre weißen Brüste mit ausgestreckten Armen und lacht. Ein wilder, brausender Applaus, wonach sich alle umarmen. Ich aber hatte an ihrer linken Brust unten einen pfenniggroßen Leberfleck entdeckt und mußte die Brille abnehmen. Was ich aus dem Traume las, war, die Sinnlichkeit sei der Springquell der Revolution und es mangle uns daran, ferner, die Überschärfe meines Blicks behindere mich, raube mir die Fähigkeit, mit anderen glücklich zu sein.

Rapp, Heinrich

Wer so freundlich war, diese Aufzeichnungen zu lesen, der soll natürlich frei entscheiden, was er damit anfängt, denn ich habe kein Recht ihm Anweisungen zu erteilen. Ich erlaube mir nur, ihm zu sagen, daß mir vieles unklar geblieben ist, was zu der Fehlentwicklung der Revolution geführt hat, die wir sehr oberflächlich Stalinismus nennen, als wäre sie aus den Eigentümlichkeiten J. W. Stalins abzuleiten und somit auch mit seinem Tode beendet. Das ist nicht wahr, und die Besudelung der Revolution kann Geschichte nur werden, wenn wir sie aus den tatsächlichen politischen und ökonomischen Prozessen der ersten sozialistischen Revolution erklären können, und wenn wir Kommunisten das offen, nachdenklich und ohne Rücksicht auf die Folgen tun. Wenn wir dazu nicht imstande sind, wird der Despotismus, wird die Verkehrung der Revolution als ihr natürliches, unvermeidliches Resultat angesehen werden.

Ein einzelner kann das nicht leisten, und ich weiß nicht, ob ich viel dazu beitragen kann, indem ich einige Momente meiner Zerstörung zu beschreiben versuche, der ich nicht aufgehört habe, ein Revolutionär zu sein, denn es fiele mir schwer zu leben, wenn das alles wäre.

Rapp, Heinrich
Mein Autodafé

Autodafé, bekanntlich, heißt Glaubensakt. Auf dem größten Platz der Stadt, vor einer großen Menschenmenge, in Anwesenheit der kirchlichen Autoritäten und der weltlichen Macht, taten die schuldig befundenen Ketzer laut und feierlich ihre Reue kund, schworen Satan ab, bekannten sich zum einzig rechtmäßigen Gott der einzig rechtmäßigen Kirche und erlitten vor der ergriffenen Menge der Rechtgläubigen den feierlichen Verbrennungstod auf dem Scheiterhaufen. Jedermann fühlte tief im Herzen den Trost der Glaubensgemeinschaft der Rechtgläubigen, in die auch der Ketzer nun wieder aufgenommen war.

Der größte Platz in unserer Zeit ist das Parteiorgan, herausgegeben und abgesegnet von den über die Lehre wachenden Autoritäten, Pflichtlektüre der weltlichen Macht und aller Gläubigen. Gegen den Rat vieler Freunde vermochte ich eine Reueerklärung nicht abzugeben und verließ das Land, von nur sehr wenigen meiner Freunde verstanden. Aber auch nicht von meinen Feinden verstanden, die in mir jetzt ihren Verbündeten zu sehen vermeinten und mir öffentliche Bekenntnisse auf ihren öffentlichen Plätzen anboten, dem Fernsehen insbesondere, die mich zu ihrem Rechtgläubigen machen sollten. Das wollte ich nicht sein und nicht das. So war ich der Ausgestoßene, der ich war, von jeder Gruppe gemieden und wirklich ja auch nichts leistend. Es stieg kein Rauch auf von mir, Befriedigung ging von mir nicht aus.

Rapp, Heinrich
Zeitungen

Ich bekomme noch immer die Parteizeitung NEUES DEUTSCHLAND geschickt, und es weiß vielleicht niemand mehr, warum die mir geschickt wird, ich bin auf einer Bezieherliste geblieben, die niemand neu sortiert hat. Manchmal besteht die Zeitung aus einer einzigen Rede wichtiger Parteiführer, manchmal aus mehreren Reden, manchmal aus Beiträgen zu dieser oder jener Kampagne, manchmal loben Theaterschaffende, Schriftsteller oder Werktätige die Zuverlässigkeit der Information und die Überlegenheit des sozialistischen Pressewesens. Es fällt mir hingegen oft schwer, der Zeitung überhaupt zu entnehmen, ob sie in diesem Monat gedruckt wurde oder im Jahr davor. Es ist nicht nur der schwer zu erfassende Sinn der Sätze dieser Artikel oder Reden, es ist die Sprache selbst, es sind die Wörter, die ihre Sinnlichkeit so vollständig verloren haben, daß einem Hören und Sehen vergeht. Der Geist der Revolution, ihr Schwung, ihre Bewegtheit ist ganz aus ihr geschwunden, es ist die Sprache von Parteibeamten für Parteibeamte, die Vorgänge voreinander zu vertuschen haben, denen der Geist der Verschleierung, die Mystifikation und die Lüge zum guten Zweck, zur Gewohnheit geworden ist. Auch wenn nicht gelogen wird, hält die Sprache die Formation des despotischen Bürosozialismus fest, der über die Papiere gebeugt die Welt aus ihnen erklärt. Die Welt wird nicht beschrieben, um sie untersuchen zu können, um revolutionäre Praxis zu ermöglichen, sondern den Handlungen werden geeignete Untersuchungen zugeordnet, die auf die und die Beschaffenheit der Welt hoffen lassen. Da die Wirklichkeit kein Zeitungsleser ist, enttäuscht sie immer wieder.

Rapp, Heinrich
Trotzki

«Ich legte meinen Regenmantel auf den Tisch und nahm dabei den Eispickel aus der Tasche. Ich faßte den Entschluß, die einzigartige Gelegenheit wahrzunehmen, und zwar in dem Moment, da

Trotzki den Kopf senkte, um meinen Artikel durchzusehen. Ich holte aus und schlug dem Lesenden den Eispickel mit aller Kraft auf den Schädel. Dabei schloß ich die Augen. Trotzkis Schrei war ein gezogenes Aaaa, sehr lang, unendlich lang, solange ich lebe, werde ich diesen Schrei nicht vergessen. Er warf sich mit zerschmettertem Schädel und blutüberströmt auf mich und biß in meine Hand. Sie können die Bißwunden hier noch sehen...»

(Aussage des Mörders Ramon Mercader, alias Mornard, alias Jacson, die er am 20. August 1940, dem Tag der Ermordung Trotzkis, der mexikanischen Polizei gegenüber machte. Mercader, am 6. Mai 1960 nach zwanzigjähriger Gefängnishaft entlassen, ging über Cuba und Prag nach Moskau. Er hatte bis dahin seine Identität nicht enthüllt und seine Auftraggeber nicht genannt. Eitington = General Kotow, den Stalin im Spanischen Krieg mit der Führung der berüchtigten Abteilungen für besondere Aufgaben betraut hatte. Ramon Mercader, 1914 in Barcelona geboren, war im Bürgerkrieg politischer Kommissar der 27. Division an der Aragonfront. Seine Mutter Caridad, unerschrockene Kommunistin, war in dieser Zeit die Lebensgefährtin Eitingtons. Sie wurde in Moskau von Berija Stalin vorgestellt, und es wurde ihr der Lenin-Orden verliehen. Verließ später die Sowjetunion, lebte abgeschlossen bei ihrer verheirateten Tochter. Sie sah ihren Sohn niemals wieder.)

Erinnerte mich nachträglich an Genossen der POUM (politischer Gruppierung mit anarchistischen Tendenzen), die an der Aragonfront plötzlich abgelöst wurden. Es hieß, sie seien zu anderen Einheiten versetzt. Telesforo, obwohl wir befreundet waren (schöne Schwester), hatte sich nicht verabschiedet. Auch von der Schwester, die in einem Lazarett arbeitete, war nichts Genaues zu erfahren. Bei der neuen Einheit war er nicht angekommen, oder die Einheit hatte auf Anfragen nicht geantwortet. Ein deutscher Genosse, im Stab dazu befragt, meinte, die POUM, das sei die Sache der russischen und der spanischen Genossen. Es war die Zeit der Enthüllungen in den Moskauer Prozessen. Auf dem Titelblatt von «Krokodil» (Nr. 24/1936) sah ich Sinowjew, Kamenew und Trotzki mit Hakenkreuzbinden, Revolvern und Bomben im Bündnis mit Nazibrandstiftern.

Büro für die politische Leitung des Aufstandes (am 23. Oktober 1917 auf der Sitzung des ZK gewählt)
Mitglieder: W. I. Lenin (verstorben), G. E. Sinowjew (erschossen), L. B. Kamenew (erschossen), L. D. Trotzki (ermordet), J. W. Stalin, G. J. Sokolnikow (erschossen), A. S. Bubnow (verhaftet und verschollen).
Politbüro (gewählt im März 1919 nach dem VIII. Parteitag) Mitglieder: W. I. Lenin (verstorben), L. B. Kamenew (erschossen), L. D. Trotzki (ermordet), J. W. Stalin, N. N. Krestinski (erschossen).
Kandidaten: G. E. Sinowjew (erschossen), N. I. Bucharin (erschossen).
Politbüro (gewählt nach dem XI. Parteitag am 3. April 1922) Mitglieder: Lenin (verstorben), Kamenew (exekutiert), Trotzki (verbannt, ermordet), Stalin, Sinowjew (exekutiert), A. I. Rykow (exekutiert), M. P. Tomski (exekutiert).
Kandidaten: Bucharin (exekutiert), Molotow, W. W. Kuibyschew (wahrsch. ermordet), Kalinin.

Ich versuche die Gründe herauszufinden, die uns dazu brachten, an eine gigantische konterrevolutionäre Verschwörung zu glauben, die gerade von allen Mitgliedern des Leninschen Politbüros betrieben worden war, J. W. Stalin ausgenommen.

«In der Nacht zum 24. Mai 1940 hatte er (Trotzki) lange gearbeitet und konnte erst einschlafen, als er eine Schlaftablette genommen hatte. Um vier Uhr morgens erwachte ich von Maschinengewehrfeuer ganz in unserer Nähe. Eine Garbe fuhr durch das Schlafzimmer. Ich ließ mich aus dem Bett fallen und zog ihn zu mir herunter. Wir lagen regungslos zwischen Bett und Wand auf der Erde im Dunkeln, während das Maschinengewehrfeuer durch Fenster und Türen kam. Es wurden vielleicht 200 Schüsse abgegeben, später zählte man siebzig Einschüsse in den Wänden und Türen... Die Angreifer, ein Kommando von zwanzig Mann in Polizei- und Armeeuniformen, hatten die Wachen überwältigt, ohne einen Schuß abzugeben. Sie stürzten in den Hof, stellten im Schutz der Bäume Maschinengewehre auf und eröffneten das Feuer. Der Überfall dauerte zwanzig Minuten. Sie fuhren mit zwei Autos ab, die

Trotzki gehörten und immer startbereit im Hof standen. Sie nahmen Robert Sheldon Harte mit, einen jungen amerikanischen Genossen, der die Wache am Haupttor hatte und sie ohne Zögern eingelassen hatte. Die Leiche von Sheldon Harte wurde am 25. Juni 1940 auf der Farm ausgegraben, die zwei bekannten kommunistischen Malern gehörte.» (Angaben von Natalya, der Frau Trotzkis.) Das Kommando führte David Alfaro Siqueiros, der in der ganzen Welt berühmte Maler, Kommunist und Führer der mexikanischen Bergarbeiter. Vor einem Jahr war er aus dem Spanischen Bürgerkrieg zurückgekehrt, seine Brigade war fast ganz aufgerieben worden. Siqueiros hatte den Plan des Überfalls ausgearbeitet und führte ihn zum Teil mit Leuten aus, die unter ihm in Spanien gekämpft hatten.

Ein Foto zeigt einen massigen Mann in weißem Leinenzeug, Schnürstiefel, mexikanischer Strohhut, von dem Lebenslust und Humor ausgeht. Die Malerei, die Revolution und das Abenteuer scheinen für ihn eine Einheit.

Ich betrachte das Foto seiner Frau und das von Julia Barrados, die an dem Kommando teilnahmen: zarte und schöne Gesichter, dunkel und nachdenklich. Beredte Zeugnisse für die ungebrochene Moral des Stalinismus in diesen Jahren. Größe der Empfindung, Opferbereitschaft, Selbstlosigkeit im Dienste der Revolution, mißbraucht und zu Henkerdiensten verkommen. GPU, Jagoda, Jeschow, Wyschinski, Berija. Wann war der Sündenfall zu datieren? Als Rotarmisten über das Eis gingen, um die aufständischen Matrosen und Arbeiter in Kronstadt zusammenzuschießen statt mit ihren Sowjets (Räten) über die Forderungen zu verhandeln. (Neuwahl der Sowjets in geheimer Abstimmung; Rede- und Pressefreiheit für alle revolutionären Parteien und Gruppen; Gewerkschaftsfreiheit; Maßnahmen zur Versorgung der hungernden Bevölkerung.) «Ergebt Euch oder Ihr werdet zusammengeknallt wie Kaninchen» (Ende des Ultimatums, von Lenin und Trotzki unterzeichnet). Anfang März eröffnete die Rote Armee auf dem Eis den Angriff gegen Kronstadt und die Flotte. Die Artillerie der Schiffe und der Forts feuerte auf die Angreifer. Das Eis brach an verschiedenen Stellen unter den Wellen der vorgehenden Infanterie ein und stürzte sie ins schwarze Eiswasser. Am 18. März wurde

Kronstadt in einer kühnen Operation, die Tuchatschewski leitete, von Fort zu Fort und von Straße zu Straße eingenommen. Ein Teil der Rebellen entkam nach Finnland. Hunderte von Gefangenen wurden nach Petrograd gebracht, der Tscheka übergeben und erschossen. Sie riefen: «Es lebe die kommunistische Internationale!» Dserschinski ließ diese Massaker geschehen. Die NEP (neue Wirtschaftspolitik) erfüllte wirtschaftlich die Kronstädter Forderungen. Der 18. März war auch der Jahrestag der Pariser Kommune und es scheiterte am Tage der Einnahme Kronstadts der kommunistische Aufstand in Berlin. Die Revolution trat den Weg in die Defensive an.

Editorische Bemerkungen

Späte Erkenntnis und *Fremd stirbt ein junger Bruder* erschienen zuerst in dem Band «Neue deutsche Erzähler. Geschichten aus unserer Zeit», hg. von Michael Tschesno-Hell, Aufbau-Verlag, Berlin 1951.

Wir sind nicht geboren, um einander totzuschlagen wurde erstmals in der Zeitschrift «Heute und Morgen» (Schwerin), Heft 3/1952, sowie in der Zeitung «Sonntag», 9. März 1952, veröffentlicht.

Der Hund des Generals wurde 1956 geschrieben und zuerst in der Zeitschrift «Neue Deutsche Literatur», Januar 1957, veröffentlicht.

Der Mann des Tages entstand 1959/60 und wurde (unter dem Titel «Die Ganovenfresse») zuerst publiziert in Kipphardts Buch «Die Ganovenfresse», Verlag Rütten & Loening, München 1964.

Der Deserteur wurde 1977 geschrieben und im selben Jahr in Kipphardts Buch «Der Mann des Tages und andere Erzählungen» (AutorenEdition im Athenäum Verlag, Königstein) erstmals veröffentlicht.

Rapp, Heinrich ist das Fragment eines Romans, an dem Kipphardt seit 1977 arbeitete. Die in den vorliegenden Band aufgenommene Zusammenstellung besorgte der Herausgeber; sie wird in dieser Form erstmals veröffentlicht.

Nachwort

«Die Tugend der Kannibalen» war ein Romanauszug überschrieben, den Heinar Kipphardt 1966 in der Zeitschrift «kürbiskern» veröffentlichte.[1] Der Roman wurde niemals fertiggestellt; das Fragment arbeitete Kipphardt später zu großen Teilen in seine Erzählung «Der Deserteur» ein, die er 1977 publizierte. In dem geplanten Roman wollte der Schriftsteller den literarischen Nachweis führen, daß der Nazismus letztlich «die Fortsetzung der Geschäfte mit extremen Mitteln in extremer Lage» war – «die KZs waren Geschäftsbetriebe».[2] Im selben Roman sollte aber auch die Geschichte der revolutionären Linken kritisch beschrieben werden: ausgehend von der fiktiven Biographie eines deutschen Kommunisten und Widerstandskämpfers, der nach dem Zweiten Weltkrieg im Alkohol endet. In seinen Entwürfen gab Kipphardt dieser Figur den Namen Alfred Härtl (später im «Deserteur» heißt sie Jakob Hartel), und er wollte Härtl einführen als Autor eines Theaterstücks, das um 1930 spektakulären Erfolg gehabt habe, Titel: «Die Tugend der Kannibalen».[3]

Viel ist über Härtls Stück aus Kipphardts Entwürfen nicht zu erfahren. Zum Stichwort Kannibalismus aber findet sich eine längere Aufzeichnung unter Kipphardts Arbeitsnotaten, im Januar 1964. Hat nicht der Krieg, fragt sich Kipphardt, «für die, die ihn führen müssen, den Charakter eines exzessiven Festes, wo erlaubt ist, was verboten ansonsten? Wird die gehaßte Gegebenheit eines entfremdeten Daseins im Exzeß durchbrochen? Wird im Fremden die hassenswerte Autorität erschlagen, die für ein frustriertes Leben verantwortlich gemacht wird? Hatte der Exzeß der Judenvernichtung nicht durchaus etwas von dem Exzeß einer Totemmahlzeit, wie sie von kannibalischen Kulturen beschrieben ist? (...) Die Gedichte, die geschrieben wurden, eine Begeisterung am Kriege und seinen Bluträuschen zu machen, haben durchaus den Zug zur Verbrüderung in der Kannibalenhorde.»[4]

Überschaut man die im vorliegenden Band erstmals zusammengefaßten Erzählungen Heinar Kipphardts, die aus einem Zeitraum von drei Jahrzehnten stammen, wird offenkundig, daß diesen Schriftsteller das Thema Krieg niemals losgelassen hat. Er hatte selbst als junger Soldat den Zweiten Weltkrieg erlebt. Kipphardt, Jahrgang 1922, war 1942 eingezogen worden und an der Ostfront zum Einsatz gekommen, bis er sich im Januar 1945 bei einem Heimataufenthalt zur Desertion entschloß. «Ich schoß im Dienste von Mördern auf Menschen, die die Hoffnung der Welt verteidigten. Ich haßte die Mörder, gleichzeitig riskierte ich für sie mein Leben. Ich erlebte Grauenvolles, ich erlebte Unerträgliches, aber ich begriff immer noch verhältnismäßig wenig», schrieb er 1953 rückblickend über seine Kriegserfahrungen.[5]

Noch während des Krieges hatte Kipphardt eine Ausbildung zum Arzt begonnen, die er 1947 mit dem medizinischen Staatsexamen abschloß. 1950 folgte die Promotion. Aber der eigentliche Berufswunsch war es, Schriftsteller zu werden. Schon in den Briefen, die er als Soldat an seine Eltern und an seine Frau Lore in die Heimat schickte, finden sich Proben einer intensiven literarischen Produktion. Es waren zunächst vor allem lyrische Versuche, und in ihnen entwarf Kipphardt eine Art poetischer Gegenwelt zu dem Grauen, das er in den Schützengräben und Frontstellungen des Krieges miterlebte.[6] Später hat er solche frühen literarischen Gehversuche als «Kinderkitsch» bezeichnet und verfügt, daß sie «keinesfalls ans Licht der Öffentlichkeit» kommen sollen.[7]

1949 entschied sich Kipphardt, mit seiner Familie in die gerade entstehende DDR überzusiedeln. Er wollte am Aufbau eines antifaschistischen deutschen Staates mitarbeiten. Zunächst bekam er eine Stelle als Nervenarzt in der Charité; schon 1950 aber wurde er vom Deutschen Theater engagiert, anfangs als Redakteur der Bühnenzeitschrift, bald darauf als Dramaturg. Kipphardt begann, Gedichte und Essays zu veröffentlichen, und 1950 wurde auch eine erste Prosaarbeit von ihm gedruckt: die Geschichte «Späte Erkenntnis». Der Autor hatte sie bei einem Erzählerwettbewerb der Zeitung «Tägliche Rundschau» eingereicht, und die Jury unter dem Vorsitz von Arnold Zweig zeichnete sie mit dem höchsten zu vergebenden Preis aus.[8]

«Späte Erkenntnis», ursprünglich unter dem Titel «Freundschaft der Toten» geschrieben, enthält bereits das zentrale Thema, das auch Kipphardts übrige Erzählungen beherrscht: das Verhältnis von Befehl und Gehorsam, Ordnung und Unterordnung, Loyalität und Gewissen. Der junge deutsche Soldat Fischer hat beim Angriff auf eine Universität in Rußland die «späte Erkenntnis», daß er zu lange den Befehlen seiner Nazi-Vorgesetzten gefolgt ist. Er versucht, einer Rotarmistin zur Flucht zu verhelfen, doch die Aktion mißlingt, Fischer wird von einem Schnellgericht zum Tode verurteilt werden. Auch für seinen Kameraden Bartel, der die Aktion mittrug, gibt es keinen Ausweg mehr, und Bartel reißt kurz entschlossen einen faschistischen Offizier mit sich in den Tod.

«...man sagte mir, daß meine Geschichte die literarisch vollkommenste sei, so daß sie zu der Bewertung kam, obwohl sie nicht wie gefordert ein krasses Gegenwartsthema gestaltet, sondern im Krieg spielt», berichtete Heinar Kipphardt stolz seinen Eltern über das Ergebnis des Wettbewerbs.[9] Dieses euphorische Urteil der Jury wird ein Leser aus heutiger Sicht gewiß relativieren – denn «Späte Erkenntnis» ist sichtlich von einem Autor geschrieben, der noch seinen Erzählstil sucht. In der Sprache klingt bisweilen eine intensive Trakl-Lektüre nach, und die ganze Geschichte hat einen lehrhaften, zur Schwarzweißzeichnung neigenden Unterton. Bemerkenswert aber bleibt, daß Kipphardt mit Fischer und Bartel zwei Figuren geschaffen hat, deren Konstellation er in späteren Werken mehrfach variieren wird: als Kameradschaft eines jungen, zunehmend desillusionierten deutschen Landsers und eines älteren Mentors.

Auch die beiden anderen Erzählungen Kipphardts, die am Beginn der fünfziger Jahre erschienen, tragen den Stempel von Frühwerken. Die Geschichte des gutmütigen US-Soldaten Hagood, eines «verrückten Niggers», der ungewollt den Tod eines deutschen Jungen provoziert, ist deutlich inspiriert vom Vorbild der amerikanischen Short story jener Zeit. Die Sprache ist lakonisch, Figuren und Orte werden nur umrissen. Kipphardts Versuch, eine Atmosphäre von proletarischer Internationalität zu entwerfen («weiße, braune, gelbe, schwarze Kinderfüße»), wirkt freilich auf heutige Leser recht angestrengt. Ein zeitgenössischer Kritiker dagegen fand sich «außerordentlich angerührt» durch die Hintergründigkeit, mit der in dieser Geschichte «die ganze tragische Fremdheit der Völker, der Menschen untereinander beleuchtet wird. Hier macht der Dichter in einem alltäglichen, scheinbar simplen Vorgang die Ungeheuerlichkeit unserer Zeit transparent.»[10]

Die Hagood-Story spielt während der amerikanischen Besatzung in Deutschland. Die dritte der frühen Erzählungen Kipphardts hat als Schauplatz die Bundesrepublik des Jahres 1951. Dem Arzt Dr. Amsel werden politische Kontinuitäten bewußt: unter den Nazis hatte er die Opfer der SA medizinisch zu versorgen, im Adenauer-Staat muß er Demonstranten behandeln, die bei einem brutalen Polizei-Einsatz verletzt wurden. Amsel beschließt, solchen Dienst künftig zu verweigern. Die Szene hat starke dramatische Qualitäten, und in der Tat verwendet Kipphardt sie auch als eines von vier Bildern in seinem Bühnen-Erstling «Entscheidungen», der 1952 uraufgeführt wurde.[11]

Dr. Amsel ist in Kipphardts Œuvre die erste einer Reihe von Figuren, mit denen die Fachmann-Problematik thematisiert wird. Amsel begreift plötzlich, «daß seine Hände geholfen hatten», als sie Wunden nähten – nämlich geholfen, die staatliche Gewalt zu verteidigen. Auch an Gestalten wie J. Robert Oppenheimer, dem «Vater der Atombombe», und Adolf Eichmann, dem Administrator des Nazi-Massenmords am jüdischen Volk, hat Kipphardt später die Notwendigkeit untersucht, das eigene Handeln auf gesellschaftliche Voraussetzungen und Folgen hin zu befragen. Wer sich als bloßer Fachmann begreift, wird zum Rädchen im Getriebe – mit oft fatalen politischen Folgen, wie unser Jahrhundert zeigt. Nicht zufällig hat der gelernte Mediziner Kipphardt diese Problematik zuerst an einer Arzt-Figur dargestellt, allerdings mit noch unzulänglichen literarischen Mitteln. Die Bewußtwerdung des Dr. Amsel erfolgt sehr unvermittelt; und die Erzählung leidet an einem moralisierenden Unterton, der sich bereits im Titel ausdrückt: «Wir sind nicht geboren, um einander totzuschlagen».

Der Konzeption des sich zum Guten wandelnden Helden, die Kipphardt am Beispiel des Soldaten Fischer und des Arztes Amsel erprobte, lag die Überzeugung zugrunde, daß Literatur direkt der Umerziehung des Lesers dienen könne. Das war genau besehen ein Axiom der idealistischen Ästhetik. Von solchen Positionen hatte Kipphardt bis Mitte der fünfziger Jahre, als er seine nächste Erzählung veröffentlichte, Abschied genommen. «Ich habe eine größere Geschichte geschrieben, eine Kriegsgeschichte, eine harte Mischung des Komischen und des Grausigen, wie sich mir der zweite Weltkrieg bei wachsender Distanz immer mehr darstellt», berichtete er seinen Eltern am 13. Dezember 1956.[12] «Der Hund des Generals» ist von einer bitteren, fast sarkastischen Realistik bei der Schilderung des Kriegsgeschehens erfüllt. Kipphardt, der denselben Stoff Anfang der sechziger Jahre auch zu einem Theaterstück ausarbeitete, erzählt eine Geschichte, die an der Ostfront in Rußland im Herbst 1943 spielt. Der Autor kannte also die Szenerie aus eigener leidvoller Erfahrung.

Komisch und zugleich grauenvoll ist die Fabel der Erzählung: der Nazi-General Rampf schickt eine Kompanie Soldaten in den Tod, weil einer von ihnen in Notwehr den Hund des Generals erschossen hat. Der Hunde-Zwischenfall und seine mörderischen Folgen stehen in einem grotesken Mißverhältnis. Kipphardt setzt eindrucksvoll die Unmenschlichkeit faschistischer Kriegführung ins Bild, und er zeigt zugleich den Aberwitz jeglichen militärischen Kadavergehorsams. Der befreundete Schriftsteller Peter Hacks urteilte später, daß er «Hund des Generals» für das beste deutsche Kriegsbuch halte.[13]

Komische Züge hat auch eine Figur, die Kipphardt dem unglücklichen Soldaten Pfeiffer an die Seite stellt: der Obergefreite Czymek. Er ist unverkennbar eine neue Variante des braven Soldaten Schwejk. Der ausgekochte Czymek entwaffnet mit Witz und Frechheit seine Vorgesetzten. Kaltblütig nutzt er alle Lücken, die einem kleinen Mann von der Obrigkeit gelassen werden. Aber am Ende geht er doch vor die Hunde. Kipphardt zeigt, daß die Schwejk-Haltung im modernen Krieg nicht mehr ausreicht und daß ein Czymek mit noch so großer List nicht zu überleben vermag. In einem Interview erläuterte der Autor: «Ich wollte sagen, der Widerstand gegen Krieg muß zu einem viel, viel früheren Zeitpunkt einsetzen, und er muß organisiert einsetzen. Das Lamm im

Schlachthaus kann eine große Opposition gegen den Schlächter haben, aber eine unwirksame.»[14]

«Der Hund des Generals» wurde erstmals Anfang 1957 in der Zeitschrift des DDR-Schriftstellerverbandes veröffentlicht. Seine nächste Prosaarbeit, die Erzählung «Der Mann des Tages» (ursprünglicher Titel: «Die Ganovenfresse»), publizierte Kipphardt schon nicht mehr in der DDR. Nach heftigen kulturpolitischen Kontroversen verließ er 1959 den Staat, in den er zehn Jahre zuvor aus politischer Überzeugung übergesiedelt war. Attackiert worden war Kipphardt nicht nur wegen des vorgeblich zu bürgerlichen Spielplans des Deutschen Theaters, den er als Chefdramaturg zu verantworten hatte. Scharfe Angriffe galten auch seiner Prosa, ebenso wie den Romanen und Erzählungen einiger anderer Autoren. «Der Hund des Generals» wurde als Beispiel einer «harten Schreibweise» verurteilt, eines «hartgesottenen Stils», der von amerikanischen Schriftstellern wie Norman Mailer, James Jones und Ernest Hemingway inspiriert sei. Der Krieg werde zu naturalistisch in seinen Greueln geschildert, statt einer klaren sozialistischen Perspektive herrschten Resignation und Nihilismus vor. Eine Kritikerin zog Bilanz: «Das Hinüberwechseln einiger unserer Autoren auf jene ‹allgemein-menschliche› Position der amerikanischen Anarchisten ist ein politischer und literarischer Rückschritt.»[15]

Auch «Der Mann des Tages», 1959/60 entstanden, war nicht nach den damals geforderten Strickmustern des sozialistischen Realismus geschrieben. Der Freund Peter Hacks aber fand «die Fabel hervorragend: reich und präzise zugleich»[16]. Kipphardt erzählt die Geschichte des deutschen Soldaten Rudat, der 1943 an der Ostfront ganz wider Willen zum Helden avanciert. Rudat, des Kriegs überdrüssig und zugleich mit dem Feind sympathisierend, gerät mit seinem Kameraden Pötter versehentlich in einen Partisanenbunker. Sie lösen dadurch die Entdeckung des Unterschlupfs aus, alle Partisanen werden erschossen. Während Pötter bei der Aktion umkommt, wird Rudat befördert, mit Orden dekoriert und zum Mann des Tages erklärt. Der junge Soldat schießt verzweifelt seine Vorgesetzten nieder. Er wird in einem Zustand völliger Verstörung einer psychiatrischen Untersuchung zugeführt.

Ein Interpret hat die Rudat-Figur als «die Kriegsversion des Alexander März» bezeichnet – Rudat sei «einer, dem nur noch eine verkehrte Widerstandsmöglichkeit geblieben ist».[17] Zur Gestalt des schizophrenen Dichters März, die Kipphardt in den siebziger Jahren beschäftigte, gibt es in der Tat Parallelen. Rudat wie März weigern sich, im herrschenden System weiter zu funktionieren. Und in beiden Fällen gelingt es dem Autor, den Zustand der «Verrücktheit», in dem er seine Helden zeigt, als verzweifelten Versuch plausibel zu machen, einen humanen Kern zu bewahren. «Du mußt dich frei schießen», lautet eine Antwort von März auf die Fragen seines Arztes Kofler[18], und genau dieser Maxime gemäß handelt der Soldat Rudat am Ende von «Der Mann des Tages».

Die Erzählung enthält eindringliche Schilderungen des Lebens und Sterbens im Zweiten Weltkrieg. Kipphardt zeigt, daß es nicht eine anonyme Kriegsmaschinerie war, die Millionen Menschenleben zerstörte. Er entwirft ein nuanciertes Bild von Charakteren und Verhaltensweisen in der «penetranten Sachlichkeit des Grauens»[19] an der Ostfront. Dabei wird der lakonische Grundton des Erzählers häufig von bitterer Ironie durchbrochen, etwa bei der Namengebung der Figuren. Ein besonders skrupelloser, dumpfer Nazi-Soldat heißt Umpfinger, ein wie emotionslos handelnder SS-Führer trägt den Namen Fühlmansch. Der durchgeistigte, offenkundig vom Denken Nietzsches geprägte Kommandant von Rudats Einheit heißt Wille («Der Wille zur Macht»). Und seiner außenseiterischen Titelfigur gab der Autor einen Namen, der Anklänge an die eigene Jugendzeit hatte: Kipphardt wurde einst «Rudschadel» gerufen, mit dem schlesischen Wort für Rotschädel.[20] Rudat, in dessen Geschichte er manches autobiographische Detail einbaute[21], war für Kipphardt in besonderem Maße eine Figur der Identifikation.

«Denkbesessen, detailgenau, scharf im Hingucken und auch im Hindenken und auch wohl voller Angst, Auschwitz und der entsetzliche Ziemer oder die Halskes könnten wiederkommen», urteilte der Freund und Kollege James Krüss, als er den 1977 erschienenen Band «Der Mann des Tages» gelesen hatte.[22] Darin waren «Der Hund des Generals», «Der Mann des Tages» und als dritte

Prosaarbeit «Der Deserteur» enthalten. Kipphardt hatte schon Anfang der sechziger Jahre einen Band mit drei Kriegs-Erzählungen geplant. Zeitweilig erwog er, in einer gesonderten Erzählung eine Kriegsgerichts-Verhandlung gegen Rudat darzustellen.[23] Aber das Projekt wurde nicht realisiert. 1964 erschienen zunächst «Der Hund des Generals» und «Die Ganovenfresse» in einem eigenen Band.

Bis Kipphardt dreizehn Jahre später «Der Deserteur» veröffentlichte, hatte sich sein Erzählkonzept grundlegend gewandelt. Schon in dem 1976 publizierten «März»-Roman waren kurze Berichte, Gespräche und Aufzeichnungen verschiedener Figuren sowie Dokumente zu einer fiktiven Montage verknüpft. Eine ähnlich mosaikhafte Form, bei der es keinen auktorialen Erzähler gibt, hat die Geschichte «Der Deserteur». Erinnerungen und Briefe von KZ-Häftlingen stehen neben Aufzeichnungen und Reden von Nazi-Funktionären. Auch ein Telegrammwechsel der Alliierten ist in den Text eingefügt. «Die Splitterhaftigkeit der Darstellungsform sperrt sich der Hingabe nachfühlender Lesefreude», bemerkte ein Kritiker.[24] Kipphardt verglich diese Erzählweise gern mit den Fotomontagen John Heartfields: «nur indem ich Zusammenhänge herstelle auf Montageweise, komme ich der Wahrheit näher. Montieren heißt, die Sachen in die richtigen Zusammenhänge bringen, die Tatsachen zu ihrer Bedeutung bringen. Ich würde schon sagen, daß das bei meiner Arbeit eine große Rolle spielt: der Leser, der Zuschauer soll an der Herstellung von Zusammenhängen in einem freien Zustande mitarbeiten.»[25]

Bei der «Deserteur»-Erzählung griff Kipphardt auf einen authentischen Fall zurück. Gegen Kriegsende richteten die Nazis im KZ Sachsenhausen eine geheime Fälscherwerkstatt ein, in der sie Häftlinge falsche Valuta, Pässe und andere Dokumente herstellen ließen.[26] Für Kipphardt war dieses Unternehmen ein Sinnbild des deutschen Faschismus. Die Figur des wendigen SS-Mannes Max Halske, der den Fälscher-Betrieb aufbaut und leitet, sollte auch im Mittelpunkt des Romans «Die Tugend der Kannibalen» stehen, an dem Kipphardt in den sechziger Jahren arbeitete. Halske ist ein moderner Funktionärs-Typus, dessen Karriere nicht an die Nazi-

Ideologie gebunden ist. «Ich wäre in jedem System hochgekommen, und ich bin nicht willens, mit irgendeinem unterzugehen», lautet seine Maxime.

Als Kipphardt 1977 das Romanfragment in eine Erzählung umformte, rückte er noch eine zweite Figur ins Zentrum, als Gegenspieler Halskes: den Kommunisten Jakob Hartel. Hartel, der Halske letztlich tötet, endet selbst als ein Opfer des Stalinismus. Die Schlußpassagen der Erzählung handeln am Beispiel Hartels vom Niedergang der kommunistischen Bewegung, die sich immer weiter von ihren Idealen entfernt hat. «Die revolutionäre Generation ist niedergemetzelt, die Geschichte umgelogen», lautet Hartels bitteres Fazit. Er schreibt es als Häftling eines sowjetischen Straflagers. «Der Deserteur» hat zum eigentlichen Thema die traumatische Erfahrung, daß die vom Faschismus Verfolgten – sofern sie überlebten – in ungezählten Fällen schließlich Opfer der eigenen Genossen wurden. Die Verknüpfung der Halske- und der Hartel-Handlung wirkt allerdings in Kipphardts Erzählung eher unfertig. Auch wird das abrupte Ende des doch florierenden Fälscher-Unternehmens nicht recht plausibel.

Das Vorhaben, die Geschichte der revolutionären Linken in unserem Jahrhundert kritisch zu beschreiben, ähnlich wie Peter Weiss in seiner «Ästhetik des Widerstands», hat Heinar Kipphardt nicht mehr losgelassen. Unter dem Arbeitstitel «Rapp, Heinrich. Zergliederung einer Verstörung» verfolgte er das Projekt, in einem großen Roman das Leben eines deutschen Kommunisten darzustellen. In der Form ähnlich angelegt wie die kunstvolle Montage des «März»-Romans, wollte Kipphardt eine ungewöhnliche und doch exemplarische Biographie entwerfen. Unter seinen Vorstudien finden sich folgende Sätze, die das Projekt skizzieren: «Ein kaputtgemachter Säufer, Widerstandskämpfer und ehemals begabter Schriftsteller, versucht, aus dem Müll seiner Erinnerungen die Gründe zu finden, die seine Substanz aufgebraucht haben. Aus Bruchstücken setzt er sein Leben zusammen (Spanienkrieg, KZ, Strafbataillon, Kriegsgefangenschaft, Stalinismus, Nachkrieg), um sich vor seinen Freunden zu rechtfertigen.»[27]

Das «Rapp»-Projekt blieb ein Fragment. Die Figur des scheiternden Revolutionärs aber hat Kipphardt in den letzten Lebensjahren begleitet, wie seine Notathefte belegen. Er schrieb immer wieder Textsplitter aus dem Blickwinkel Rapps nieder: Erinnerungen, Aphorismen, Szenen, historische Dokumente. Einmal notiert Kipphardt die Idee, Rapp könne «zu Fuß durch den Pariser Mai» 1968 wandern «wie der kranke Hölderlin». Heinrich Rapp sollte ein subversives Medium werden zur literarisch-politischen Diagnose unserer Gegenwart, zugleich ein Chronist der Freiheitskämpfe dieses Jahrhunderts. Kerngedanke blieb die Absicht, die «Verkehrung der Revolution» durch den Stalinismus darzustellen, aus der Sicht einer Figur, die trotz allem an den Idealen festhält – «denn es fiele mir schwer zu leben, wenn das alles wäre» (Rapp).

Das Fragment des Romans wird im vorliegenden Band erstmals in allen wesentlichen Teilen veröffentlicht.[28] Es enthält vorwiegend Bilder aus Heinrich Rapps Kindheit und Jugend, aber auch Zustandsbeschreibungen des alternden Alkoholikers Rapp. Er wird als radikaler Außenseiter gezeigt, eine zerstörte Existenz, in deren «Gossenleben» jedoch alles durchtränkt geblieben ist von unerhörter Sinnlichkeit. Die Sinnlichkeit sei ja der Springquell der Revolution, läßt Kipphardt Rapp einmal notieren; als Deutung eines Traums von einer kommunistischen Parteiversammlung. Wie die Revolution in unserem Jahrhundert ihre Ziele verraten hat und zum Despotismus verkommen ist, wollte Kipphardt im weiteren Verlauf seines Romans zeigen. Daß er ihn nicht beenden konnte, wird jeder mit Nachdruck bedauern, der das Fragment der Geschichte des Heinrich Rapp liest.

Als Textgrundlage für den Abdruck der Erzählungen im vorliegenden Band dienen die in den Editorischen Bemerkungen angegebenen Erstdrucke. In Zweifelsfällen wurden die im Nachlaß Kipphardts erhaltenen Typoskripte herangezogen. Einige Eigenwilligkeiten der Interpunktion, auf die der Autor Wert legte, sind beibehalten worden.

Für Auskünfte, Ratschläge und Materialien, die der Vorbereitung des Bandes nützten, bin ich Gerd Fuchs (Hamburg), Peter

Hacks (Berlin, DDR), Walter Karbach (Buenos Aires), Franz Kipphardt (West-Berlin), Lore Kipphardt (Tutzing), Heinrich Peters (Hamburg) und besonders Michael Töteberg (Hamburg) dankbar verbunden.

Hamburg, im Dezember 1989   Uwe Naumann

Anmerkungen

1 «Kürbiskern», Heft 4/1966, S. 37–53.
2 Brief an Erwin Piscator, 10. Mai 1963. In: Heinar Kipphardt, In der Sache J. Robert Oppenheimer. Ein Stück und seine Geschichte, Reinbek 1987, S. 132.
3 Vgl. die Fragmente des Härtl-Projekts in: Heinar Kipphardt, Ruckediguh – Blut ist im Schuh. Essays, Briefe, Entwürfe 1964–1982, Reinbek 1989, S. 7–19.
4 Vollständig abgedruckt in: Heinar Kipphardt, Schreibt die Wahrheit. Essays, Briefe, Entwürfe 1949–1964, Reinbek 1989, S. 243 f.
5 300 Zeilen Leben. In: Schreibt die Wahrheit, a. a. O., S. 12.
6 Ein Beispiel ist abgedruckt bei Adolf Stock, Heinar Kipphardt, Reinbek 1987 (rowohlts monographien Bd. 364), S. 28.
7 Notiz Kipphardts, datiert vom 23. März 1977, auf einer Mappe mit frühen Arbeiten, die sich im Nachlaß befindet. – Einige wenige seiner Gedichte aus den ersten Nachkriegsjahren nahm er in seinen Lyrikband «Angelsbrucker Notizen» auf, den er 1977 veröffentlichte.
8 Der Jury gehörten neben Zweig die Schriftsteller Willi Bredel, Stephan Hermlin, Alfred Kantorowicz und Jan Petersen an. Ein erster Preis wurde nicht vergeben, statt dessen drei zweite Preise, von denen einen Kipphardt zugesprochen bekam.
9 Brief vom 28. Oktober 1950, im Nachlaß in Angelsbruck.
10 Peter Tromm, in: «Die Tat», 22. Dezember 1951.
11 Die Szenenfolge «Entscheidungen», die Kipphardt später nicht in die Ausgaben seiner Stücke aufnahm, wird ausführlich besprochen in: Walter Karbach, Mit Vernunft zu rasen: Heinar Kipphardt, Oberwesel 1989, S. 86–91. Das Typoskript der Szenenfolge befindet sich im Nachlaß Kipphardts.
12 Schreibt die Wahrheit, a. a. O., S. 48.
13 Brief an Kipphardt, 28. Oktober 1966. Abgedruckt in: Ruckediguh – Blut ist im Schuh, a. a. O., S. 72.
14 Gespräch mit Hellmuth Karasek, 1965. Typoskript im Nachlaß.

15 Eva Strittmatter, in: «Neue Deutsche Literatur», Heft 8/1959, S. 95. Über den Hintergrund der Auseinandersetzungen berichtete Hans-Dietrich Sander in seinem Artikel «Bitte, Genossen: auf keinen Fall Skandale», in: «Die Welt», 26. März 1960.
16 Brief an Kipphardt, 24. Juni 1961. In: Schreibt die Wahrheit, a. a. O., S. 200.
17 Walter Karbach, a. a. O., S. 133.
18 Heinar Kipphardt, März. Roman und Materialien, Reinbek 1987, S. 128.
19 300 Zeilen Leben, a. a. O., S. 12.
20 Ebenda, S. 8.
21 Näheres bei Karbach, a. a. O., S. 123–134.
22 Brief an Kipphardt, 27. November 1977. Im Nachlaß, Angelsbruck.
23 Der Entwurf, geschrieben 1959, findet sich in einem von Kipphardts Heften mit Arbeitsnotaten im Nachlaß in Angelsbruck.
24 Klaus Michael Hinz, in: «Stuttgarter Zeitung», 6. September 1977.
25 Gespräch mit Armin Halstenberg, 1977. In: Ruckediguh, a. a. O., S. 302.
26 Ein Bericht darüber findet sich in einer Dokumentation, die in der Bibliothek von Kipphardts Vater stand: Die Stimme des Anderen Deutschland, hg. vom Rat der VVN Hamburg, Oberhausen 1949, S. 78 f. Überschrift: «Himmler fälscht Banknoten».
27 Typoskript im Nachlaß, Angelsbruck. – Auch im «Deserteur» kommt ein KZ-Häftling namens Heinrich Rapp vor. Dieser ist aber nicht identisch mit der Titelfigur des geplanten Romans.
28 Kipphardt selbst ließ einige Teile aus «Rapp, Heinrich» in Zeitschriften und Anthologien vorabdrucken. Bibliographische Angaben dazu bei Stock, a. a. O., S. 148 f.

Heinar Kipphardt
Werkausgabe
Herausgegeben von Uwe Naumann

Die gesammelten Werke Heinar Kipphardts erscheinen, kommentiert und um Nachlaßmaterial ergänzt, in Einzelausgaben als rororo-Taschenbücher

Bruder Eichmann
Schauspiel und Materialien
(5716)

Traumprotokolle
(5818)

März
Roman und Materialien
(5877)

**In der Sache
J. Robert Oppenheimer**
Ein Stück und seine
Geschichte (12111)

Shakespeare dringend gesucht
und andere Theaterstücke
(12193)

Joel Brand
und andere Theaterstücke
(12194)

Schreibt die Wahrheit
Essays, Briefe, Entwürfe
Band 1
1949–1964 (12571)

Ruckediguh, Blut ist im Schuh
Essays, Briefe, Entwürfe
Band 2
1964–1982 (12572)

Die Tugend der Kannibalen
Gesammelte Prosa
(12702)

Umgang mit Paradiesen
Gesammelte Gedichte
(12805 / Oktober 1990)

Außerdem lieferbar:

Angelsbrucker Notizen
Gedichte (5605)

Heinar Kipphardt
mit Selbstzeugnissen und
Bilddokumenten
dargestellt von Adolf Stock
(rowohlts monographien 364)

Nicolas Born

Die Fälschung
Roman
420 Seiten. Gebunden und als
rororo 5291

Die Welt der Maschine
Aufsätze und Reden
224 Seiten. Broschiert

Gedichte
Sonderausgabe.
240 Seiten. Gebunden und als
rororo 4780 unter dem Titel
Gedichte 1967-1978

Täterskizzen
Erzählungen
256 Seiten. Gebunden und als
rororo 5971

Die erdabgewandte Seite der Geschichte
Roman
rororo 4370

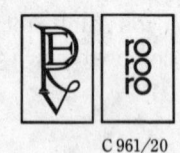

C 961/20